Joe Klein

Das Naturtalent

Die verkannte Präsidentschaft
Bill Clintons

Aus dem Amerikanischen
von Hainer Kober

Siedler

Er war so außerordentlich natürlich,
dass man nie wusste,
wie seine Natur war
oder was als Nächstes kam.

George Santayana über William James

Im Frühjahr 1992, mitten in den New Yorker Vorwahlen, schleppte ich meine fünfjährige Tochter Sophie zu einer Wahlveranstaltung nach Co-op City in die Bronx, wo Clinton einen Auftritt hatte. Ihm wurde kräftig eingeheizt; Ex-Gewerkschaftler und Skeptiker aller Art bombardierten ihn mit aufgebrachten, detaillierten Fragen. Clinton hatte zu dieser Zeit einen sehr schweren Stand, sah er sich doch den Angriffen der Boulevardblätter und der linksliberalen Intellektuellen ausgesetzt – bei den Protestwählern stand derzeit Jerry Brown, der ehemalige Gouverneur von Kalifornien, hoch im Kurs. Auch ich hatte mein Scherflein zu Clintons Schwierigkeiten beigetragen, indem ich in einer Kolumne der Zeitschrift *New York* auf Unsinn und Ungereimtheiten in seinem Wahlkampf hingewiesen hatte. Doch als Clinton beim Verlassen des Saals Sophie neben mir stehen sah, kam er zu uns herüber, hockte sich hin, legte eine große Hand auf die Schulter meiner Tochter und sagte: »Ich weiß, dass dein Papa in den letzten Monaten nicht viel zu Hause gewesen ist, Sophie. Er war mit mir zusammen ... aber er spricht *ununterbrochen* von dir.«

Dieses Buch ist Sophie und Teddy Klein gewidmet, als Erklärung und Entschuldigung für die Monate und Jahre, in denen ich nicht da war.

Prolog

Am 21. Januar 1998, nach fünf stürmischen, chaotischen, oft brillanten, immer anstrengenden – und schwer zu fassenden – Jahren als Präsident der Vereinigten Staaten, landete Bill Clinton schließlich in einem politischen Schlamassel, aus dem es für ihn allem Anschein nach keinen Ausweg mehr gab. An diesem Morgen berichtete die *Washington Post*, der Präsident habe offenbar intime Beziehungen zu einer Praktikantin im Weißen Haus namens Monica Lewinsky gehabt – und unter Eid über den Charakter dieser Beziehung gelogen (in einem Prozess wegen sexueller Belästigung, den eine andere Frau angestrengt hatte, Paula Corbin Jones, eine ehemalige Staatsbedienstete aus Arkansas). Die nationale Presse stürzte sich mit unverhohlenem Vergnügen auf die Nachricht, hatte sie doch wiederholt versucht, dem Präsidenten dunkle Machenschaften nachzuweisen, und immer wieder feststellen müssen, dass sich alle Hinweise in Luft auflösten, während sich der vermeintliche Übeltäter, offenbar aller Logik zum Trotz, einer ungetrübten Beliebtheit in der Öffentlichkeit erfreute. *Jetzt* waren die Anschuldigungen jedoch sehr viel konkreter (und einleuchtender) als die Vergehen, die man ihm bisher vorgeworfen hatte. Denn hier verbanden sich die beiden Schwächen, die dem Präsidenten am häufigsten nachgesagt wurden: ein Zuviel an Libido und ein Zuwenig an Moral. Das Zuviel wurde einer Angestellten zuteil, die ungefähr so alt wie seine Tochter war, und das Zuwenig äußerte sich als Falschaussage von möglicherweise strafrechtlicher Relevanz. Ferner schien es klare Beweise für Clintons Schuld zu geben. Es lagen Tonbandaufzeichnungen vor – zum zweiten Mal in seiner politischen Karriere hatte Clinton sich auf Band bei intimen Geständnissen erwischen lassen, die nicht seiner Frau galten. Und es gab Gerüchte, dass noch weitere Enthüllungen ausstünden. Am Morgen hatte George Stephanopoulos – einst Clintons engster persönlicher Berater, inzwischen Kommentator beim Fernsehsender ABC – die Spekulationen mit dem Höchstgebot eröffnet: Die Anschuldigungen seien so schwer wiegend, dass sie, sollten sie sich bewahrheiten, zum *Impeachment*, einem Amtsenthebungsverfahren, führen müssten.

Die ersten Fernsehbilder des Präsidenten an diesem Tag waren bestürzend. Zum ersten Mal schien dieser Mann, der sonst so mühelos und gewandt wirkte wie kein anderer Politiker, aus der Fassung gebracht. Am Nachmittag des Tages, an dem die Affäre publik wurde, sah man ihn mit fleckiger Haut, erschöpft, unruhig und nervös in einem Interview mit Jim Lehrer vom öffentlichen Fernsehen Zeitformen grammatikalisch ausloten – »Es *gibt* keine Beziehung«. Einige Tage später, als sich das Gerücht verbreitete, er denke an Rücktritt, gestattete sich Clinton einen seltenen Anflug von Ärger in der Öffentlichkeit. Er drohte mit dem Zeigefinger in Richtung Kameras und stieß die Worte hervor, die für viele Menschen zur Quintessenz seiner Präsidentschaft werden sollten: »Ich habe keine sexuellen Beziehungen zu dieser Frau – Miss Lewinsky – gehabt.«

Wenn der Präsident in der Öffentlichkeit den Eindruck erweckte, er sei angeschlagen, so vollzog sich hinter den Kulissen ein anderer Prozess: Clinton mochte wanken, aber er begann gleichzeitig, die Überlebensstrategie zu organisieren. Als Erstes musste er seinen Stab davon überzeugen, dass die Präsidentschaft nicht gefährdet war. Es galt unbedingt den Eindruck zu erwecken, dass alles seinen gewohnten Gang nahm. Daher beauftragte er lediglich eine Hand voll Anwälte und politische Berater, sich mit dem Skandal zu befassen, und schirmte sie vom restlichen Team ab. Die anderen, einschließlich des Präsidenten selbst, widmeten sich – mit entschlossenem Tunnelblick – den Regierungsgeschäften, die in dieser Woche der Vorbereitung der jährlichen Rede zur Lage der Nation galten.

Clinton erwähnte Monica Lewinsky mit keinem Wort, während er sich in die Arbeit stürzte, doch seine Mitarbeiter fanden es gelegentlich schwierig, sich auf ihre Aufgabe zu konzentrieren. Fernsehapparate sind allgegenwärtig im Weißen Haus, in den meisten laufen die verschiedenen Nachrichtensender; jetzt brachten sie eine Schreckensnachricht nach der anderen. Das Chaos tobte nur einige Türen weiter im Presseraum, wo es während der kurzen Verlautbarungen durch den Pressesprecher Mike McCurry zu tumultartigen Szenen kam und draußen auf dem Rasen, wo das Rudel der Fernsehreporter eine atemlose Meldung nach der anderen durch den Äther jagte. Das Leben gefror im Schatten der Katastrophe: In den Westflügel – gewöhnlich ein hübscher, ruhiger Ort, wofür die Intensität der Arbeit und die Dicke der Teppiche gleichermaßen verantwortlich sind – war eine geradezu unheimliche Stille eingezogen. Auf den engen Fluren tauschte man Blicke und Achselzucken, aber kaum ein Wort. Wer nicht sträflich naiv war, dem war klar, dass Clinton log. Doch was gab es dazu noch zu sagen?

Die Beziehung des Präsidenten zu seinen Mitarbeitern war so kompliziert wie der Rest seines Lebens. Ihm gegenüber mischte sich Hochachtung mit Enttäuschung. Hochachtung vor Clintons Intelligenz – besonders seinem enzyklopädischen Wissen in politischen Fragen –, seiner Ausdauer und seiner Fähigkeit, fast jeden unter allen denkbaren Umständen für sich einzunehmen. Zweifellos war er die größte politische Begabung seiner Generation. Aus der Nähe betrachtet waren seine Fähigkeiten geradezu atemberaubend: Stets stand er im Mittelpunkt der Aufmerksamkeit, und er beherrschte jeden Raum, den er betrat. Doch untrennbar mit dieser schillernden Energie verknüpft war eine Schroffheit, eine gewisse rohe Unsensibilität in seinem Verhalten, als ob jegliche Empfindsamkeit, deren Clinton mächtig war, von seiner Arbeit aufgezehrt würde, so dass für die Menschen in seiner Umgebung nur wenig Rücksichtnahme und Freundlichkeit übrig blieb. Sein Hang zur Selbstsucht, seine mangelnde Selbstdisziplin und oft genug auch sein Selbstmitleid waren sprichwörtlich. Und doch waren seine Mitarbeiter außerordentlich loyal und überzeugt von ihrem politischen Auftrag. Seit langem hatte es keine wirklich erfolgreiche demokratische Administration mehr gegeben. Als erster Demokrat seit Franklin Roosevelt war Clinton in eine zweite Amtszeit gewählt worden. Der ideologische Extremismus der republikanischen Opposition und die hartnäckigen, oft kleinlichen Kampagnen der Medien, die dem Präsidenten um jeden Preis Korruption nachweisen wollten, bewiesen nur, was auf dem Spiel stand. Die Administration schien sich in einem ständigen Belagerungszustand zu befinden, daher waren die Mitarbeiter des Weißen Hauses darauf gedrillt, rasch und mit tödlicher Entschlossenheit auf alle Angriffe gegen den Präsidenten zu reagieren. Doch diese Bereitschaft war nicht zu verwechseln mit persönlicher Zuneigung zu dem Mann selbst.

In den Tagen nach dem Beginn des Lewinsky-Skandals kamen die Mitarbeiter allerdings – dieses eine Mal – in den Genuss eines virtuosen Clinton-Feuerwerks. Er war darauf angewiesen, dass seine Leute zu ihm hielten, ihre Arbeit mit unverminderter Energie fortsetzten, sich nicht entmutigen ließen. Dabei ging er mit gutem Beispiel voran; er verblüffte sie mit seiner Fähigkeit, sich trotz der dramatischen Ereignisse unbeirrt seinen Amtsgeschäften zu widmen. Beispielsweise wurde eines Tages Michael Waldman, der leitende Redenschreiber, vom Präsidenten angepiept, als er in seinem Büro saß und fernsah: McCurry wurde gerade mit Fragen über neue Gerüchte von einem bevorstehenden Rücktritt bombardiert. Waldman fragte sich, ob Clinton ihn nun auffordern werde, die Abschiedsrede zu schreiben. Doch dem Präsidenten schien der Aufruhr im Presseraum noch nicht einmal *bewusst* zu sein. Sein Anruf galt der Rede zur Lage der Nation, speziell einer Aktennotiz, die er von Stephen Carter, einem Rechtswissenschaftler der Yale University, erhalten hatte. »Haben Sie sich Carters Überlegungen zur ›Idee Amerikas‹ angeschaut?«, fragte Clinton beiläufig. »Versuchen Sie, sie einzuarbeiten.«

In seinen privatesten Augenblicken zeigte sich der Präsident natürlich nicht ganz so unbeeindruckt. Nach und nach hörte man von schmerzlichen Vieraugengesprächen mit seinen vertrautesten Beratern, einschließlich seiner Frau – erregten Auseinandersetzungen, in denen Clinton jegliche Beziehung zu der jungen Frau bestritt und sogar behauptete, Lewinsky habe ihn »verfolgt«. An diesem Wochenende fand eine seltsame, triste Super-Bowl-Party statt, zu der Reverend Jesse Jackson erschien – ein häufiger und gelegentlich erbitterter Konkurrent Clintons, der nun plötzlich zum Vertrauten avancierte; Jackson blieb nach Ende der Party, um mit dem Präsidenten zu beten und um dessen Frau und Tochter zu trösten. Der Fernsehproduzent Harry Thomasson, Clintons ältester Freund, kam aus Kalifornien herüber, um ihm in der Krise zu helfen. Fast alle Details, die sich erstaunlicherweise als wahr herausstellten – das spermabefleckte Kleid, die banalen Geschenke (lächerliche Dinge, wie sie sich Teenager gegenseitig verehren: T-Shirts, billiger Kitsch, ein Exemplar der *Leaves of Grass* von Walt Whitman), die leidenschaftlichen nächtlichen Telefonate, die Überlegung, dass Oralverkehr nicht als Geschlechtsverkehr zählt –, all das wurde bereits in diesen ersten Tagen ruchbar.

Doch der Präsident verbrachte auch Stunden damit, einzelne Abschnitte der Rede zur Lage der Nation einzuüben, umzuschreiben und manchmal neu zu überdenken. Gelegentlich sah es so aus, als könnte Clinton in der Arbeit Vergessen finden. Nach einer gewissen Unsicherheit in den ersten ein oder zwei Tagen wirkte er nicht mehr besonders niedergeschlagen oder geistesabwesend. »Ich erinnere mich daran, dass alles viel reibungsloser abzulaufen schien als in den Jahren zuvor«, sagte Sylvia Mathews, die stellvertretende Stabschefin des Weißen Hauses, deren Aufgabe es war, die Redevorbereitungen zu organisieren. »In der Woche vor der Rede probten wir im Family Theater. In der Regel machte er die Generalprobe erst am Tag der Rede. Doch damals war es anders. Er arbeitete wirklich hart, war äußerst konzentriert und schrieb die Abschnitte über Bildung und Rassenfragen immer wieder um. Das Manuskript, mit dem er am Samstag erschien, war über und über mit seinen linkshändigen Kritzeleien bedeckt: Offenbar hatte er am Abend zuvor an dem Text gearbeitet. Er sagte so Sachen wie: ›Hier hab ich fünfzehn Wörter gestrichen und einen Absatz eingefügt. Hört euch das mal an …‹ Alles sollte besser und knapper werden.«

Im Laufe der Zeit hatte Clinton das Ritual, das mit der Rede zur Lage der Nation einherging, grundlegend verändert. Es war nicht mehr nur eine Rede, sondern ein sechsmonatiger Prozess zur Strategieentwicklung, ein zentrales Organisationsinstrument für sein politisches Programm des Jahres. Der Präsident glaubte, die Rede sei die beste Gelegenheit, um ungefiltert mit dem amerikanischen Volk zu kommunizieren (gewöhnlich mit nervtötender Ausdauer: Regelmäßig redete er weit über die Stunde hinaus, die ihm traditionell von den Fernsehstationen eingeräumt wurde). Mit gleicher Regelmäßigkeit machten sich die Medien über diese gigantische Anstrengung lustig, doch die Öffentlichkeit schien großen Gefallen daran zu finden, was diese jährliche Veranstaltung natürlich besonders befriedigend für den Präsidenten machte. Daher wurde alles mit großer Sorgfalt vorbereitet: Man gab genaue Anweisungen heraus, jede Abteilung stellte ihre Wunschlisten zusammen, die politischen Optionen wurden erörtert. Der Prozess zeichnete sich durch ein hohes Maß an Disziplin aus, das alten Freunden des zerstreuten, geschwätzigen Bill Clinton seltsam erscheinen musste. Doch das Weiße Haus hatte sich gewandelt: Nichts erinnerte mehr an die lockeren, unstrukturierten Diskussionsrunden der ersten Amtszeit. Und auch Clinton hatte sich gewandelt – er wirkte zurückhaltender, würdevoller und sich (meistens) seiner Präsidentenrolle bewusster. Als er an diesem Samstag hinter der *Blue Goose* – dem Rednerpult im Family Theater – vor einem Großteil seiner Mitarbeiter stand und seine Rede probte, trug er wahrscheinlich als Einziger in dem ganzen Raum Jackett und Schlips.

Den größten Teil ihrer Energie hatten der Präsident und seine Wirtschaftsberater in diesem Jahr darauf verwandt, ein neuartiges politisches Problem zu durchdenken. 1997 hatte Clinton einen ausgeglichenen Haushalt mit der republikanischen Mehrheit im Kongress ausgehandelt, und nun, zum ersten Mal seit vierzig Jahren, bestand die Aussicht auf einen Überschuss. Die Republikaner wollten das Geld für Steuersenkungen verwenden. »Dabei wussten alle, dass der Haushalt nicht wirklich ausgeglichen war«, meinte Robert Rubin, der damalige Finanzminister. »Zwar waren Überschüsse prognostiziert – nicht die Art Überschüsse, die wir schließlich bekamen, die hat zu diesem Zeitpunkt niemand vorhergesehen –, aber wir erwarteten auch, dass das *discretionary spending* [die Ausgaben in den Bereichen Inlands-, Auslands- und Rüstungsprogramme, über deren Höhe der Kongress frei entscheiden kann] die Schätzungen übersteigen würde. Eine Steuersenkung hätte uns wahrscheinlich wieder ein Haushaltsdefizit beschert. Ab Oktober hatten wir eine Reihe von Treffen, auf denen wir nach einer geeigneten Strategie suchten. Ich glaube, es war John Hilley« – ein Präsidentenberater in juristischen Angelegenheiten –, »der als Erster auf die Idee kam, den Überschuss für die Sicherung der Sozialsysteme zu verwenden.«

Man gab Hilleys Idee an Mark Penn weiter, den Meinungsforscher des Präsidenten. Das gehörte in der Clinton-Zeit zu den Routinemaßnahmen im Weißen Haus. Man gab mehr Geld für Meinungsumfragen aus als in allen früheren Administrationen zusammen. Dabei wurde nicht nur jede wichtige politische Idee geprüft, sondern auch die Sprache, in der man diese Ideen unters Volk bringen wollte. Zum Glück konnte Penn in diesem Fall berichten, dass die Menschen offenbar weit mehr an einer Sicherung ihrer Altersbezüge interessiert waren als an einer Steuersenkung – und das sollte 1998 das oratorische Herzstück der Rede zur Lage der Nation werden. Der Präsident würde sich in einem Wahljahr gegen eine Steuersenkung aussprechen.

Clinton wollte seine Meinung zu diesem Punkt auf möglichst wirkungsvolle Weise kundtun. Allerdings hatten seine Redenschreiber Schwierigkeiten, die richtigen Worte zu finden. Dann, mitten in der Samstagsprobe, als Clinton zu der rhetorischen Frage kam: »Was sollen wir mit unserem neuen Überschuss anfangen?«, unterbrach er sich plötzlich und sagte: »Hört mal! Ich habe eine Idee. Was haltet ihr davon: ›Meine Antwort besteht aus vier einfachen Wörtern: *Save … Social … Security … First!* (Sichert zuerst die Sozialsysteme!)‹«

Der Präsident hielt inne und lächelte. Die Mitarbeiter spendeten Beifall. Dann breitete er die Arme aus und sagte: »Seht ihr, ich hab es noch nicht *ganz* verlernt.«

Tatsächlich waren viele Leute aus Clintons unmittelbarer Umgebung der Meinung, er habe »es« gerade erst gelernt – er habe gerade erst angefangen, die Präsidentenrolle zu beherrschen. Das war einer der betrüblicheren Aspekte des Lewinsky-Skandals: Er hatte endlich sein politisches Selbstvertrauen wiedergewonnen, nach einer chaotischen, häufig ungeschickten ersten Amtszeit voller abstrakter Siege und konkreter Niederlagen – beispielsweise war Mrs Clintons gescheiterter und törichter Versuch einer Gesundheitsreform viel stärker ins Bewusstsein der Öffentlichkeit gedrungen als die revolutionären Bemühungen ihres Mannes, das Haushaltsdefizit zu beseitigen. Er hatte gelernt, wie er in den komplizierten, die Sitzungsperiode abschließenden Haushaltsverhandlungen von dem republikanischen Kongress das bekommen konnte, was er haben wollte. Der militärische Einsatz in Bosnien war erfolgreich gewesen, so dass er sich jetzt auch in der Rolle des Oberbefehlshabers wohler fühlte, und auf dem internationalen Parkett bewegte er sich ebenfalls mit zunehmendem Selbstvertrauen. »Er benimmt sich nicht mehr wie ein Gouverneur«, meinte Donna Shalala, Ministerin für Gesundheit und Soziales, »sondern ist der Präsident geworden.«

Allerdings war er ein verwirrender Präsident. Seine Präsidentschaft schien gleichzeitig auf zwei unvereinbaren Ebenen zu verlaufen – einer politischen und einer privaten –, wobei letztere, besonders in Washington, erstere gewöhnlich in den Schatten stellte. Dabei reagierte die Öffentlichkeit in der Regel positiver auf Clinton als die politische Klasse: Die Menschen waren angetan von seiner Politik, beeindruckt von seinen Talenten und amüsiert von seinen Schwächen. Doch Clinton hatte nur wenige Verbündete in Washington; kaum ein Politiker, noch nicht einmal in der eigenen Partei, war ganz mit ihm einverstanden. Und seine Beziehung zur Presse war schlichtweg katastrophal. Zu dem Zeitpunkt, als er an die Macht kam, herrschten im öffentlichen Leben Amerikas besonders raue Sitten. Sein Aufstieg fiel zeitlich mit dem Höhepunkt eines zwanzigjährigen, erbitterten Parteienkriegs zusammen, der mit Richard Nixons erzwungenem Rücktritt begonnen und sich in einer Reihe politischer Schauprozesse und Seifenopern fortgesetzt hatte, in denen es unter anderem um angebliches (und häufig triviales) Fehlverhalten von Vertretern des öffentlichen Lebens ging. Sein Aufstieg markierte außerdem die Ankunft einer neuen Generation in den Schaltzentralen der Macht – der nach dem Zweiten Weltkrieg geborenen Baby Boomer. Häufig schien Bill Clinton die vermeintlichen Sünden dieser Generation in Reinkultur zu verkörpern: den moralischen Relativismus, die Neigung, dem Marketing mehr Aufmerksamkeit zu schenken als der Qualität, die ichbezogene Unreife.

Viele von Clintons republikanischen Gegenspielern weigerten sich, ihn als legitimen Präsidenten anzuerkennen. 1992 hatte er George Bush und 1996 Bob Dole vernichtend geschlagen, allerdings in beiden Wahlen keine echte Mehrheit der Stimmen erhalten, weil es noch einen dritten Kandidaten gegeben hatte, den parteilosen Ross Perot (in der Rückschau kommt einem die Haltung der Republikaner noch überzogener vor, bedenkt man, wie rasch und apodiktisch sie nach dem Kopf-an-Kopf-Rennen im Jahr 2000 den Sieg von George W. Bush verkündeten). Die Presse, die immer mehr an Skandalen als an Inhalten interessiert ist, hatte offenbar besondere Schwierigkeiten, die beiden Ebenen der Clintonschen Präsidentschaft in der richtigen Relation zu sehen: Selbst seriöse Zeitungen und Fernsehsender schienen zwanghaft auf das private Fehlverhalten des Präsidenten fixiert zu sein. Belanglose Vorgänge – wie der Versuch, einige Festangestellte im Reisebüro des Weißen Hauses zu entlassen – und gängige politische Praktiken (etwa die Neigung, als Gouverneur von Arkansas Leuten, die seinen Wahlkampf finanziell unterstützt hatten, Geschäfte oder Vergünstigungen zuzuschanzen) wurden zu weltbewegenden politischen Krisen aufgebauscht, verschärft noch durch Clintons Versuche, sich durch juristische Kniffe und gelegentlich auch Lügen aus den misslichen Situationen zu befreien. Es hieß, ihm fehle es an moralischen Grundsätzen, er sei zu »glatt«, um vertrauenswürdig zu sein – und das war nicht ganz falsch.

Tatsächlich war Bill Clinton von verblüffender Wandelbarkeit, ein Geschöpf seines Publikums, besessen von seiner Fähigkeit, Sympathien zu wecken, ständig bemüht, zu gefallen. Das kam ihm zugute bei Wahlkämpfen und Reden zur Lage der Nation, wenn das Publikum das amerikanische Volk war. Doch es konnte sich als höchst nachteilige Eigenschaft erweisen, wenn das Publikum kleiner war – wenn es um die Vorlieben und Vorurteile der verkalkten Demokraten ging, die zu Anfang seiner Amtszeit den Kongress beherrschten, oder wenn er sich (verständlicherweise) von den Obsessionen der Medien oder des auf ihn angesetzten Sonderermittlers ablenken ließ. Noch schlimmer war es, wenn er auf die Bedürfnisse der Speichellecker, der Spendenbeschaffer und Bittsteller einging, die sich unvermeidlich um die Macht scharen – wenn er ihre Eitelkeit befriedigte, indem er sie in seiner Nähe duldete, mit ihnen Kaffee trank, ihnen persönliche Fotos schenkte oder sie im Lincoln Bedroom übernachten ließ. Und am allerschlimmsten, wenn er ihre Schmeicheleien Glauben schenkte und ihren Bitten nachgab – so etwa, als er sich ganz am Ende seiner Amtszeit von diesen »Freunden« überreden ließ, für deren anrüchige Bekannte Begnadigungen auszusprechen. Offenbar hatte er seine beiden wichtigsten Adressatengruppen – das amerikanische Volk und die Geschichtsschreiber – völlig vergessen, als er sich am letzten Abend seiner Amtszeit entschloss, 177 Personen zu begnadigen, darunter auch den milliardenschweren Rohstoffhändler Marc Rich, der ins Ausland geflohen war und weit oben auf der FBI-Liste der zehn meistgesuchten Straftäter stand.

Am Ende waren es nur drei Clinton-Aussprüche, die ein Jahr nach Beendigung seiner Amtszeit für wert befunden wurden, in die 17. Auflage von *Bartlett's Familiar Quotations* aufgenommen zu werden:

»Ich habe ein- oder zweimal mit Marihuana experimentiert. Aber ich mochte es nicht, ich habe nicht inhaliert und ich habe es nie wieder probiert.« – 31.3.92

»Ich sage es noch einmal: Ich habe keine sexuellen Beziehungen zu dieser Frau – Miss Lewinsky – gehabt.« – 26.1.98

»Es hängt davon ab, was Sie unter dem Wort ›ist‹ verstehen.

> Wenn das ... wenn er ... wenn ›ist‹ bedeutet: ist und ist nie gewesen, dass nichts ist – dann ist das eine Sache. Wenn es bedeutet, da ist nichts, dann war es eine vollkommen zutreffende Aussage.« – 17.8.98

Und doch lässt sich dagegenhalten, dass Clinton – trotz seines krassen persönlichen Fehlverhaltens – ein seriöser, disziplinierter und verantwortungsbewusster Präsident gewesen ist. »Wenn Sie eine Schildkröte auf einem Zaunpfahl sitzen sehen«, pflegte Clinton zu sagen, »dann ist sie dort nicht durch Zufall hingekommen.« Dieses Zitat, das würdig gewesen wäre, in den *Bartlett's* aufgenommen zu werden, sollte heißen, dass es kein Zufall war, wenn seine Regierungszeit sich als eine Periode beispiellosen Wohlstands und weltweiten Friedens erwies. Diese Verhältnisse waren zumindest teilweise auf Tausende von Entscheidungen zurückzuführen – differenzierte, nuancierte, komplizierte, häufig riskante Entscheidungen –, die Clinton und seine Berater im Laufe der Jahre getroffen hatten, Entscheidungen, die nicht die spektakuläre Medienwirksamkeit des Lewinsky-Skandals oder der Begnadigung von Marc Rich besaßen, die aber die eigentliche Arbeit seiner Präsidentschaft ausmachten.

Weiter lässt sich vorbringen, dass Clinton in der politischen Substanz seiner Präsidentschaft so erfolgreich war, weil er – zumindest in seinem Denken – das genaue Gegenteil des glatten Opportunisten war, als den ihn seine Gegner hinstellten: Er kam mit einer schlüssigen, durchdachten politischen Vision nach Washington und setzte sie in einer Weise um, die kompromisslos und, auf kurze Sicht, häufig politisch nicht ratsam war. Nacheinander stieß er die traditionellen Linksliberalen, die Konservativen und die Gemäßigten vor den Kopf, doch seine Ketzereien folgten einem klaren Schema. Die scheinbaren Widersprüche in Clintons Programm – Stärkung des Freihandels (was den Konservativen gefallen musste), Ausweitung der allgemeinen Krankenversicherung (was den Linken gefallen musste), Unterstützung für eine Reform der Sozialhilfe (was die Linken empörte) und Förderungsmaßnahmen zu Gunsten von Minderheiten, die so genannte positive Diskriminierung (was die Konservativen empörte) – gehörten alle zu einem Konzept, in dem er seine eigentliche Aufgabe sah: für den Übergang des Landes aus dem Industriezeitalter in das Informationszeitalter zu sorgen.

Seit Jahren verkündete er dies als sein politisches Vorhaben. Davon hatte er mir schon in den achtziger Jahren erzählt, als er noch Gouverneur von Arkansas war und noch nicht festgelegt hatte, wann er sich tatsächlich um die Präsidentschaft bewerben wollte. Doch für die meisten hörte sich die Formel »vom Industriezeitalter zum Informationszeitalter« bestenfalls nach einer hohlen Phrase an, nach einem politischen Schlagwort, aus repräsentativen Stichproben herausgefiltert ... und schlimmstenfalls nach messianischem Baby-Boomer-Blödsinn. (Es war kein Zufall, dass der andere amerikanische Politiker, der sich in den achtziger Jahren über einen »historischen« Paradigmenwechsel in der Wirtschaft verbreitete und dabei fast die gleichen Worte wie Clinton verwendete, Newt Gingrich war.)

Bei diesem Vorhaben erzielte Clinton bestenfalls einen Teilerfolg. Doch für die Schlüssigkeit seines politischen Entwurfs wurde ihm keine Anerkennung zuteil, weil er nie eine Möglichkeit fand, ihn glaubhaft oder gar prägnant zu formulieren – keine geringe Ironie angesichts seiner Kommunikationsfähigkeit. Er wusste noch nicht einmal, wie er das Programm nennen sollte. 1991 versuchte er es mit *The New Choice*, die »Neue Wahl«, während des Wahlkampfes von 1992 mit *The New Covenant*, der »Neue Bund«. Sich selbst bezeichnete er als »Neuen Demokraten«. Im Wahlkampf von 1996 sprach er unaufhörlich und ermüdend davon, »eine Brücke ins 21. Jahrhundert bauen« zu wollen (bei seiner zweiten Amtseinführung wurde auf der National Mall in Washington ein Modell dieser Brücke errichtet und mit Kunstrasen ausgelegt). Selbst sein letzter Versuch, der »Dritte Weg«, war nur unerheblich erfolgreicher als die vorhergehenden – ausgenommen in Übersee, wo er zum Schlachtruf ehemaliger Linker wurde, die die Unausweichlichkeit der Globalisierung entdeckten.

Als Clinton 1998 seine Rede zur Lage der Nation vorbereitete, schien der wirtschaftliche Wandel, den er seit langem vorhersagte – vom Industriezeitalter zum Informationszeitalter –, endlich mehr zu sein als nur eine rhetorische Figur. Die amerikanische Wirtschaft bot ein Bild, das einige Jahre zuvor noch undenkbar gewesen wäre. Die Arbeitslosenzahlen gingen nach unten, während die Inflationsraten sogar historische Tiefpunkte erreichten. In allen Einkommensbereichen stieg der Wohlstand (in den acht Jahren seiner Amtszeit wuchs das Haushaltseinkommen im breiten Mittelfeld des wirtschaftlichen Spektrums um bemerkenswerte 35 Prozent). Die herkömmlichen Vorstellungen von Zeit, Raum und Grenzen wurde von neuen Technologien in Frage gestellt – Laptops, Internet, Handys, Satellitenfernsehen –, die nicht nur die globalen Märkte von Grund auf veränderten, sondern auch die alltäglichen Abläufe im Leben der Mittelschicht.

Nach Clintons Überzeugung war das ein ähnlicher Wandel wie zu Beginn des zwanzigsten Jahrhunderts, als sich eine echte Volkswirtschaft herausbildete, beherrscht von riesigen Konzernen. Damals reagierte die US-Regierung – unter Theodore Roosevelt und Woodrow Wilson, den beiden Präsidenten, mit denen Clinton sich gern in einer Reihe gesehen hätte – auf die wirtschaftlichen Veränderungen mit einer Reihe von historischen Reformen (vom Gesetz zur Kontrolle von Nahrungs- und Arzneimitteln über die Einführung der Einkommenssteuer bis hin zur Schaffung des Federal Reserve System, eines bundeseinheitlichen Geld- und Kreditsystems). Clinton hielt es für seine Aufgabe, eine Reihe ähnlicher Reformen zu verwirklichen, Reformen, wie sie das Informationszeitalter brauchte. Doch als der Präsident 1998 die Rede zur Lage der Nation vorbereitete, konnte er nicht auf eine einzige Errungenschaft hinweisen, die sich in ihrer Bedeutung mit denen von Roosevelt und Wilson hätte messen können. Kraft seiner Persönlichkeit und Hartnäckigkeit hatte er Washington nach und nach zu der Einsicht gebracht, dass eine revidierte Form staatlichen Handelns unter den anarchischen Verhältnissen einer schnelllebigen Ökonomie erforderlich sei, doch diese Siege errang er in kleinen Schritten, während seine Niederlagen weit einprägsamer waren.

Natürlich war Clinton ein begnadeter Redner. In gewisser Weise übertraf er sogar noch Ronald Reagan – weil er scharfsinniger war, lockerer und besser improvisieren konnte. Seit Kennedy hatte sich kein Präsident hinter einem Rednerpult so zu Hause gefühlt. (Newt Gingrich, Clintons schärfster republikanischer Gegner, erzählte mir, er habe einmal, als Clinton eine seiner Reden zur Lage der Nation hielt, nur einen einzigen Gedanken gehabt: »Wir sind erledigt. Es gibt keine Möglichkeit, diesen Typ zu schlagen.«) Doch die rednerische Wirkung des Präsidenten beruhte weitgehend auf seiner physischen Präsenz, seiner Körpersprache. Denn ein herausragender Rhetoriker war er nicht. Nie fand er die richtigen Worte, um der amerikanischen Öffentlichkeit seine umfassenderen Pläne zu erläutern, was ihn immer aufs Neue frustrierte.

Zunächst schien die Rede zur Lage der Nation im Jahr 1998 ein geeigneter Anlass zu sein, um es erneut zu versuchen – und es gab zu Beginn der Rede mehrere Absätze, die sein politisches Programm klarer zum Ausdruck brachten als jemals zuvor. Doch nach Beginn des Lewinsky-Skandals hatte die Rede nur noch ein Ziel: sein politisches Überleben zu sichern (selbst dem Knalleffekt der sozialen Sicherungssysteme war es bestimmt, in dem Melodram unterzugehen). Er hatte beschlossen, den Skandal an diesem Abend mit keinem Wort zu erwähnen. Tatsächlich war die legendäre, selbstzerstörerische Äußerung vom Vortag – »Ich habe nicht mit dieser Frau geschlafen« – ein vorsätzlicher Präventivschlag gewesen, den sein Freund Harry Thomasson empfohlen hatte, ein törichter Versuch, die Atmosphäre vor der Rede zur Lage der Nation zu reinigen. Doch die Atmosphäre war alles andere als gereinigt. Der Lewinsky-Subtext lauerte überall: Clintons Mitarbeiter verbrachten Stunden damit, den endgültigen Text nach möglicherweise peinlichen Zweideutigkeiten zu durchforsten.

Applaus empfing den Präsidenten, als er kurz nach 21 Uhr am Abend des 27. Januar 1998 den Plenarsaal des Repräsentantenhauses betrat. Die Demokraten, die sich am Mittelgang drängten, um ihm die Hand zu schütteln, bereiteten ihm einen trotzig-herzlichen Empfang. Das gehörte inzwischen zu den Merkwürdigkeiten der Clinton-Dynamik: Der linke Flügel der Demokratischen Partei, der die bunte Mischung seiner ideologischen Ketzereien zähneknirschend hinnehmen musste, zeigte sich immer dann besonders solidarisch mit seinem Präsidenten, wenn dieser in einen Skandal verwickelt war. »Was uns bei der Stange hielt, waren die Republikaner«, sagte Senator Charles Schumer aus New York, der 1998 noch Mitglied des Hauses war. »Ihre extreme Gehässigkeit trieb die Demokraten in Bill Clintons Arme, selbst diejenigen, die ihn nicht besonders mochten.«

Ohnehin gab es im Repräsentantenhaus nur wenige Demokraten, von denen man sagen konnte, dass sie Clinton mochten. Die meisten Kongressmitglieder vertraten kleine, homogene Wahlkreise, und die Demokraten tendierten zum anachronistischen Linksliberalismus des Industriezeitalters. Nur wenige Wochen zuvor hatte die Führung des Repräsentantenhauses offenbar an der Schwelle zur offenen Revolte gestanden – der Führer der demokratischen Minderheit Richard Gephardt hatte sich in einem Vortrag an der Harvard University über Clintons Bereitschaft beklagt, in den Budgetverhandlungen von 1997 mit den Konservativen Kompromisse über die Reform der Sozialhilfe und den Freihandel zu schließen. Im Oktober hatten sich die Demokraten mit überwältigender Mehrheit dagegen entschieden, dem Präsidenten freie Hand bei den Beratungen über neue Handelsabkommen zu geben. »Das hat ihn ungeheuer geärgert«, sagte ein außenpolitischer Berater. »Er hat die Abstimmung als ein massives und sehr persönliches ›Du kannst uns mal, Bill Clinton!‹ gewertet.«

Ausgerechnet Monica Lewinsky hatte die Demokraten jetzt wieder auf Vordermann gebracht. Sie hatten sich von ihren Plätzen erhoben und jubelten dem Präsidenten zu, als er das Rednerpult erreichte. Und sie brachen erneut in Jubel aus, als er seine Rede mit einer eindrucksvollen statistischen Breitseite eröffnete: »Wir haben vierzehn Millionen neue Arbeitsplätze, die niedrigste Arbeitslosigkeit seit 24 Jahren, die niedrigste Kerninflation seit dreißig Jahren. Die Einkommen steigen, und wir haben die meisten Eigenheimbesitzer in der Geschichte unseres Landes. Seit fünf Jahren geht die Kriminalstatistik ununterbrochen zurück, ein Rekordergebnis. Die Zahl der Sozialhilfeempfänger ist auf den niedrigsten Stand seit 27 Jahren gesunken. Unsere Führungsrolle in der Welt ist unbestritten. Meine Damen und Herren« – er hielt inne, um eine würdige Intonation für die traditionellen Worte zu finden – »*the state of our union is strong*, die Lage unserer Nation ist ausgezeichnet.«

Bei *strong* senkte er die Stimme, so dass das Wort wie ein Hammerschlag und nicht wie ein Fanfarenstoß erklang. Nachdem er den Applaus genossen hatte – sogar die Republikaner mussten einstimmen –, kam er zu seinem Glaubensbekenntnis: »Selten haben Amerikaner so viel Veränderung auf so vielen Gebieten in so kurzer Zeit erlebt ... Wir sind in ein Informationszeitalter, eine globalisierte Wirtschaft, eine wahrhaft neue Welt eingetreten.

Seit fünf Jahren meistern wir nun die Herausforderungen dieser Veränderungen an jedem Wendepunkt ... Wir sind hinausgelangt über die unfruchtbare Debatte zwischen denen, die sagen, der Staat sei der Feind, und denen, die sagen, der Staat sei die Antwort. Wir Amerikaner haben einen Dritten Weg gefunden. Wir haben die kleinste Regierung seit 35 Jahren, aber eine, die fortschrittlicher ist als ihre Vorgängerinnen. Wir haben eine kleinere Regierung, aber eine stärkere Nation.« Hier wurde er von ironischem Applaus der Republikaner unterbrochen. Doch er ließ sich nicht aus dem Konzept bringen und nannte die drei Grundsätze des Dritten Wegs: Chancengleichheit, Verantwortung und Gemeinschaft – Begriffe, die Clinton zu den Schlagworten des gemäßigten Democratic Leadership Council gemacht hatte, als er 1991 dessen Vorsitz übernommen hatte. Seither hatten Politiker aller Couleur, von Tony Blair in Großbritannien bis zu George W. Bush in Texas, mit diesen Parolen Wahlen gewonnen. Doch 1998 klangen sie etwas abgedroschen und nahmen der Rede des Präsidenten viel von ihrem Schwung. Er machte einen letzten Versuch, sein Regierungsprogramm zusammenzufassen, indem er eine Drei-Punkte-»Strategie für den Wohlstand« entwarf: »Fiskaldisziplin zur Senkung der Zinssätze und zur Ankurbelung des Wachstums, Investitionen in Ausbildung und berufliche Qualifizierung, … um die Menschen auf die neue Wirtschaft vorzubereiten, neue Märkte für Amerikas Produkte und Amerikas Arbeiter.«

Das war das Kernstück seines Regierungsprogramms, prägnant formuliert, doch der Applaus blieb aus. Die Worte waren zu abstrakt, sie hatten nichts, was die Zuhörer aufrüttelte, überraschte oder zum Widerspruch herausforderte. Der Dritte Weg – der in der Praxis sowohl die linken als auch die konservativen Orthodoxien gegen den Strich bürstete – konnte sich wie jedermanns Weg anhören, wenn er von einem biederen Redenschreiber in Allgemeinplätze gegossen wurde. Doch Clintons nächste Feststellung riss dann wieder beide Seiten des Hauses zu Jubel hin: »In den letzten drei Jahrzehnten haben an dieser Stelle sechs Präsidenten gestanden, um Sie auf die Gefahren hinzuweisen, die die Defizite für unsere Nation heraufbeschworen. Ich kann Ihnen heute mitteilen, dass das Haushaltsdefizit – das einst auf eine unvorstellbar große Ziffer mit elf Nullen angewachsen war – schlicht und einfach null geworden ist.«

Der Präsident sonnte sich in dem Jubel, mit entschlossenem Kinn und dem Anflug eines Lächelns um die Lippen. Einen Augenblick lang schien die Lewinsky-Affäre in weiter Ferne. Der Zeitpunkt für seine Trumpfkarte war gekommen: »Für den Fall, dass wir im nächsten Jahr einen ausgeglichenen Haushalt vorlegen können, lauten die Prognosen, dass wir in den Jahren unmittelbar darauf einen beträchtlichen Überschuss erwirtschaften werden. Was werden wir mit dem vorhergesagten Überschuss anfangen?« Er machte eine wirkungsvolle Pause. »Meine Antwort besteht aus vier einfachen Wörtern: *Save … Social … Security … First!*«

Brüllend waren die Demokraten von ihren Sitzen aufgesprungen. Auch Newt Gingrich, der republikanische Sprecher des Hauses, der direkt hinter dem Präsidenten saß, applaudierte, aber widerstrebend und immer noch sitzend. Langsam schien Gingrich zu begreifen, dass er wieder einmal von Bill Clinton vorgeführt worden war – dass die Nation zusah, wie sich die Demokraten leidenschaftlich für das populärste Programm der Regierung begeisterten, während die Republikaner verdrossen auf ihren Stühlen hocken blieben –, also rappelte er sich auf und schloss sich den stehenden Ovationen für den Präsidenten der Vereinigten Staaten an.

»Für mich war das der unglaublichste Augenblick seiner Präsidentschaft«, erinnerte sich der Redenschreiber Michael Waldman später. »Weniger weil es Clinton wieder einmal gelungen war, die Republikaner auszumanövrieren und auszutricksen, und das mitten im Lewinsky-Skandal, sondern weil man in diesem Augenblick förmlich sehen konnte, wie eine Billion Dollar von ihren Konten auf unsere Konten wanderten, von den Steuersenkungen zu den Sozialsystemen.«

Allerdings bemerkten das nicht viele.

»Die Hauptnachricht an diesem Abend war, dass ich überhaupt dort stand«, erinnerte sich Bill Clinton Jahre später in einer Reihe von Gesprächen, die er und ich gegen Ende seiner achtjährigen Amtszeit führten. Er war natürlich bestrebt, die Erfolge seiner Administration herauszustreichen, äußerte sich hin und wieder aber auch ganz offen über seine beträchtlichen Fehler. Wehmütig sprach er über versäumte Gelegenheiten und voller Wut – auf sich selbst, aber vor allem auf seine Gegner – über die Zeit, die mit Skandalen verschwendet wurde. Die Bedeutung seiner Regierungszeit war davon überschattet worden. »Ich bin nicht sicher«, sagte er, »ob ich je die Gelegenheit wirklich genutzt habe, mein Programm vollständig und überzeugend darzulegen.«

Unser erstes Gespräch hatte einen seltsam förmlichen Charakter. Wir saßen an einem Couchtisch aus Glas in einem kleinen Raum, der wie ein Versuch zur Ehrenrettung einer geschmacklosen New Yorker Hotelsuite wirkte (der Präsident war in der Stadt, um eine Rede zu halten). Clinton trug einen dunkelblauen Anzug, einen roten Schlips und ein weißes Hemd – eine unspektakuläre Aufmachung. Sein Verhalten war ähnlich reserviert. Während der gut zwei Stunden blieb er sitzen, behielt sein Jackett an und hob nicht ein einziges Mal die Stimme, selbst wenn ihn eine Frage aus der Fassung brachte oder ärgerte. Nachdem wir uns eine Stunde unterhalten hatten, bat er einen Kellner um eine Tasse koffeinfreien Kaffee und ein Glas Wasser. Mir bot er nichts an – auch keinem seiner anwesenden Berater. Er unternahm auch keine besonderen Anstrengungen, meine Sympathien zu gewinnen. Kaum, dass er einmal lachte oder lächelte, obwohl er ein bisschen auftaute, als ich ihn fragte, ob es 1998, dem Lewinsky-Jahr, einen Moment gegeben habe, wo ihm plötzlich klar geworden sei, dass sich alle Risiken, die er während der ersten Amtszeit eingegangen war – Steuererhöhungen, Haushaltsdisziplin, Reform der Sozialhilfe, freiere Handelsbedingungen –, nun endlich auszahlten. »Traf es Sie wie ein Blitz?«, fragte ich.

»Nun, es gab in diesem Jahr viele Blitzschläge«, sagte Clinton lachend und streckte seine langen Beine aus. »Aber sie hatten alle mich zum Ziel. Über weite Strecken des Jahres '98 beschäftigten mich vor allem drei Empfindungen. Zum einen gab es natürlich all das Leid, weil ich einen schrecklichen persönlichen Fehler begangen hatte, den ich erst ein Jahr später wieder gutzumachen versuchte – und mit dem ich leben musste. Er hatte meiner Familie, meiner Regierungsmannschaft und dem Land viel Schmerz zugefügt. Und dann musste ich mich gegen die Versuche der Republikaner wehren, ihn für ihre Zwecke zu nutzen ... Ich war wirklich davon überzeugt, die Verfassung zu verteidigen ... Und ich bin noch immer der Meinung, dass die beiden großen Leistungen meiner Amtszeit darin bestanden, die« – aus dem Haushaltsstreit mit den Republikanern resultierende – »Zahlungsunfähigkeit der Regierung durchzustehen, und dann das.« Er vermied das Wort *Impeachment*. Es war fast so, als wollte er die republikanische Kampagne nicht durch ein so respektables und *verfassungsgemäßes* Wort aufwerten. »Beides zusammen beendete im Wesentlichen die offensten und extremsten Manifestationen der Gingrich-Revolution.«

Der Präsident lehnte sich zurück und schien sich ein bisschen zu entspannen. »Und das dritte Empfinden, das ich in diesem Jahr hatte, war: ›Himmel, es klappt! Es passt alles zusammen‹ ...

Ich war wirklich glücklich. Ich war glücklich, weil ich dachte – um ehrlich zu sein, ich glaube nicht, dass irgendjemand von uns '93 damit rechnete, dass sich die Wirtschaft so entwickeln würde.«

In diesem bemerkenswerten Jahr 1998 offenbarte sich das Rätsel Clinton in seiner ganzen Vielschichtigkeit: solide politische Programmatik und brillante politische Praxis, ins Zwielicht geraten durch fragwürdiges persönliches Verhalten. Die gehässige Kleinlichkeit dieser Jahre, die Unverantwortlichkeit auf allen Seiten scheinen fast vergessen nach den brutalen Ereignissen, die die Präsidentschaft von George W. Bush erschütterten. Bill Clinton hatte das Glück, in so friedlichen Zeiten zu amtieren, Zeiten, zu deren Gelingen er durch seine wirtschafts- und innenpolitischen Entscheidungen unzweifelhaft beigetragen hat. Doch für ihn war es nicht nur Glück, denn er wurde nie vor eine Herausforderung gestellt, in der er seine eindrucksvollen Stärken hätte unter Beweis stellen können, und das Fehlen einer solchen Herausforderung ließ seine bedauerlichen Schwächen noch deutlicher hervortreten. Vielleicht sind wir heute, in einem anderen Jahrhundert und in einer veränderten Welt, zu einer gerechteren Bewertung fähig – einer Bewertung der Programmatik, der Politik und der Person.

Kapitel eins

Unter einem khakifarbenen Himmel, an einem kühlen, trostlosen Werktagmorgen kurz nach Weihnachten 1991, führte mich Bill Clintons Mutter durch Hot Springs in Arkansas, die Stadt, in der sie ihre beiden Söhne ungeachtet einer Folge von Familiendramen großgezogen hatte. Virginia Kelley war eine ziemlich unwahrscheinliche, aber wunderbar amerikanische Spielart der Präsidentenmutter. Sie gehörte zu der Art Frauen, über die anständige Bürger, besonders in den Südstaaten, gern die Nase rümpfen: eine Tonne Make-up, fast grotesk aufgetragen; eine weiße Strähne in der Mitte ihres schwarz gefärbten Haars (einige Einwohner der Stadt nannten sie deshalb *skunk woman*); ein Hang zur Rennbahn, zum Nachtleben – Hot Springs ist ein berüchtigtes Gomorrha inmitten des *Bible Belt*, der christlich-fundamentalistischen Regionen im Süden und Mittleren Westen der Vereinigten Staaten – und zu den falschen Männern. Und dennoch hatte Mrs Kelley nichts Schäbiges oder Bemitleidenswertes an sich; sie war nett, gewinnend und charmant. Eine unterhaltsame Führerin, die im Laufe unseres gemeinsamen Tages alle wichtigen politischen Fragen stellte und einige sehr scharfsinnige Vorhersagen machte. »Ich glaube, die Presse wird Bill sehr zu schaffen machen«, seufzte sie. »Meinen Sie nicht?«

Einmal verblüffte sie mich. »Das ist die Kirche, in denen ich meine AA-Versammlungen habe«, sagte sie und nickte in Richtung eines steif und neu aussehenden protestantischen Außenpostens.

»Sind Sie ...«

»Alkoholikerin?«, unterbrach sie mich. »Nein, aber ich habe

einen Mann, der Alkoholiker ist, und einen Sohn, der drogenabhängig ist – die Versammlungen geben mir ein bisschen Trost.«

Das klang nicht ganz überzeugend. Sie hatte das ledrige Aussehen einer Frau, die zu viele Cocktailbars von innen gesehen hatte. Doch die Ausflucht war nicht halb so wichtig wie der Einblick, den sie mir gewährte: Sie lebte in der Welt der Anonymen Alkoholiker. Sie hatte Übung in dieser ritualisierten, Slang-durchwirkten Art von Offenheit. Gelassen erzählte sie mir schreckliche Geschichten, die sie sicherlich alle schon im Kreise ihrer Schicksalsgenossen zum Besten gegeben hatte, auf Metallklappstühlen im Kellerraum der Kirche, zwischen Linoleum und Schlackenstein. (Allerdings waren die meisten der Geschichten vorher noch nie in die Presse gelangt.) Sie berichtete mir von ihrem alkoholabhängigen Ehemann Roger, Bills Stiefvater, der im Haus mit einem Revolver herumgefuchtelt hatte, bis sich versehentlich ein Schuss löste. Sie erzählte mir, wie Bill die Schlafzimmertür eingetreten und ihren betrunkenen Mann daran gehindert hatte, sie zu vergewaltigen. Sie schilderte, wie sie, Bill und ihr jüngerer Sohn Roger sich einer Familientherapie unterzogen, nachdem man Roger wegen Kokainbesitzes verhaftet hatte (Bill war damals Gouverneur; Haft und Polizeiaufsicht wurden mit seiner Billigung verhängt).

Das Letzte war ein Eingeständnis, das ich damals noch nicht richtig zu würdigen wusste. Bill Clinton war der erste amerikanische Präsident, der zugab, an einer Form von Psychotherapie teilgenommen zu haben. Man male ihn sich aus: extrem kooperativ, ungeheuer beredt, emotional zugänglich, außerordentlich einsichtig … und absolut Herr der Situation, dem Geschehen immer drei Schritte voraus – der Albtraum eines jeden Therapeuten.

Einige Tage darauf, als ich mit Clinton durch New Hampshire reiste – er war im Begriff, diesen ersten Vorwahlstaat im Sturm zu nehmen (ein Erfolg, der wenige Wochen später durch die Doppelenthüllung konterkariert wurde, dass er eine außereheliche Affäre mit einer Nachtklubsängerin gehabt und nicht ganz die Wahrheit gesagt hatte, was seine Versuche anging, sich vor dem Militärdienst in Vietnam zu drücken) –, fragte ich ihn, was er in der Familientherapie gelernt habe und ob es nicht seltsam sei, in einer Familie groß zu werden, die zwei so gegensätzliche Biografien hervorbrachte: zum Gouverneur gewählt und kokainabhängig zu werden.

»Na ja«, sagte er ohne zu zögern. »Es gibt eben verschiedene Arten der Sucht.«

Womit er vermutlich meinte – ehrlich gesagt, war ich zu verlegen, um mit der nötigen Aggressivität nachzusetzen –, dass seine Sucht in Erfolg und Ruhm bestand. Selbst wenn ich die Frage weiterverfolgt hätte, wäre es Clinton zweifellos gelungen, sich mit ein paar geschickten Bemerkungen aus der Affäre zu ziehen (zumindest versuche ich so, meine journalistische Unfähigkeit zu entschuldigen). Allerdings zeigte das Gespräch, dass es für Clintons politischen Erfolg in den neunziger Jahren einen wichtigen Subtext gab: die gründliche Beherrschung des therapeutischen Jargons und das täuschende Gefühl von Vertrautheit und Nähe, das diese Sprache herstellt.

Mit Sicherheit war ich noch nie einem Politiker wie ihm begegnet. Obwohl ich den Mann kaum kannte, sprachen wir über lächerlich intime Dinge – oder schienen es wenigstens zu tun. Damit waren der Beziehung, die sich zwischen uns entwickelte, von Anfang an ein bestimmter Ton, eine Reihe merkwürdiger Parameter vorgegeben. Zu dieser Beziehung sollte ich vielleicht noch ein paar Worte sagen.

Wir hatten uns einige Jahre zuvor kennen gelernt. Er war sehr beeindruckend. Nichts, was es über Sozialpolitik zu wissen gab, schien ihm unbekannt zu sein. »Einfach bemerkenswert«, meinte David Osborne, der *Laboratories of Democracy*, ein Buch über einige der erfolgreicheren Gouverneure der achtziger Jahre, geschrieben hatte, einmal zu mir. »Sie rufen ihn an und fragen: ›Wer macht etwas Interessantes in Sachen Wohnungsbau?‹ Und er kann Ihnen sagen, was *jeder* macht – kennt jedes einzelne Wohnungsbauexperiment in jedem Bundesstaat.«

Ähnliche Gespräche führte ich von Anfang an mit Clinton – über Bildung und Reform der Sozialhilfe und die Auswirkungen der Globalisierung auf die amerikanische Wirtschaft. Infolgedessen war unsere Beziehung anfangs recht gut. Im Präsidentschafts wahlkampf 1992 kühlte sie etwas ab und wurde geradezu frostig während seiner ersten beiden Jahre als Präsident, als er die gemäßigten Positionen aufzugeben schien, die er während des Wahlkampfs vertreten hatte. Als seine Amtszeit zu Ende ging, näherten wir uns wieder an. Unsere Meinungsverschiedenheiten – oder besser, meine Vorwürfe (er hat sich nie direkt über irgendetwas beklagt, was ich gesagt oder geschrieben habe) – waren häufig heftig und manchmal unangemessen, betrafen aber immer inhaltliche Fragen.

Dabei kamen wir aus der gleichen Ecke des ideologischen Dschungels: von einem ziemlich obskuren, eklektischen Stamm, der sich »Neue Demokraten« nannte – die Verschwommenheit dieser Bezeichnung ließ meine Versuche, Clinton programmatische Strenge abzuverlangen, nur umso lächerlicher erscheinen –, doch keiner von uns fühlte sich dort so richtig heimisch. Die Spielregeln des Journalismus verboten mir, mich politisch allzu sehr festzulegen (obwohl den Lesern meiner Kolumnen für die Zeitschriften *New York*, *Newsweek* und *The New Yorker* meine Neigungen nicht verborgen geblieben sein dürften). Was Clinton anging, so war er ein zu guter Politiker, um sich eingrenzen zu lassen: Er dehnte den Begriff des Neuen Demokraten so weit, bis er alle einschloss, die irgendwann bereit sein mochten, ihn zu wählen. Im Laufe der Zeit brachte er damit jeden gegen sich auf, der in irgendeiner Weise in die ständigen Vernichtungskriege der Demokratischen Partei verstrickt war.

Daher hatte ich mich immer positiv über ihn geäußert, allerdings mit ein paar bemerkenswerten Ausnahmen – die vor allem seine schamlosen Versprechungen und Täuschungsmanöver betrafen –, als er sich 1992 um das Präsidentenamt bewarb. Kritischer wurde ich, als er in den ersten Jahren seiner Präsidentschaft nach links zu driften schien – als er von der Reform der Sozialhilfe und der Bildungsreform abrückte und eine schwerfällige, anachronistische Form der Krankenversicherung ins Auge fasste, und nicht zuletzt, als er sich in den ersten Jahren seiner Präsidentschaft sowohl im Kabinett als auch im Beraterteam mit einigen ausgewiesenen Altdemokraten umgab. 1996 erschien dann anonym mein Roman *Primary Colors* (der deutsche Titel lautet *Mit aller Macht*). Er erregte einiges Aufsehen und galt, meiner Ansicht nach zu Unrecht, als Angriff auf den Präsidenten. Tatsächlich gelangte ich zu einer sehr viel wohlwollenderen Sichtweise, während ich das Buch schrieb: Ich verstand es als Verteidigungsschrift für überlebensgroße Politiker – die neben ihren offenkundigen Stärken unvermeidlich auch überdimensionierte Schwächen haben müssen. Letztlich aber war unverkennbar, dass ein überlebensgroßer politischer Führer einem, der noch nicht einmal Lebensgröße erreicht, allemal vorzuziehen ist. Doch »überlebensgroße« Persönlichkeiten haben es – leider, wie ich fand – schwer im politischen Geschäft des Informationszeitalters. Der unreflektierte, zynische Puritanismus der Medien übertreibt die Schwächen und neutralisiert die Stärken. (*Primary Colors* sollte einerseits die geistlose Intensität des Lebens im Rampenlicht und das rasende Tempo des modernen Politikgeschäfts schildern und andererseits einen Eindruck vom Charakter der Menschen vermitteln, die in dieser Arena Erfolg haben.)

Glücklicherweise schien Clinton fähig, über dem ständigen Sperrfeuer zu schweben – er war das begehrteste, größte Ziel der Welt und schien doch irgendwie unangreifbar zu bleiben. Als öffentlicher Darsteller war er faszinierend, mitreißend, wie von einem anderen Stern. Er beherrschte eine erbarmungslose politische Landschaft so perfekt, dass alle meine politischen Spitzfindigkeiten daneben einfach töricht erschienen. Seine ernsthafteren politischen Gegner fühlten sich ständig entmutigt durch seine Lebhaftigkeit und waren entsetzt über seine schillernden Gelüste – vielleicht sollte ich »entsetzt« in Anführungsstriche setzen, war doch eine gehörige Portion Heuchelei in ihrer Entrüstung (vor allem in puncto Ehebruch, der sich während der Clinton-Jahre über alle Parteigrenzen hinweg zu einem beliebten Zeitvertreib entwickelte). Den unverändert hohen Umfrageergebnissen zufolge, die Clinton erzielte, nahm die Öffentlichkeit weniger Anstoß – und fand vielleicht sogar insgeheim Gefallen – an seinen leidenschaftlichen Eskapaden.

Zum ersten Mal bin ich Bill Clinton 1989 bei einer Tagung des Democratic Leadership Council in Philadelphia begegnet. Al From, der Präsident des DLC, machte uns bekannt. Er zeigte mit dem Daumen in Clintons Richtung und sagte: »Der Bursche bringt unsere Botschaft besser rüber als irgendein anderer Politiker.«

Der Democratic Leadership Council wurde 1985 gegründet und war gedacht als gemäßigte, vor allem von den Südstaaten unterstützte Reaktion auf den Linksruck – und die daraus resultierenden Wahlschlappen – der Demokratischen Partei seit den sechziger Jahren. Die maßgeblichen (sprich: linken) Demokraten begegneten dem DLC mit einer gehörigen Portion Skepsis, so dass die ersten Tagungen praktisch nur von den ständig anwesenden Unternehmenslobbyisten zur Kenntnis genommen wurden. Spöttisch bezeichnete man die Gruppe als die »Weißen Jungs aus dem Süden« oder, mit Jesse Jacksons Worten, als »Demokraten für die Besserverdienenden«. Man meinte, es handle sich um Demokraten, denen die politisch unbequemen, aber zutiefst moralischen Entscheidungen gegen den Strich gingen, die ihre Partei getroffen hatte, um den Bürgerrechts- und Antikriegsbewegungen der sechziger Jahre eine politische Heimat zu geben, und das in einer Zeit, als die Republikaner mit Erfolg – wenn auch nicht sehr feinsinnig – eine »Südstaatenstrategie« ausgerufen hatten, um sich die weiße Mehrheit dieser Staaten zu sichern. (Infolgedessen hatten die Demokraten mit Ausnahme von Jimmy Carters Sieg 1976 den Süden in jeder Präsidentschaftswahl seit 1964 verloren, und mit dem Aufstieg von Ronald Reagan kamen ihnen auch die Stimmen der weißen Arbeiterschaft im Rest des Landes abhanden.)

Mitte der achtziger Jahre wirkten die Demokraten ständig verschreckt. Die Gemäßigten in der Partei tanzten nach der Pfeife einer Reihe von speziellen Interessengruppen (Feministinnen, Minderheiten, Umweltschützern, Gewerkschaftlern), denen mehr an der Reinheit ihrer Sache als an Wahlsiegen gelegen zu sein schien. Gleichzeitig war eine geistige Verkalkung unverkennbar. Die lautstärksten Aktivisten auf der Linken gaben in der Regel der »Gesellschaft« – womit sie eigentlich die freie Marktwirtschaft meinten – die Schuld an der rasch steigenden Verbrechensrate und an einer relativ neuen, hartnäckigen Form generationenübergreifender Armut, deren Kennzeichen uneheliche Geburten und Sozialhilfeabhängigkeit waren. Tatsächlich weigerten sich viele linksliberale Demokraten, die Flut von soziologischen Untersuchungsdaten zur Kenntnis zu nehmen – oder schlimmer noch, diffamierten sie als »rassistisch« –, die bewiesen, was Daniel Patrick Moynihan bereits 1965 beobachtet hatte, dass nämlich der Zerfall der Zwei-Eltern-Familie in den armen afroamerikanischen Wohnvierteln tief greifende gesellschaftliche Folgen hatte: dass die Kinder allein erziehender Mütter weit häufiger keinen Schulabschluss schafften, Drogenprobleme hatten, straffällig wurden und selbst allein erziehende Mütter wurden als Kinder aus Familien, in denen es Vater und Mutter gab. Wer zu sagen wagte, dass die Armen bessere Erfolgschancen hätten, wenn sie sich verantwortungsbewusster verhielten, musste sich vorwerfen lassen, er »gebe den Opfern die Schuld«. In ihren schlimmsten Auswüchsen legte diese gedankenlose, reflex- und gönnerhafte Haltung an die armen Bevölkerungsgruppen niedrigere moralische Maßstäbe an und dehnte die Definition des »Opfers« auch auf die meisten Straftäter aus.

Seit dem Vietnamkrieg litten die Demokraten ferner an der felsenfesten Überzeugung, dass nahezu jede militärische Aktivität der Vereinigten Staaten im Ausland amoralisch sei – von der Stationierung der Pershing-Raketen in Europa über verschiedene (um fair zu sein, wirklich fast immer zweifelhafte und sehr häufig kriminelle) Kreuzzüge gegen einheimische Schurken in Lateinamerika bis hin zum Golfkrieg. Und schließlich, als der Staat jegliche Glaubwürdigkeit verloren hatte und mit riesigen Haushaltsdefiziten zu kämpfen hatte, präsentierten sich die Demokraten stolz als die Partei, die für staatliche Regulierung eintrat. Die größten und einflussreichsten Fraktionen in der Partei waren die Gewerkschaften des öffentlichen Dienstes, vor allem die Lehrergewerkschaften (die auf dem alle vier Jahre stattfindenden Nominierungskonvent der Demokratischen Partei den größten Delegiertenblock stellten). »Wir sind eine Partei der Lehrer«, meinte Al From 1988 enttäuscht am Ende des aussichtslosen Präsidentschaftswahlkampfs von Dukakis. »Dabei sollten wir eine Partei der Bildung sein.«

Und so regte sich bei vielen Demokraten, selbst denen, die nicht aus den Südstaaten kamen, der Wunsch nach einer weniger abgehobenen Partei. Der traditionelle Liberalismus wirkte schal, elitär und in vielen seiner sozial- und außenpolitischen Rezepte einfach falsch. Die Konservativen, die riesige Denkfabriken aufgebaut hatten wie die Heritage Foundation und das American Enterprise Institute, zeigten sich in der Auseinandersetzung flinker, frischer und selbstbewusster. Oft schienen sie größeres Interesse an neuen Ideen zu haben als die Demokraten (beispielsweise hatte die Heritage Foundation einen Vorschlag für eine allgemeine Krankenversicherung entwickelt, der allen ideologischen Erwartungen widersprach – einen auf Gutscheinen basierenden Plan, der durch eine progressive Besteuerung wohlhabenderer Amerikaner finanziert werden sollte). Al From war neidisch. Seiner Meinung nach ließ sich die Demokratische Partei nur durch eine neue Form des Liberalismus aus der Talsohle führen. Deshalb war er ständig auf der Suche nach neuen Ideen und neuen Führungspersönlichkeiten. Da er eine Einrichtung nach Art der Heritage Foundation für dringend erforderlich hielt, gründete der Democratic Leadership Council 1989 eine kleine Denkfabrik namens Progressive Policy Institute (PPI). Das erwies sich als Froms zweitwichtigste Initiative in diesem Jahr: Die wichtigste war, dass er Bill Clinton als Vorsitzenden des DLC anwarb.

Im April 1989 reiste From nach Little Rock und bot Clinton die Aufgabe an. Was folgte, war das zögerliche, quälende Balzritual, das mittlerweile zu Bill Clintons Markenzeichen im Leben wie in der Politik geworden ist. Dem Gouverneur schien die Idee sehr zuzusagen, aber … so richtig nahm er den Posten noch nicht an. Monate gingen ins Land, und From wurde ungeduldig. Im Herbst traf er sich noch einmal mit Clinton und dann erneut auf der National Governors Conference im Februar 1990. Noch immer erfolgte keine feste Zusage. »Was ist los?«, wollte From wutschnaubend wissen. »Sie haben gesagt, Sie machen es. Also, machen Sie es nun oder nicht?«

»Ich muss eine wichtige Entscheidung treffen«, erzählte Clinton ihm. »Ich muss entscheiden, ob ich mich wieder als Gouverneur bewerbe. Wenn nicht, muss ich mir was einfallen lassen, womit ich 100 000 Dollar pro Jahr verdienen kann, um meine Familie zu unterhalten.«

»Ich sagte zu ihm: ›Sie dämlicher Hundesohn, ich zahle Ihnen auf der Stelle 100 000 Dollar, wenn Sie den Vorsitz vom DLC übernehmen‹«, erzählte From später amüsiert. »Deshalb habe ich nie geglaubt, dass er sich in der Whitewater-Sache hat bestechen lassen – der Junge hatte überhaupt keine Ahnung, wie viel er wert war.«

Damals entschloss sich Clinton zu beidem: Er stellte sich der Wiederwahl als Gouverneur und wurde Vorsitzender des DLC (ohne Bezahlung). Aber man konnte spüren, dass es Clinton widerstrebte, sich so eng an einen Flügel der Partei zu binden; seine Verbindungen zu den Linken waren älter und genauso eng – er hatte 1972 den Präsidentschaftswahlkampf für George McGovern in Texas organisiert, und zu seinen engsten Beratern zählten alte Freunde wie der linke Politikwissenschaftler Robert Reich, der damals in Harvard lehrte, und Marion Wright Edelman vom Children's Defense Fund. Zu Beginn des Wahlkampfs von 1992 behauptete McGovern selbst sogar, Clintons neu-demokratisches Projekt sei ein »Trojanisches Pferd« der Linken.

Doch Reich kam später zu einer differenzierteren Einschätzung: »Bill Clinton arbeitet mit einem Sonarsystem. Er sendet eine Fülle von politischen Vorschlägen, Ideen und Initiativen aus und wartet ab, was er für Reaktionen erntet. Und wo sich eine Gelegenheit eröffnet vorzurücken, tut er es.«

Damit unterstellte er Clintons politischem Handeln einen wertfreien Pragmatismus, und in der Tat sprach einiges für Reichs bitteres Urteil. Oft erklärte der Präsident, er sei nach Washington gekommen, »um etwas zu *tun*«, »etwas zu *bewegen*« – eine Formulierung, die so verschwommen war, dass sie fast jedermann Unbehagen einflößte. Im Wahlkampf des Jahres 1992 bildete sich ein Muster heraus, das fast seine ganze Präsidentschaft über Bestand hatte: Zunächst zeigte sich Clinton gemäßigt und hatte Erfolg, dann versuchte er nach links zu rücken und verlor an Zuspruch, daraufhin ruderte er zurück in Richtung Mitte. Das politische Sonar der neunziger Jahre traf nur in der Mitte auf Resonanz, weshalb sich Clintons gemäßigte Anhänger immer wieder fragten, warum er so häufig der Versuchung erlag, nach links zu driften. War er ein verkappter Linker? Oder war er einfach ein Pragmatiker, der begriff, dass die politische Klugheit hin und wieder von ihm verlangte, auf die Sittenwächter der Partei Rücksicht zu nehmen? Oder unterlag er anderen, dunkleren Einflüssen – denen seiner Frau, der Leute, die Geld für die Partei auftrieben, der Hollywoodschickeria, deren Gesellschaft er so offenkundig genoss?

Natürlich gelingt es nur wenigen erfolgreichen Politikern, sich ihre ideologische Unschuld über längere Zeit zu bewahren, sogar wenn die »Ideologie«, um die es geht, opportunistischer Pragmatismus ist. Die wichtigste Grundregel der Politik lautet: Du musst die Parteifanatiker ruhig stellen (»die Basis sichern« ist der Fachausdruck). Clinton hätte 1992 nicht die Nominierung gewonnen, seine erste Amtszeit überlebt (oder auch das Amtsenthebungsverfahren überstanden), wenn er keine Rücksicht auf die überzeugtesten Demokraten genommen hätte. Und die überzeugtesten Demokraten waren nicht nur linksliberal, durch und durch linksliberal, sondern auch mehr oder minder überzeugt von der Berechtigung des sozialdemokratischen Ansatzes europäischer Prägung. Die Philosophie der Neuen Demokraten galt – und gilt – bei den eingefleischten Parteilinken alter Schule als zynischer Verrat an der reinen Lehre, als Wahlstrategie, die zu einem politischen Programm aufgebauscht wurde. Das war nicht ohne Ironie, denn die traditionellen Linken übernahmen schon bald viele Positionen, die das Progressive Policy Institute Anfang der neunziger Jahre entwickelt hatte (die Bedeutung einer konservativen Finanzpolitik, größerer Nachdruck auf verantwortlichem sozialem Verhalten und eine aggressivere Haltung in der Welt, um nur drei zu nennen). Trotzdem hegte sogar Al From hin und wieder die Vermutung, Bill Clinton habe sich den Neuen Demokraten nur angeschlossen, weil ihre Botschaft in den Umfragen so gut abschnitt. »Das ist wahr«, sagt From, »aber Bill Clinton war in den Sachfragen von Anfang an immer auf unserer Seite, besonders in den entscheidenden wie den Tagesstätten.«

An die Schlacht um die Finanzierung von Kindertagesstätten erinnern sich heute nur noch ein paar Politprofis, doch in den achtziger Jahren war sie das beste Beispiel für die programmatischen Unterschiede zwischen Alten und Neuen Demokraten. Und es blieb, bis Hillary Clinton ihren Wahlkampf für den Senat der Vereinigten Staaten begann, die einzige politische Frage, in der die First Lady eine entgegengesetzte Position zu ihrem Mann vertrat. Gemeinsam mit ihrer Freundin Marion Wright Edelman vom Children's Defense Fund unterstützte Mrs Clinton, wie die meisten Demokraten im Kongress, die ABC-Gesetzesvorlage, ein klassisches Beispiel linksliberaler Gesetzgebung, nach dem landesweit staatlich beaufsichtigte Tagesstätten für die Kinder aus berufstätigen, armen Bevölkerungsgruppen finanziert worden wären, von qualifiziertem Fachpersonal geführt und an garantierten Qualitätsmaßstäben ausgerichtet. Traditionelle Konservative verspotteten das Vorhaben als »staatliches Babysitten«. Strikt widersetzten sie sich jeglicher Art der Tagesstättenfinanzierung. Diese beiden Positionen und der Graben, der sich dazwischen auftat, sind ein wunderbares Beispiel dafür, wie unfruchtbar die politischen Debatten damals verliefen.

An diesem Punkt mischte sich die National Governors Association ein, die Organisation der US-Gouverneure, was an sich schon ein höchst ungewöhnliches Ereignis war. Selten beteiligten sich die Gouverneure als Gruppe an Auseinandersetzungen um Bundesgesetze – was nicht zuletzt daran lag, dass es sich die Organisation zur Regel gemacht hatte, nur dann offiziell eine Meinung zu äußern, wenn sie von allen fünfzig Gouverneuren *einstimmig* vertreten wurde. In diesem Fall hatten sich jedoch Bill Clinton und sein republikanischer Kollege Tom Kean aus New Jersey auf einen Mittelweg zwischen der linksliberalen und der konservativen Position geeinigt – einen Dritten Weg, um den Ausdruck zu verwenden –, und es war ihnen gelungen, die Unterstützung aller ihrer Amtskollegen zu gewinnen. Sie schlugen eine Steuergutschrift (im Grunde einen Gutschein) für Bedürftige vor, die eine Tagesstätte in Anspruch nehmen wollten – Geld, das sie ausgeben konnten, wo sie es brauchten. Das war eine glückliche Lösung, gewährte sie doch den Armen eine Beihilfe für Tagesstätten (die die Linken verlangten) in Form von Steuersenkung (der sich die Konservativen schlecht widersetzen konnten).

Diese Formel – linksliberale Zwecke durch konservative Mittel – war das Kernstück des Dritten Weges. Die Tagesstätten-Debatte läutete eine ungeheuer produktive Phase der Innenpolitik ein. Ende 1989 nahm das Progressive Policy Institute seine Arbeit auf und brachte gleich mit seinem ersten Positionspapier die Orthodoxen der Demokratischen Partei gegen sich auf: eine Stellungnahme *gegen* einen höheren Mindestlohn und für einen Ausbau des Earned Income Tax Credit (diese negative Einkommenssteuer, die bedürftigen Berufstätigen vom Finanzamt in Form von Einkommenszuschüssen ausgezahlt wird, hat Ähnlichkeit mit der Steuergutschrift für Tagesstättengeld). Viele der Ideen, die Bill Clinton propagierte und dann umzusetzen versuchte – von der Reform der Sozialhilfe über den Freiwilligen-Zivildienst zu einem Berufsbildungssystem auf Gutschriftbasis –, wurden in dieser Zeit vom PPI entwickelt.

Tatsächlich lag ein herrlich aufregender Radikalismus der Mitte in der Luft. Plötzlich schien das politische Spektrum ein Pfeil zu sein – bei dem die Gemäßigten die Spitze bildeten und in die Zukunft wiesen, während die Traditionalisten links wie rechts hoffnungslos rückwärtsgewandt hinterherhinkten. Die Akademiker, die das PPI bevölkerten, waren zu jeglicher kreativen Ketzerei bereit – sogar zur schlimmsten aller Ketzereien: mit den Republikanern gemeinsame Sache zu machen. Schon bald fanden regelmäßig monatliche Essen statt, organisiert von einem PPI-Mitglied namens Elaine Kamarck (die später Al Gores innenpolitische Abteilung leitete) und von Jim Pinkerton, einem innenpolitischen Berater im Weißen Haus, der ganz ähnliche politische

Vorstellungen wie die Neuen Demokraten hatte und von Präsident Bush permanent übergangen wurde. Die meisten leitenden PPI-Mitglieder kamen, dazu Al From, vereinzelte Vertreter der Presse (*mea culpa*) und einige Republikaner unterschiedlicher Couleur, vor allem Libertäre (der *libertarian* Newt Gingrich hat keines dieser Essen versäumt).

Oft kreisten die Gespräche bei diesen Essen, denen Pinkerton den pfiffigen Namen *New Paradigm Society* gegeben hatte, um die Vorstellung, die die Pop-Futurologen Alvin und Heidi Toffler propagiert hatten: Während das »Paradigma« des Industriezeitalters gekennzeichnet war durch zentralisierte Strukturen wie Bürokratien und Fließbänder, würde die neue Wirtschaft dezentralisiert und interaktiv sein – strukturiert wie ein Computernetzwerk –, und der Staat würde sich dieser neuen Welt anpassen müssen. »Die beiden Dinge, die wir in den achtziger Jahren gelernt haben, waren vollkommen widersprüchlich«, pflegte Pinkerton zu sagen. »Der Sozialismus funktioniert nicht, und der reaktionärste Präsident des zwanzigsten Jahrhunderts, Ronald Reagan, konnte den Wohlfahrtsstaat nicht abschaffen, ja ihn noch nicht einmal beschneiden.«

Folglich war es die Aufgabe der radikalen Mitte, einen Wohlfahrtsstaat für das Informationszeitalter zu schaffen, einen Staat, der anerkennt, dass der Staat notwendig ist, sich aber selbst zurücknehmen kann, wenn er sich die Leistungsfähigkeit der Märkte zu Nutze macht. Zentralisierte, bürokratische Lösungen, so war man überzeugt, sind zu schwerfällig, um in der neuen Wirtschaft Erfolg zu haben – das war die wichtigste Lektion, die amerikanische Unternehmen in den achtziger Jahren lernten, und die Wissenschaftler, die mit dem Progressive Policy Institute zusammenarbeiteten, waren der Meinung, diese Grundsätze müssten nun auf den öffentlichen Sektor angewandt werden: Wettbewerb ist gut, Verantwortlichkeit ist wichtig, Programme dürfen scheitern. Die gleichen Parameter ließen sich auf fast jeden Bereich staatlichen Handelns anwenden – von der Bildung über das Gesundheitssystem und Renten bis hin zum Abwassersystem.

Clinton war in der Befürwortung des Neuen Was-auch-immer

vorsichtiger als seine Theoretiker. Aber wahrhaftig, er verstand es, über Politik zu reden! Er schien mehr über das Schulwahl-Experiment in East Harlem zu wissen als der Gouverneur von New York. Er kannte alle Einzelheiten der Ausschreibung für den Bau des Abwassersystems in Phoenix, des öffentlichen Wohnungsbauprojekts in Omaha, zu dem eine vorbildliche Freizeitbetreuung für schulpflichtige Kinder gehörte, oder des großartigen gewinnorientierten Welfare-to-Work-Programms in New York, bei dem die Sozialhilfe mit der Rückführung ins Arbeitsleben gekoppelt war. Auf einer der ersten Wahlkampftouren, bei denen ich Clinton begleitete, fragte ich ihn, ob er gehört habe, dass David Osborne mit anderen ein Buch über regionale Reformbewegungen im ganzen Land schreiben wolle – *Reinventing Government* (Das Regieren neu erfinden) solle der griffige Titel lauten.

»Lesen Sie die Fahnen«, meinte er wegwerfend, offenbar enttäuscht, dass ich in meiner Lektüre so weit hinter ihm herhinkte. »Einfach toll.«

Doch Clinton wusste auch, dass ein Demokrat taktische Überlegungen anstellen musste, wenn er Präsident werden wollte. Er musste in puncto Kriminalität eine härtere Haltung einnehmen als Michael Dukakis, besonders in der unerquicklichen und im Grunde belanglosen Frage der Todesstrafe (tatsächlich unterzeichnete Clinton mitten im Präsidentschaftswahlkampf das Todesurteil für Ricky Ray Rector, einen geistig zurückgebliebenen Schwarzen). In der Außenpolitik konnte er sich nicht auf eine pazifistische Position zurückziehen (obwohl seine Position bei der Senatsabstimmung über die Ermächtigung zum Golfkrieg ein urkomisches Ausweichmanöver war: »Ich nehme an, ich hätte mit der Mehrheit gestimmt, wenn es eine knappe Entscheidung gewesen wäre, aber ich teile die Meinung der Minderheit«). In vielen sozialen Fragen musste er eine Gratwanderung vollführen (für die Rechte der Homosexuellen, aber gegen die Homo-Ehe; für positive Diskriminierung, aber gegen ethnische Quoten). Er musste den Anschein erwecken, er sorge sich mehr um die »vergessene« Mittelschicht als um die Armen. Einige dieser Zugeständnisse machten Clinton zu schaffen, aber sie gehörten zu dem Preis, den er für politische Glaubwürdigkeit zahlen musste – und ließen sich leicht mit dem ältesten aller politischen Grundsätze rechtfertigen: Sobald er gewählt war, würde er sich mit all diesen Problemen viel einfühlsamer befassen als der amtierende Präsident.

Als der Democratic Leadership Council Anfang Mai 1991 seine Jahrestagung abhielt, hatte Clinton diese verschiedenen intellektuellen, strategischen und politischen Elemente zu einem Bündel geschnürt. Eine eindrucksvolle Prozession von demokratischen Hoffnungsträgern stand auf dem Programm – unter anderem Al Gore, Richard Gephardt und Jay Rockefeller. Die Pressevertreter waren in großer Zahl erschienen, um die Bewerber zu beurteilen. Clinton sollte als Letzter reden.

Er hatte keinen Text vorbereitet, sondern sich 25 Stichwörter auf einem Zettel notiert. Er begann mit den angeblichen Problemen der »vergessenen« Mittelschicht und sagte dann:

»Sie können sagen ... Warum um alles in der Welt sind die Demokraten nicht in der Lage gewesen, diese Bedingungen zu ihrem Vorteil zu nutzen?

Ich werde Ihnen sagen, warum: Weil sehr viele Menschen, die uns früher gewählt haben, aus eben jener belasteten Mittelschicht, über die wir sprechen, uns in nationalen Wahlen nicht zugetraut haben, dass wir unsere nationalen Interessen im Ausland verteidigen, dass wir ihre Werte in unserer Sozialpolitik zu Hause verwirklichen oder verantwortungsvoll mit ihren Steuergeldern umgehen können.«

Und dann trug er zum ersten Mal das später so berühmt gewordene Mantra vor: »Uns geht es im Kern darum, den Menschen eine neue Wahlmöglichkeit zu bieten, die in alten Werten wurzelt, eine neue Wahlmöglichkeit, die einfach ist, die *Chancen* eröffnet, *Verantwortung* verlangt, den Bürgern Mitsprache einräumt und ihnen eine Regierung gibt, die ein offenes Ohr für ihre Bedürfnisse hat – denn wir müssen erkennen, dass wir eine *Gemeinschaft* sind. Wir gehören alle zusammen, und es geht mit uns gemeinsam aufwärts oder gemeinsam abwärts.«

Nie zuvor hatte Al From die Botschaft so überzeugend gehört, so perfekt auf den Punkt gebracht. Die Presse erklärte Clinton zum besten Redner in Cleveland. In jeder Hinsicht – inhaltlich, politisch, rhetorisch – war das eine der wichtigsten Reden in Clintons Laufbahn. Doch Mario Cuomo, Gouverneur von New York und in Cleveland nicht angetreten, war noch immer der Favorit für die demokratische Nominierung, und Präsident George Bush erreichte nach dem Sieg im Golfkrieg schwindelnde Höhen in den Umfrageergebnissen. Selbst nach dem Triumph von Cleveland muss Bill Clinton die Präsidentschaft der Vereinigten Staaten noch weit entfernt erschienen sein. Zwei Tage nach der Rede – am 8. Mai 1991 – war er wieder in Little Rock und besuchte eine Industriemesse in einem Hotel am Ort. Eine Staatsbedienstete, die an einem der Stände arbeitete, erregte seine Aufmerksamkeit. Wie die späteren Aussagen ergaben, bat der Gouverneur des Staates Arkansas einen Polizisten namens Danny Ferguson, die junge Frau zu fragen, ob sie zu einem privaten Treffen im oberen Stockwerk bereit sei. Die Frau, sie hieß Paula Corbin Jones, sagte, es werde ihr ein Vergnügen sein, den Gouverneur kennen zu lernen.

*

Bill Clinton über Politik sprechen zu hören, war eine Sache, eine ganz andere war es, ihn leibhaftig im Präsidentschaftswahlkampf zu erleben. Seine öffentlichen Auftritte besaßen eine physische, fast sinnliche Qualität. Er umarmte seine Zuhörer und ließ sich seinerseits von ihnen mitreißen. Sein Sonar reagierte bemerkenswert, wenn es um politische Einzelfragen ging. Er schien zu spüren, was seine Zuhörer brauchten, und er gab es ihnen – senkte seine Stimme hier und hob dort bestimmte Prioritäten hervor, stets bemüht, ihnen zu gefallen. Das war auch in privaten Begegnungen eine seiner wirksamsten und zugleich aufreizendsten Eigenschaften: Immer konzentrierte er sich auf einen Punkt der Einigkeit, lenkte das Gespräch fort von größeren Unstimmigkeiten – und ließ das Opfer seines Charmes mit dem Eindruck zurück, es habe in jeder Hinsicht vollkommene Übereinstimmung geherrscht. (Einmal, am Anfang seines Wahlkampfes, hörte er ruhig zu, wie ich mit seinem Berater Harold Ickes eine heftige Auseinandersetzung über den gesellschaftlichen Nutzen von Gewerkschaften im öffentlichen Dienst hatte. Als wir fertig waren, schüttelte er mir die Hand, blickte mir in die Augen und sagte, offenbar aus tiefster Überzeugung: »Sie müssen wissen, Joe, Ihre Meinung ist mir *immer* wichtig.«)

Das alles spielte sich vor dem Hintergrund eines genusssüchtigen, sehr cholesterinhaltigen Lebens ab; die Öffentlichkeit schien fasziniert von dem menschlich-allzumenschlichen Bild, das er bot. Mochte er auch noch so große Anstrengungen unternehmen, um in Form zu bleiben – mochte er Kilometer um Kilometer mit bleichen, wabbeligen Oberschenkeln herunterjoggen –, er wurde diese schiere, rosige Fleischlichkeit einfach nicht los. Es war allgemein bekannt, dass er verrückt nach Junkfood war. Und wer wusste nicht, dass er eine ausgeprägte Schwäche für Frauen hatte? Das alles gehörte untrennbar zu ihm. Tatsächlich konnte die Kunde, er habe sich in Arkansas mit einer Nachtklubsängerin namens Gennifer Flowers eingelassen – eine Geschichte, die von der Boulevardpresse wenige Wochen vor der Vorwahl in New Hampshire veröffentlicht wurde –, wohl niemanden wirklich überraschen. Seine Umfrageergebnisse begannen erst abzusacken, als dieses Kavaliersdelikt durch einen zweiten, schwerer ins Gewicht fallenden Skandal ergänzt wurde – man wies ihm nach, dass er gelogen hatte, was seine eindeutigen Versuche anging, sich vor dem Kriegsdienst in Vietnam zu drücken. Doch selbst diese Einbußen waren nur vorübergehend.

Am Abend vor den Vorwahlen in New Hampshire, sein letzter geplanter öffentlicher Auftritt war längst vorbei, traf ich Clinton in einem Restaurant am Ort, wie er von Tisch zu Tisch ging, Hände schüttelte und mit jedem plauderte, der dazu bereit war. Er ging von Restaurant zu Restaurant, anschließend machte er die Runde in den Bowlingbahnen von Manchester – bis Mitternacht vorüber war und es keine Hände mehr zu schütteln und außer seinem Hotel keinen Ort mehr gab, an den er sich hätte begeben können. Er war erschöpft und grippegeplagt. Sein Gesicht war gerötet, die Augen waren trüb, aber er konnte noch nicht abschalten. »Machen wir ein Spiel?«, fragte er mich.

Wenn meine Erinnerung mich nicht trügt, bowlte Clinton auf Strümpfen, und das Hemd hing ihm aus der Hose. Gelegentlich, wenn wir standen und darauf warteten, dass die Kugeln zurückkamen, lehnte er sich leicht an mich – wie ein Kater, der einem kurz um die Beine streicht; er brauchte den körperlichen Kontakt.

Der Wahlkampf von Clinton schien sich vollkommen, und ganz selbstverständlich, nach den Regeln der Massenkultur zu bewegen – eine Mischung aus Katastrophenfilm und Countrymusic. Der Gouverneur peppte den müden Wahlkampf auf, indem er in der Fernsehsendung von Arsenio Hall Saxophon spielte; er distanzierte sich von Jesse Jackson, indem er die Rapsängerin Sister Souljah angriff; seine Frau verglich sich mit dem Country-Star Tammy Wynette. Er reiste im Bus. Seine Leute nannten ihn Elvis – und im privaten Kreis *The Natural*, das Naturtalent, nach der Figur, die Robert Redford in der Filmversion von Bernard Malamuds Baseballroman spielte (die deutsche Fassung ist unter dem Titel »Der Unbeugsame« bekannt; A. d. Ü.). Er war, wie sein Berater Paul Begala, einen Satz aus dem Film zitierend, sagte, »der Beste, den es je gab«. Das Ganze war ein großer Spaß, und der distanzierte, patrizierhafte Präsident George Bush lieferte den idealen Kontrast dazu.

Doch der Wahlkampf hatte auch eine anrührende, unverstellte Offenheit: Der Kandidat schien ehrlich betroffen zu sein von den Geschichten, die er auf dem Weg hörte, und meist passten sie zu dem, was er als die vor ihm liegende Aufgabe betrachtete. Die Menschen – Fabrikarbeiter, Angestellte, die Leute, die er in den Schnellrestaurants antraf, die er besuchte – hatten wirklich Angst vor der Zukunft: Würde es auch für *sie* einen Platz in der neuen, hochtechnisierten Wirtschaft der Globalisierung geben? James Carvilles bekanntes Schild – *It's the economy, stupid* (»Auf die Wirtschaft kommt es an, du Depp«) – wurde überall angebracht, um die Wahlkampfhelfer »auf Kurs« zu halten. Der Kandidat selbst brauchte solche Gedächtnisstützen nicht.

Ihren Höhepunkt erreichte die Kampagne mit der zweiten

Fernsehdiskussion der Kandidaten am 15. Oktober 1992 in Richmond, Virginia – ein Gespräch, bei dem spontane Fragen aus dem Publikum zugelassen waren. Die Kandidaten saßen auf hohen Hockern und bekamen drahtlose Mikrofone, damit sie sich frei auf der Bühne bewegen konnten. Gegen Ende der Debatte stellte eine Afroamerikanerin eine verwirrende Frage: »Wie hat sich die Staatsverschuldung auf Ihr Leben ausgewirkt? Und wenn nicht, wie können Sie dann ehrlich meinen, Sie könnten ein Heilmittel für die wirtschaftlichen Probleme der einfachen Menschen finden, wo Sie doch nie erlebt haben, was diese Leute bedrückt?«

Bush: »Ich bin sicher, dass sie das hat. Ich liebe meine Enkel. Ich bin nicht sicher, dass ich verstanden ... Was meinen Sie?«

F: »Nun, ich habe Freunde, die ihren Arbeitsplatz verloren haben.«

Moderator: »Ich glaube, sie meint die Rezession ... und nicht das Haushaltsdefizit.«

Bush: »Wissen Sie, Sie müssten einen Tag lang im Weißen Haus sein und hören, was ich höre ... Ich war in der Lomax AME Church. Das ist eine schwarze Kirche vor den Toren von Washington, D.C. Und in dem Gemeindebrief habe ich über die Schwangerschaften Minderjähriger gelesen, und darüber, wie schwer es die Menschen haben, mit dem auszukommen, was sie haben ...«

So mühsam ging es noch ein bisschen weiter, dann war Clinton an der Reihe – und er tat etwas ganz Außerordentliches. Er machte drei Schritte auf die Frau zu und sagte: »Wollen Sie mir noch einmal erklären, wie es sich auf Sie ausgewirkt hat?«

Die Frau war sprachlos. Clinton half ihr auf die Sprünge, indem er von einigen der schrecklichen wirtschaftlichen Geschichten erzählte, die ihm als Gouverneur von Arkansas geschildert worden waren. Doch die Worte waren nicht so wichtig wie die Körpersprache: Die drei Schritte, die er auf die Frau zu gemacht hatte, sprachen Bände – über sein Mitgefühl, seine Fürsorge, seinen Wunsch, auf die Bedürfnisse der Menschen zu reagieren. Derweil ertappte die Kamera Bush dabei, wie er auf die Armbanduhr schaute – in dem verzweifelten Wunsch, dieser peinliche Augenblick möge bald vorbei sein.

Und das war er: Der Präsidentschaftswahlkampf war praktisch entschieden.

Kapitel zwei

In seinem ersten Fernsehinterview nach der Wahl erklärte Bill Clinton dem Journalisten Ted Koppel vom Sender ABC, er werde keine Energien »wie ein Laserstrahl auf die Wirtschaft fokussieren«. Die Wirtschaft wurde zu seinem vordringlichen Anliegen, doch die Öffentlichkeit nahm während der ersten sechs Monate seiner Amtszeit ein anderes Bild wahr: Chaos, Unordnung, eine plötzliche Konzentration auf eher obskure Themen (etwa die Frage der Homosexuellen beim Militär) und private Unstimmigkeiten (Gerüchte über heftige Streitereien der Clintons und Auseinandersetzungen mit den Hausangestellten im Weißen Haus) – kurzum, es war die Stunde der Amateure.

Clintons Verwandlung vom Kandidaten zum Präsidenten wird von vielen Historikern und auch von nicht wenigen seiner Mitarbeiter, die diese Phase durchlitten haben, als die schwierigste Übergangszeit in der neueren Geschichte bezeichnet. Obwohl vom Wahlkampf erschöpft, wollte er keinen Urlaub nehmen – und beging prompt in seiner ersten Pressekonferenz als designierter Präsident am 11. November 1992 einen schwer wiegenden Fehler. Auf die Frage, ob er zu seinem Versprechen zu stehen gedenke und Homosexuelle offen im Militär dulden wolle, antwortete Clinton mit Ja. Die Militärfrage war für die Schwulengruppen nie besonders wichtig gewesen, sie hatten vordringlichere Anliegen gehabt – Gleichstellung am Arbeitsplatz, Heirat und Partnerschaftsrechte, Finanzierung der Aidsforschung. Seltsamerweise hatten die Republikaner diesem eher nebensächlichen Versprechen Clintons im Wahlkampf keine besondere Aufmerksamkeit geschenkt. Ein Clinton im Vollbesitz seiner Kräfte wäre der

Frage mühelos ausgewichen. (Seine klassische Reaktion wäre gewesen: »Aber ja, wir werden die Verantwortlichen auffordern, die Situation zu untersuchen und einen Plan auszuarbeiten« – auf dass er irgendwann im nächsten Jahrhundert umgesetzt werde.)

»Das war genau die falsche Botschaft«, meinte einer von Clintons Wahlkampfberatern. »Ich sage nicht, dass er diesen Standpunkt nicht hätte einnehmen dürfen. Aber als erste Maßnahme? Es war exakt jene Art von ›linksliberal-elitärem‹ Problem, die wir während des gesamten Wahlkampfs zu unterdrücken versucht hatten. Damit sandte er das Signal, er werde anders regieren, als er im Wahlkampf versprochen hatte – nämlich wie ein ›Alter‹ Demokrat.«

Es war außerdem der erste Hinweis auf ein Problem, das während der Clinton-Jahre erheblich an Bedeutung gewinnen sollte: die Unsicherheit seiner Administration gegenüber dem Militär. Diese Leute waren ihnen fremd. »Das war einfach ein Aspekt, über den sich die Demokraten während der langen Jahre, die sie nicht an der Regierung waren, kaum Gedanken gemacht haben«, sagte Larry K. Smith, ein Fachmann für Verteidigungspolitik, der als Berater für die beiden ersten Verteidigungsminister von Clinton tätig war. »Die geistige Kultur des Militärs war ihnen fremd. Sorgfältige Überlegungen über den Einsatz von Gewalt anzustellen, hatten sie schlicht nicht in ihrer DNA.«

Andere beunruhigende Signale folgten. Clinton verbrachte den größten Teil des Novembers und Dezembers damit, ein Kabinett zusammenzustellen, das »aussah wie Amerika«, in perfektem Proporz – zumindest aus traditioneller linksliberaler Sicht – von Hautfarbe, ethnischer Herkunft und Geschlecht. Das war aus zahlreichen Gründen töricht. Im modernen Präsidialsystem der Vereinigten Staaten liegt die eigentliche Macht bei denen, die dem Präsidenten am nächsten sind – bei den Mitarbeitern des Weißen Hauses. Die Kabinettsmitglieder spielen, von wenigen Ausnahmen abgesehen, nur eine marginale Rolle. Clinton schien mehr Wert darauf zu legen, einen zweiten Hispano-Amerikaner für das Kabinett zu finden (Frederico Peña, Bürgermeister von Denver, dessen Fähigkeiten von Clintons Beratern als eher bescheiden eingeschätzt wurden, verdrängte im letzten Augenblick den tüchtigen Chicagoer Politprofi William Daley aus dem Amt des Verkehrsministers) und nach einer Justizministerin zu suchen, als eine überzeugende Führungshierarchie für den Westflügel, die Kommandozentrale des Weißen Hauses, zu entwickeln. (Die Suche nach der Justizministerin, eine glücklose Burleske, die auf das Konto der First Lady ging, förderte schließlich eine störrische, eigenbrötlerische, häufig naive und nur gelegentlich loyale Alte Demokratin namens Janet Reno zu Tage, die ihren Posten die ganzen acht Jahre hindurch behielt, obwohl Clinton später einräumte, sie sei das Kabinettsmitglied gewesen, mit dem er am wenigsten habe anfangen können.) Noch eine Woche vor der Amtseinführung gab es Mitglieder des inneren Beraterkreises, denen noch nicht gesagt worden war, worin ihre Aufgabe bestehen würde. Zwei Jahre sollte es dauern, bis im Weißen Haus wirklich Ordnung herrschte.

Der erste Stabschef im Weißen Haus, Thomas (Mac) McLarty, Clintons Freund seit Kindergartentagen, war ein bescheidener, gemäßigter Mann, der sich mit den Verhältnissen in Washington nicht auskannte und auf die plötzlichen Krisen und die damit verbundene Hochspannung im Weißen Haus völlig unvorbereitet war. Tatsächlich hatte McLarty Clinton zuvor geraten, er solle sich für das Amt lieber jemanden suchen, der bereits im Weißen Haus gearbeitet hatte. Das war jedoch leichter gesagt als getan. Seit dem letzten demokratischen Präsidenten waren zwölf Jahre vergangen, und Jimmy Carters bewusst apolitisches Weißes Haus war nach Clintons Auffassung ein perfektes Beispiel für administrative Unfähigkeit. Trotzdem *gab* es erfahrene und kluge Demokraten, Leute, die sich mit den komplexen Rhythmen und Lebensprozessen der Hauptstadt auskannten. Doch die Clintons – und Hillary spielte zweifellos eine wichtige Rolle bei der Auswahl der Mitarbeiter – waren stolz auf ihre Ablehnung der Washingtoner Politelite (die, um ehrlich zu sein, überwiegend ein eingebildeter, snobistischer und engstirniger Verein war). Natürlich zeigen die meisten Präsidenten bei der Auswahl ihrer engsten Mitarbeiter eine Schwäche für Freunde und Angehörige; schon seit dem Jurastudium in Yale hatten die Clintons umtriebig ein enges Netz von Beziehungen zu einflussreichen Leuten geknüpft. Doch ihre Suche nach den besten und begabtesten Baby Boomern hatte ein entscheidendes Manko: Sie fühlten sich vor allem zu ergebenen, zurückhaltenden und loyalen Menschen hingezogen. Starke Persönlichkeiten waren nicht gefragt. Regelmäßige Gäste der Washingtoner Dinnerpartys wurden gemieden. Jeder, der nicht genug Ehrerbietung zeigte, galt als verdächtig, als eine mögliche undichte Stelle, ein potenzieller Gegner. Das ist eine Schwäche, unter der die meisten dynamischen Politiker leiden, trotzdem war es seltsam, sie in dieser Ausprägung bei so selbstbewussten und intelligenten Menschen wie den Clintons anzutreffen, zumal sie so offen für programmatische und philosophische Auseinandersetzungen waren.

Infolgedessen wurden einige der klügsten und erfahrensten Mitglieder der Demokratischen Partei aus der Regierungsmannschaft ausgeschlossen oder mit unbedeutenden Funktionen abgespeist – Leute wie Mike McCurry und Tom Donilon (die beide im Außenministerium unterkamen), Richard Holbrooke, der wohl fähigste Diplomat der Partei, und Elaine Kamarck und der Wirtschaftswissenschaftler Robert Shapiro, die sich als Strategen der Neuen Demokraten einen Namen gemacht hatten. Einige von ihnen, etwa McCurry und Holbrooke, sollten später eine wichtige Rolle spielen, doch alles in allem muss man sagen, dass der Clinton-Stab nie besonders eindrucksvoll (und, wenn wir schon dabei sind, auch nicht besonders diskret) war. »Man hatte immer das Gefühl«, meinte ein prominenter Demokrat, »dass Bill und Hillary der Meinung waren, sie könnten alles selbst machen.«

Die Anfänge der Clinton-Regierung wiesen jedoch einen Aspekt auf, der absolut professionell gehandhabt wurde: die Ausarbeitung eines wirtschaftlichen Schlachtplans, besonders der Entwurf des ersten Haushalts, der fast unmittelbar nach der Wahl vorgelegt werden musste. Während des Wahlkampfs hatte Clinton auf die Wirtschaft mehr Wert gelegt als auf irgendeine andere Frage und ein Team von sechs Beratern um sich versammelt. Drei von ihnen – die Investmentbanker Bob Rubin und

Roger Altman sowie Rob Shapiro vom Progressive Policy Institute – waren »Defizit-Falken«, die die Auffassung vertraten, wenn es gelänge, die unvorstellbaren jährlichen Haushaltsdefizite der Reagan-Bush-Ära (in Clintons erstem Amtsjahr auf mehr als 300 Milliarden Dollar geschätzt) unter Kontrolle zu bringen, würden der Zinssatz sinken und die Wirtschaft wachsen. Die anderen drei Berater – Robert Reich, Ira Magaziner und Derek Shearer – waren alte Clinton-Vertraute, in ihrer Einstellung linker und akademischer als die »Falken«. Widerwillig räumten sie zwar ein, dass der Abbau des Haushaltsdefizits wichtig sei, plädierten aber eher für »Investitionen« (ein beliebter Euphemismus für Staatsausgaben) in Bildung, Sozialeinrichtungen und andere linksliberale Steckenpferde.

Das Zustandekommen des Haushaltsentwurfs im ersten Clinton-Jahr machte Bob Woodward in seinem Buch *The Agenda* zum Thema, wo er mit bemerkenswerter Ausführlichkeit die endlosen und scheinbar chaotischen Besprechungen im Weißen Haus schildert. Doch viele der Hauptbeteiligten meinen, Woodwards Bericht neige bei aller Detailgenauigkeit zu melodramatischer Übertreibung und unterschätze die Entschlossenheit, mit der dieser Prozess vorangetrieben worden sei. In einer berühmt gewordenen Anekdote schildert Woodward, wie der Präsident jammerte, er werde als Eisenhower-Republikaner in die Geschichte eingehen (das ist ein zutreffendes und hübsches Detail – Eisenhower fuhr die staatliche Ausgabenpolitik des New Deal entschieden zurück –, beschreibt aber im Grunde nur einen flüchtigen Moment der Frustration im Zuge eines Geschehens, das in einen außerordentlich entschlossenen, ja sogar mutigen Wirtschaftsplan mündete).

Der Präsident brüllte und tobte – seine Wutausbrüche waren erschreckend für Leute, die ihn nicht kannten –, und seine Enttäuschung über die knappen Haushaltsmittel war echt, doch über das Ergebnis der internen Debatte herrschte nie der geringste Zweifel. Die ersten Personalentscheidungen, die Clinton während der Übergangszeit von der alten zur neuen Administration traf, machten deutlich, auf welcher Seite er stand: Er bat den konservativen texanischen Senator Lloyd Bentsen, das Amt des Finanzministers, und Leon Panetta aus Kalifornien, den Vorsitzenden des Haushaltsausschusses, die Leitung des Office of Management and Budget zu übernehmen. Außerdem schuf er eine neue Einrichtung, den National Economic Council, der Rubin unterstand und die Aufgabe hatte, die verschiedenen, komplizierten Aspekte der Wirtschaftspolitik zu koordinieren. Alle drei Männer waren Defizit-Falken. »Er war von Anfang an der Überzeugung, dass der Abbau des Haushaltsdefizits das zentrale Problem sei – dass der Staat nicht glaubwürdig und handlungsfähig sein könne, solange wir den Haushalt nicht unter Kontrolle bekamen«, erzählte mir Hillary Clinton später. »Ich vergleiche das immer mit dem Bildungsproblem in Arkansas. Dort konnten wir die Wirtschaft nicht in Schwung bringen, bevor es genügend Menschen mit den beruflichen Qualifikationen für anspruchsvollere Arbeitsplätze gab. 1993 war es unsere wichtigste Aufgabe, mit ›Stockmans Rache‹ fertig zu werden – das war, glaube ich, Daniel Patrick Moynihans Bezeichnung für die massiven Defizite, die Reagans Steuersenkungen und Verteidigungsausgaben verursacht hatten. Hätten wir uns nicht zunächst mit dem Haushaltsdefizit befasst«, meinte Mrs Clinton zum Schluss, »wären wir nie in der Lage gewesen, irgendetwas von dem zu tun, was wir vorhatten.« (Robert Reich, der das Wirtschaftsteam in der Übergangszeit leitete und dann in das Arbeitsministerium abgeschoben wurde, nannte diesen lähmenden Einfluss des republikanischen Haushaltsdefizits, das von Reagans Haushaltsexperten David Stockman ersonnen worden war, »das Gesetz der beabsichtigten Folgen« – mit anderen Worten, Reagan verfolgte mit der Steuersenkung die *Absicht*, Haushaltsdefizite zu erzeugen, die weitere staatliche Programme verhinderten.)

Doch die Defizit-Falken hatten sich für einen gefährlichen Plan entschieden, der auf einer unbewiesenen Wirtschaftstheorie beruhte. Man »wusste« – aus geheimnisvollen, aber zuverlässigen Quellen –, dass Alan Greenspan, der Vorsitzende der amerikanischen Notenbank, das Maßnahmenpaket der Regierung nur dann für »glaubwürdig« halten würde, wenn es einen Abbau des

Haushaltsdefizits um 500 Milliarden Dollar im Laufe von fünf Jahren vorsah. Ohne diese 500 Milliarden Dollar werde Greenspan den Zinssatz nicht senken. Doch warum 500 Milliarden Dollar und nicht 375 Milliarden? Und was, wenn die Wirtschaft auf die Zinssenkung nicht reagierte? Tatsächlich konnten klassische Keynesianer vorbringen – und taten es auch –, eine solche Kürzung der Staatsausgaben werde die Wirtschaft, die sich gerade von einer leichten Rezession erholte, wieder ins Trudeln bringen. Doch Clinton hatte seine Entscheidung getroffen. »Ich war davon überzeugt, dass es riesige Ströme von Risikokapital – Vertrauenskapital – gab, die nur auf ihren Einsatz warteten«, erzählte mir der Präsident später. »Es gab in der amerikanischen Wirtschaft ein gewaltiges, aufgestautes Potenzial ... und [ich wusste,] wenn ich die Wirtschaft nicht in Gang bekam, würde am Ende gar nichts zählen.«

Clintons neues Wirtschaftsteam – dessen Mitglieder ihm mehrheitlich fremd waren – war angenehm überrascht von der Bereitschaft des Präsidenten, dieses ungeheure politische Risiko einzugehen, und von seiner Fähigkeit, sich die komplizierten makroökonomischen Konzepte anzueignen. Für die First Lady war das indes überhaupt keine Überraschung. »An der Uni hat Bill in dem Kurs über Unternehmensfinanzierung ein typisches Bill-Ding durchgezogen«, erinnerte sie sich. »Er ließ sich nie bei den Lehrveranstaltungen sehen, hat den Stoff dann ein oder zwei Wochen eingepaukt und die beste Note bekommen. Der Professor rief ihn an, ein bisschen verschnupft, glaube ich, und wollte wissen, wie es kam, dass er so gut abgeschnitten hatte. ›Es ist wie in der Politik‹, sagte Bill. ›Sie müssen nur rausfinden, wer wen reinlegt.‹«

Tatsächlich sah sich Clintons Wirtschaftsteam zwei Hürden gegenüber, die niemand vorausgesehen hatte. Erstens war das tatsächliche Defizit katastrophal (einer der Gründe für Greenspans 500-Milliarden-Bedingung). Wenige Tage nach der Wahl gab das Government Accounting Office, der Rechnungshof der amerikanischen Regierung, bekannt, das Defizit werde um 300 Milliarden Dollar höher ausfallen als erwartet. Während des gesamten Wahlkampfs hatte Clinton erklärt, er wolle die Wohlhabenden höher besteuern, doch nun wurde ersichtlich, dass er auch viele versprochene Programme »verschieben« musste, unter anderem die Steuersenkung für die Mittelschicht – und dass er eine schmerzliche Maßnahme der Bush-Administration fortführen musste: die Ausgabenbeschränkung für alle innenpolitischen Programme, ausgenommen die so genannten *Entitlements* (Leistungsansprüche) wie die Sozialversicherung und das Gesundheitsfürsorgeprogramm Medicare, bei denen höhere Ausgaben gesetzlich vorgeschrieben waren. Besonders bedrückend waren diese Entwicklungen für Clintons ehemalige Wahlkampfberater – James Carville, Paul Begala, Mandy Grunwald und den Demoskopen Stan Greenberg –, die zwar keine offiziellen Mitarbeiter des Weißen Hauses waren, aber zum »Message-Team« gehörten (der Umstand, dass sie Ausweise für das Weiße Haus hatten, ohne offiziell zum Stab zu gehören, führte zu den eher überflüssigen Kontroversen, die schon früh in die Presse gelangten). Die Berater erwiesen sich – wen überrascht es? – als militante Vertreter der Entscheidungen, die politisch erfolgversprechend waren: Sie waren soziale Konservative (für eine harte Linie in der Verbrechensbekämpfung, für die Reform der Sozialhilfe, gegen Lifestyle-Probleme wie das der Homosexuellen im Militär), andererseits aber auch erheblich liberaler in Wirtschaftsfragen als die Defizit-Falken – und sie befürchteten, Clinton sei im Begriff zu vergessen, warum er zum Präsidenten gewählt worden war. »George Bush hatte gerade das Präsidentenamt verloren, weil er sein Versprechen ›Keine neuen Steuern‹ gebrochen hatte«, erzählte Mandy Grunwald, »und da verabschiedeten wir uns schon von unserem Versprechen, die Steuer für die Mittelschicht zu senken – und nahmen nicht annähernd so viele ›Investitionen‹ vor, wie er zugesagt hatte.«

Das Argument der Berater hatte großes emotionales Gewicht, war politisch vernünftig – und bekam zusätzliche Bedeutung durch die zweite unerwartete Hürde, auf die der Wirtschaftsplan stieß: Clinton und die demokratischen Kongressabgeordneten sahen sich gezwungen, seinen abgespeckten, konservativen »Eisenhower«-Haushalt ohne *irgendwelche* Unterstützung durch die Opposition durchzubringen.

Nicht ein einziger Republikaner wollte für Clintons Wirtschaftsprogramm stimmen. Das erfuhr Leon Panetta Anfang 1993 in einem Gespräch mit seinem alten Freund Senator Pete Domenici aus New Mexico, dem tonangebenden Republikaner im Haushaltsausschuss des Senats. »Hör zu, Leon«, sagte Domenici, »die Führung hat gesagt, wir dürfen nichts unterstützen, was mit einer Steuererhöhung zu tun hat.«

Clinton war überrascht, als Panetta ihm davon berichtete. Ob man nicht wenigstens auf die Stimmen so gemäßigter Senatoren wie John Chafee aus Rhode Island oder Jim Jeffords aus Vermont hoffen könne?, fragte er. Nein, Mr President, erwiderte Panetta. Schlimmer noch, es gab nicht wenige Demokraten, die mit dem Gedanken spielten, zum Feind überzulaufen – besonders wenn sie aus Öl- oder Gasstaaten kamen, die gegen neue Energiesteuern waren (das ursprüngliche Clinton-Programm enthielt auf Vorschlag von Vizepräsident Al Gore eine gut gemeinte, aber zu komplizierte Steuer auf British Thermal Units, BTU, die übliche Energieeinheit in den Vereinigten Staaten). Und so zeigte sich von Anfang an – schon wenige Wochen nach der Amtseinführung –, dass die Haushaltsschlacht viel aufreibender werden würde, als irgendjemand erwartet hatte. Ihnen stand ein erbitterter, zäher Kampf bevor, der alles lähmen würde, was Clinton in diesem Jahr zu erreichen hoffte.

Ebenso wurde gleich zu Beginn seiner Amtszeit deutlich, dass Bill Clinton weder von den Medien noch von den Republikanern die übliche Schonfrist, der Präsidenten-Honeymoon, zugestanden werden würde. Ganz im Gegenteil. Seine Präsidentschaft war gekennzeichnet durch eine nie da gewesene Parteilichkeit und journalistische Verantwortungslosigkeit. »Vielleicht hätte ich etwas tun können«, um die Atmosphäre in Washington zu verbessern, klagte Clinton Jahre später. Da ist etwas Wahres dran. Vielleicht hätte er sich nachdrücklicher um die republikanischen Führer bemühen können, Senator Bob Dole und den Kongressabgeordneten Bob Michel, beide gemäßigte Mitglieder ihrer Partei, die in der Vergangenheit bewiesen hatten, dass sie zu Kompromissen mit der Opposition bereit waren. Er hätte sich auch gegenüber den demokratischen Führern ein bisschen zurückhaltender zeigen können, George Mitchell, dem Mehrheitsführer im Senat, und Tom Foley, dem Sprecher des Repräsentantenhauses, die er beide nur wenige Tage nach der Wahl zum Dinner nach Little Rock einlud (zusammen mit dem sehr alten, aber immer noch einflussreichen Senator Robert Byrd aus West Virginia). Die Demokraten im Kongress, die dank ihrer Mehrheit über eine lange Reihe republikanischer Präsidenten große Macht ausgeübt hatten, verlangten Respekt. Sie waren wenig erfreut über das Reformprogramm, das Clinton als Kandidat vorgeschlagen hatte – weniger Kongressmitarbeiter, ein *Line-item Veto* des Präsidenten (ein Vetorecht gegen einzelne Teile und nicht unbedingt die gesamte Gesetzesvorlage), die Reform der Wahlkampffinanzierung –, und der neue Präsident ging darauf ein, sandte damit gleich zu Beginn ein taktisch unkluges Signal der Schwäche aus. »Clinton erinnerte sich nur zu gut an Jimmy Carter, der die demokratischen Kongressführer schon früh vor den Kopf stieß und dafür einen enormen Preis bezahlte«, meinte Al From. »Er brauchte Mitchell und Foley, um sein Programm durchzusetzen, und das gab ihnen erhebliche Einflussmöglichkeiten. Weiterhin hatte sich bei Jimmy Carter gezeigt, dass man sich keinesfalls Angriffen von links aussetzen darf – wie es Carter mit Teddy Kennedy erging –, weil das katastrophale Folgen hat.«

In Wahrheit konnte Bill Clinton daher wenig tun, um das drohende politische Blutbad abzuwenden. Die Republikaner hatten seit fast vierzig Jahren die Mehrheit im Repräsentantenhaus verfehlt, und jetzt war eine neue Generation von Radikalen unter der Führung von Newt Gingrich eingezogen, eine Generation, die gewillt war, genauso unerbittlich mit diesem Präsidenten der Neuen Demokraten umzuspringen, wie es die Demokraten mit Nixon und Reagan getan hatten. Auch Bob Dole, den Gingrich einmal den »Steuereintreiber für den Wohlfahrtsstaat« genannt hatte, sah sich von rechts unter Druck gesetzt. Seine erste Reaktion auf Clintons Wahlsieg war bemerkenswert unfreundlich: Er sagte, er werde die 57 Prozent des Wahlvolks repräsentieren, die gegen den neuen Präsidenten gestimmt hätten. »Ich war wohl ziemlich aufgebracht«, sagte Dole später zu mir. »Aber wenn sich der Wohlstand durch Steuererhöhungen zurückholen ließ, warum hatte dann noch niemand vorher daran gedacht?«

Das alles lief darauf hinaus, dass der neue Präsident mit knappsten Mehrheiten arbeiten musste, um seinen Haushalt für 1993 durchzubringen. Man war davon ausgegangen, dieser werde das Repräsentantenhaus ohne Schwierigkeiten passieren – verfügten die Demokraten dort doch über eine Mehrheit von 257 gegenüber 177 Sitzen –, aber ausschlaggebend für die Annahme war letztlich eine einzige Stimme. Und im Senat würde es noch schwieriger werden, dort stand ein politischer Grabenkrieg zu erwarten. Einzelne Senatoren hatten die Macht, den gesamten Haushaltsplan zu kippen. David Boren aus Oklahoma war nicht bereit, eine BTU-Steuer zu akzeptieren, also wurde sie durch eine Benzinsteuer von vier Cent ersetzt (trotzdem stimmte Boren gegen den Plan). Bob Kerrey aus Nebraska war erbost über Clintons mangelnde Bereitschaft, sich mit den steigenden Kosten von Leistungen wie Sozialversicherung und Medicare auseinander zu setzen; erst im letzten Augenblick ließ er sich durch das Versprechen besänftigen, man werde eine Kommission zur Reform der Sozialsysteme einsetzen. So bekam der Haushalt die letzte Stimme, die zu seiner Bewilligung erforderlich war.

Auf Grund dieser taktischen Rückzüge handelte sich Clinton rasch den Ruf ein – zumindest in Washington –, ein schwacher Präsident zu sein, einer, mit dem man Schlitten fahren könne. Seine Entscheidung, die BTU-Steuer fallen zu lassen, nachdem viele der Demokraten im Repräsentantenhaus sich zu der politisch schwierigen Entscheidung durchgerungen hatten, dafür zu stimmen, war seinem Ansehen im Kongress sehr abträglich. Die Behauptung, Clinton habe keine »Grundwerte«, wurde in Washington rasch zum Klischee. Trotzdem waren sich die meisten Mitarbeiter, die an den endlosen internen Hauhaltsbesprechungen teilgenommen hatten, darüber einig, dass es bestimmte Grenzen gab, die Clinton nicht überschritt, Versprechen, von denen abzurücken er nicht bereit war. Zwei seiner Wahlkampfaussagen – beide unverwechselbar zum Gedankengut der Neuen Demokraten gehörig – waren sakrosankt. Er bestand auf der Einrichtung von AmeriCorps, eines landesweiten Freiwilligen-Zivildienstprogramms, denn für dieses Projekt hatte er während des Wahlkampfs den größten Zuspruch erhalten. Und, noch wichtiger, er bestand auf einer massiven Ausweitung des Earned Income Tax Credit (EITC), ein Plan, der ihm im Wahlkampf ebenfalls viel Beifall eingetragen hatte: »Niemand soll vierzig Stunden in der Woche arbeiten und seine Kinder trotzdem in Armut großziehen.«

Die Entscheidung, den EITC merklich zu erhöhen, war eine wichtige, wenn auch kaum zur Kenntnis genommene Weichenstellung seiner Präsidentschaft. Lloyd Bentsen vertrat die Ansicht, man solle die vorgeschlagene Benzinsteuer fallen lassen und stattdessen den EITC zurückschrauben. Wenn Clinton darauf bestand, eines der Privilegien zu besteuern, das die Amerikaner als ihr ureigenstes Vorrecht betrachteten – den fröhlichen Raubbau an den Erdölvorkommen der Erde zu lächerlich niedrigen Preisen –, drohte eine große Zahl von Südstaatendemokraten abtrünnig zu werden, während eine nicht minder große Zahl von Republikanern den Patriotismus und den Verstand des Präsidenten in Frage stellen würde. Die Opposition konnte behaupten: »Er hat bezüglich der Steuersenkung für die Mittelschicht nicht nur gelogen, sondern er hat ihre Steuern sogar *erhöht.*« Folglich, so Bentsen, waren die politischen Vorteile eines Verzichts auf die Benzinsteuer unübersehbar. Von der Ausweitung des Earned Income Tax Credit war hingegen *kein* politischer Vorteil zu erwarten. Niemand würde davon Kenntnis nehmen, solange die vorgesehenen Nutznießer – die Legionen von Kellnerinnen, Sanitätern und Pförtnern – auch weiterhin für Löhne schufteten, mit denen sie unter der Armutsgrenze blieben. Die EITC-Hilfe war so kompliziert, dass sich die meisten Journalisten nicht die Mühe machten, sie zu verstehen, geschweige denn, sie zu beschreiben.

Bentsen war der älteste und angesehenste Berater bei den Haushaltsbesprechungen – trotzdem widersprachen ihm George Stephanopoulos und Gene Sperling, ein sehr kleiner und relativ unbedeutender, aber sehr engagierter Wirtschaftsberater. Als einmal die Auseinandersetzungen zwischen Sperling und Bentsen sehr heftige Formen annahmen, meinte Roger Altman, der Staatssekretär im Finanzministerium: »Warum lassen wir Gene und Lloyd nicht vor die Tür gehen und es draußen austragen?«

»Weil«, sagte der Präsident lachend, »die Leute hinterher sagen würden: ›Was ist denn mit dem armen Gene passiert?‹«

Doch Clinton schlug sich auf die Seite des armen Gene. Im ersten Jahr erhöhte er den Earned Income Tax Credit von 15,9 auf 21,2 Milliarden Dollar, was im Prinzip eine Steuersenkung für fünfzehn Millionen Familien bedeutete. »Da saßen wir, eine Schar brillanter Spinner«, sagte Stephanopoulos später, »aber uns allen wurde erst Monate später klar, dass wir damit die Steuersenkung für die Mittelschicht beschlossen hatten: Es war der Earned Income Tax Credit.« (Das war vielleicht eine nachträgliche Stephanopoulos-Beschönigung: Von anderen Beteiligten ist zu hören, man habe ausdrücklich entschieden, die EITC-Erweiterung nicht an die große Glocke zu hängen, da man befürchtete, die vergessene Mittelschicht könnte verärgert auf diese Zuwendung für die armen Bevölkerungsschichten reagieren.)

Politiker mögen keine Abstraktionen. Sie möchten greifbare Leistungen vorweisen: Straßen, die gebaut, Steuern, die gesenkt, Arbeitsplätze, die geschaffen wurden. Besonders Präsidenten haben den Wunsch, eine neue Amtszeit mit einem großartigen, soliden Gesetzgebungssieg zu beginnen – es heißt, das erste Jahr im Amt sei die beste Chance für den Präsidenten, dem Kongress seinen Willen aufzuzwingen. Bill Clinton hatte seine politische Zukunft von etwas so Abstraktem wie dem Defizitabbau abhängig gemacht. Angesichts des Erfolgs seiner Politik ist man heute versucht, den Mut dieser Entscheidung zu unterschätzen. Ein weniger ernsthafter, zynischerer Politiker hätte sich vielleicht anders verhalten, hätte versucht, sich, wie sein Nachfolger, durch eine große Steuersenkung Popularität zu verschaffen. Oder er hätte das altbackene linke Ausgabenprogramm beschlossen, zu dem ihn viele Demokraten zu überreden versuchten. (Clinton machte einen halbherzigen, vergeblichen Versuch, ein kleines Maßnahmenpaket zur Ankurbelung der Wirtschaft zu verabschieden, doch es fand ein rasches und unrühmliches Ende im Senat. »Ich hielt es für eine Art Versicherungspolitik«, sagte Gene Sperling. »Es war nicht umfangreich genug, um irgendetwas zu bewirken, doch als das Anreizpaket scheiterte, blieb uns nur die ungeliebte Ausgabenkürzung. Wir hatten alles auf die Theorie gesetzt, dass niedrigere Haushaltsdefizite zu niedrigeren Zinssätzen führen würden, wovon wir uns eine Belebung der Wirtschaft versprachen – eine Theorie, die, wie Sie bedenken müssen, zum damaligen Zeitpunkt *unbewiesen* war.«)

Schon bald sollte Clinton noch mehr politisches Kapital auf eine weitere Abstraktion setzen: das Versprechen auf Freihandel. Er trat in diesem Herbst für NAFTA ein, das Nordamerikanische Freihandelsabkommen, das von seinem republikanischen Vorgänger ausgehandelt worden war und nun von einer Mehrheit der demokratischen Mitglieder des Repräsentantenhauses entschieden abgelehnt wurde, die mit der Unterstützung seines Haushaltsplans gerade ein erhebliches politisches Risiko eingegangen waren. (So wurde Marjorie Margolies-Mezvinsky aus Pennsylvania, die im Repräsentantenhaus die entscheidende Stimme für den Haushalt abgegeben hatte, bei der nächsten Wahl von ihrem republikanischen Herausforderer geschlagen, weil dieser die Wähler unermüdlich daran erinnerte, die amtierende Abgeordnete habe für »höhere Steuern« gestimmt.)

Jede faire Beurteilung musste zu dem Schluss kommen, dass Bill Clinton seine Aufgaben als Präsident sehr ernst nahm – trotzdem war das Bild seiner Administration, das in den Medien gezeichnet und von den politischen Zirkeln in Washington wahrgenommen wurde, das einer unprofessionellen, unreifen und sehr bunten Truppe. Sowohl der Präsident als auch Mrs Clinton erwarben sich sehr rasch den Ruf, egozentrisch und selbstherrlich zu sein, ängstlich darauf bedacht, sich nicht in die Karten schauen zu lassen. Die Beziehungen zur Presse waren von Beginn an miserabel. Besonders die First Lady bemühte sich, die Journalisten auf Abstand zu halten – zunächst versuchte sie, sie ganz aus dem Weißen Haus zu verbannen, und schlug vor, den Presseraum um die Ecke in das Old Executive Office Building zu verlegen. Als das nicht klappte, versuchte sie, die Tür zwischen dem Büro des Pressesprechers und dem Presseraum geschlossen zu halten – was ebenfalls scheiterte. Dann kam es zu dem schwachsinnigen, aber erfolgreichen Versuch – abermals auf Betreiben der First Lady –, die alt gedienten Mitarbeiter des Reisebüros durch Freunde aus Arkansas zu ersetzen. (Das entsprach zwar durchaus üblicher Praxis, hatte hier aber einen besonderen Aspekt: Das Stammpersonal des Reisebüros hatte das Pressekorps des Weißen Hauses jahrelang mit Vergünstigungen und Gefälligkeiten versorgt – etwa dem kostenlosen Transport von Einkäufen, die die Pressevertreter bei Auslandsreisen des Präsidenten getätigt hatten – und konnte daher natürlich auf die Loyalität der journalistischen Zunft zählen.) Schließlich gab es die gelegentlichen imperialen Anwandlungen: Einmal, so wurde berichtet (fälschlicherweise, wie sich später herausstellte), habe der Präsident den Flugverkehr auf dem International Airport in Los Angeles zum Erliegen gebracht, weil er die Air Force One auf dem Rollfeld habe parken lassen, während er sich von dem berühmten Hollywood-Friseur Christo die Haare schneiden ließ. Auch aus der Präsidentenwohnung drangen einige pikante Gerüchte – wenn sie wahr sind, können sie nur vom Geheimdienst oder den Hausangestellten des Weißen Hauses stammen. Die Behauptung, die First Lady habe mit einer Lampe nach dem Präsidenten geworfen, war zwar unbestätigt, wurde aber überall kolportiert. Nachrichten dieser Art waren es, die die ersten Monate von Clintons Präsidentschaft bestimmten.

Das Chaos im Weißen Haus war sprichwörtlich: In der Öffentlichkeit herrschte die Vorstellung, dass dort unreife, anmaßende Berater in Jeans herumliefen, überflüssige Nachtsitzungen abhielten und den Westflügel mit leeren Pizzaschachteln und Diätcola-Dosen übersäten. Tatsächlich war die Atmosphäre, nun ja, eher locker. Clintons Tagesplanung war … fließend, um es vorsichtig auszudrücken. Die Besprechungen fanden kein Ende, blieben häufig ohne Ergebnis und standen jedermann offen, der zufällig hereinkam. An einem Wochenende im Frühjahr fand eine siebenstündige Besprechung über Bosnien statt, bei der keine erwähnenswerte politische Entscheidung herauskam. Ähnliche Veranstaltungen gab es über das Gesundheitswesen und eine Vielzahl anderer Themen, unter anderem die fortwährenden, ständig wechselnden Befürchtungen über die Haushaltsauseinandersetzungen. Bentsen sagte, er habe noch nie jemanden kennen gelernt, »der so auf Besprechungen versessen war« wie Clinton.

Er war auch der Unpünktlichste von allen: Der Präsident erschien so gut wie niemals rechtzeitig, und oft genug verspätete er sich um mehr als eine Stunde. Ständig schien er sich vom Augenblick gefangen nehmen zu lassen – redend, zuhörend, Anteil nehmend –, unfähig, zwischen wichtigen und unwichtigen Problemen zu unterscheiden, unfähig, Prioritäten zu setzen oder zu einem Entschluss zu kommen. Die Frage, ob Richard Holbrooke oder der ehemalige Vizepräsident Walter Mondale Botschafter in Japan werden sollte, wurde bei drei verschiedenen Gelegenheiten im Oval Office diskutiert, bevor sie schließlich entschieden wurde (Mondale ging nach Japan, Holbrooke nach Deutschland). Eines Tages verließ William Galston – ein Wissenschaftler aus dem Progressive Policy Institute, der dem Team des Weißen Hauses als innenpolitischer Berater angehörte – eine seiner seltenen Besprechungen mit dem Präsidenten, nachdem die vorgesehene Zeit um zwei Stunden überschritten war. Auf einem Zettel, den er McLarty zuschob, hatte er notiert: »Ich habe meinem Sohn versprochen, mir sein Baseballspiel anzusehen.«

Unvergesslich blieb für die Senatoren John McCain und Bob Kerrey ihr erster Besuch im Weißen Haus der Clinton-Ära; es ging um die Normalisierung der Beziehungen zu Vietnam. Sie mussten fünfundvierzig Minuten auf den Beginn der Besprechung warten, dann wurde Clinton, der sich außerordentlich für ihre Erinnerungen an die Kämpfe und ihre Meinung über den Krieg zu interessieren schien, von jungen Beratern abgelenkt, die ständig rein- und rausgingen, Notizen überbrachten, dem Präsidenten ins Ohr flüsterten und, schlimmer noch, untereinander plauderten. Kerrey erzählte mir später, es habe ihn in den Fingern gejuckt, George Stephanopoulos am Schlafittchen zu packen und zu sagen: »Hör zu, Bürschchen, du befindest dich hier beim Präsidenten der Vereinigten Staaten. Also zeig gefälligst ein bisschen Respekt!«

Stephanopoulos, der für die Öffentlichkeit die vermeintliche Unreife der Administration verkörperte, war dreißig Jahre alt, als er sich 1991 Clintons Wahlkampfteam anschlosss, einer der Ersten, die der künftige Präsident einstellte. Vorher hatte er für den damaligen Mehrheitsführer des Repräsentantenhauses Richard Gephardt gearbeitet – und er hatte sich Gephardts linken, vom Mittleren Westen geprägten Populismus zu Eigen gemacht. Stephanopoulos war einerseits das Lieblingsziel für die explosiven, wenngleich rasch verrauchenden Wutausbrüche des Präsidenten, andererseits in den ersten Jahren aber auch außerordentlich einflussreich – der intellektuelle Führer der unermüdlichsten Arbeiter im Weißen Haus, der Pizza- und Diätcola-Brigade, die tatsächlich jünger war, der Presse gegenüber aufgeschlossener (besonders gegenüber Bob Woodward und der verstorbenen Anne Devroy von der *Washington Post*) und linker als die Mitglieder des Wirtschaftsteams, in den meisten Fällen auch als der Präsident selbst. Stephanopoulos war ein entschiedener Pessimist und kompromissloser Parteigänger, überzeugt, dass jeder Versuch, mit den Republikanern im Kongress zusammenzuarbeiten, nicht nur feige, sondern auch sinnlos wäre – eine Position, die berechtigt zu sein schien, da sich die Republikaner in diesem ersten Jahr als genauso unversöhnlich herausstellten, wie er es Clinton prophezeit hatte. Im Laufe der Zeit erwies sich Stephanopoulos' taktisches Gespür für die Verhältnisse im Kongress als seine größte Stärke, aber auch als seine größte Schwäche, weil es mit einem restriktiven, legislativen Verständnis von der Macht des Präsidentenamtes einherging. Er schien durchs falsche Ende des Fernrohrs auf die Pennsylvania Avenue zu blicken – das heißt, er überschätzte die Bedeutung der Gesetzgebung als Merkmal des Erfolgs und unterschätzte die Macht des Präsidenten, den öffentlichen Marktplatz zu seiner persönlichen Bühne zu machen. Stephanopoulos hatte nicht begriffen, dass sogar die Definition von Sieg und Niederlage dem Einfluss des Weißen Hauses unterliegen kann.

Doch auch Clinton war sich über die wirklichen Möglichkeiten seines Amtes noch nicht im Klaren. Gegen Ende des Frühjahrs 1993 – die Haushaltsschlacht war weit schwieriger, als er gedacht hatte, und die Presse wurde nicht müde, einen endlosen Strom von »Chaosgeschichten aus dem Weißen Haus« zu verbreiten – gelangte der Präsident zu der Überzeugung, er brauche unbedingt erfahrene Hilfe. Unvermittelt strukturierte er den Stab des Weißen Hauses um und holte sich David Gergen – einen Republikaner, der schon unter Ford und Reagan gedient hatte – in das »Message-Team«. Gleichzeitig beschloss er, Stephanopoulos aus dem Blickfeld der Öffentlichkeit zu nehmen. An seiner Stelle machte er Dee Dee Myers zur Pressesprecherin. »Der Präsident teilte mir mit, er sei sehr bekümmert darüber, dass die Öffentlichkeit ein schiefes Bild von ihm hätte«, erzählte Gergen. »Er glaubte, man halte ihn für viel zu weit links.«

Gergen dachte schon lange nicht mehr in Parteigrenzen, sondern war eher ein Mitglied der Partei des Dritten Weges und der Neuen Was-auch-immer. Trotzdem sah man (vor allem auf Seiten der Linken) in seiner Ankunft einen neuen Beweis dafür, dass Clinton eigentlich an nichts wirklich glaubte. Während Stephanopoulos selbst froh war, der Hektik der täglichen Pressefütterung enthoben zu sein, war seine Fraktion im Stab empört über Gergens Ankunft und sah in ihm ein fremdes Implantat, das es so schnell wie möglich abzustoßen galt – was dann auch geschah: Gergen blieb kein Jahr im Weißen Haus.

»Ich kam anfangs überhaupt nicht mit Clintons Führungsstil zurecht«, erzählte mir Gergen später. »Die republikanischen Präsidenten, für die ich gearbeitet hatte, hatten eine klare Vorstellung von der Richtung ihrer Politik, und die hatten auch ihre Mitarbeiter verinnerlicht. Aber Clinton hatte die verschiedensten Leute am Tisch, die verschiedensten Meinungen. Er musste sich die ›Neuen‹ Demokraten und die ›Alten‹ Demokraten anhören, die Feministinnen und die Gewerkschaftler – das vertrug sich überhaupt nicht mit meinen Erwartungen. Doch ich begriff schließlich, dass es sich um einen neuen, postmodernen Führungsstil handelte, der wahrscheinlich gar nicht schlecht war. Ich glaube, in ihm kam die ganze Vielfalt des Landes zum Ausdruck: Möglicherweise werden alle künftigen Präsidenten ihre Entscheidung auf diese Weise treffen.«

So konnte man die Sache natürlich sehen – wenn man sie großzügig beurteilte. In Wahrheit war Clintons Führungsstil nicht annähernd so durchdacht, wie Gergen ihn schilderte. Er resultierte aus zwei Charaktereigenschaften, die Clintons Berater zur Verzweiflung trieben: seiner Unfähigkeit, schlechte Nachrichten zu überbringen, und seiner Unfähigkeit, Entscheidungen zu treffen. Infolgedessen herrschte eine undurchsichtige, machiavellistische Atmosphäre im Weißen Haus. Mitteilungen wurden indirekt übermittelt, es bildeten sich Fraktionen und Unterfraktionen, Zirkel innerhalb von Zirkeln, und ständig wurden Verschwörungen und Intrigen ausgeheckt, oft unter Beteiligung der First Lady, deren Einfluss allgegenwärtig, aber selten offen war. »Morgens kam ein fröhlich plaudernder Präsident ins Büro«, schrieb Gergen in seinen Erinnerungen an seine Tätigkeit im Weißen Haus. »Dann klingelte ein Telefon. Ein Anruf aus den Wohnräumen im oberen Stockwerk. Er lauschte, äußerte einige Worte, doch wenn wir wieder an die Arbeit gingen, hatte sich seine Laune verfinstert. Er war zerstreut und höchst ungehalten. Ob wir die empörenden Dinge gehört hätten, die seine Gegner über ihn verbreiteten? Warum wir nicht zurückgeschlagen hätten? Warum arbeite er so hart und bekomme so wenig Anerkennung dafür? Warum werde er von seinen Mitarbeitern schon wieder hintergangen? *Was*, so fragte ich mich, hatte sie ihm jetzt schon wieder gesagt?«

Kapitel drei

Im Sommer 1993 teilten mir mehrere Mitglieder aus dem Stab von Al Gore mit, der Vizepräsident habe mir etwas zu zeigen. Es erwies sich als ein Aschenbecher, genauer ein der Bundesverordnung für staatliche Tischaschenbecher entsprechendes Exemplar, was Gore mit zehn Seiten Vorschriften beweisen konnte.

»Ist das zu glauben?«, fragte er und blätterte die Verordnung durch. Wir saßen in seinem Büro im Westflügel, an der Wand hing ein großes Foto der Erde. »Es ist unvorstellbar. Das alles müssen Sie tun, wenn Sie dem Staat einen Aschenbecher verkaufen möchten ... Hier, das ist meine Lieblingsvorschrift. Eine genaue Anweisung, wie Sie ihn zu testen haben.« Man müsse den Aschenbecher auf ein Brett stellen, »ein Ahornbrett. Es muss ein Ahornbrett sein, 44,5 Millimeter dick.« Dann habe man mit einem Stahllocher – »in einem Neigungswinkel von sechzig Grad« – und einem Hammer darauf zu schlagen. »Der Aschenbecher muss in eine kleine Zahl von unregelmäßig geformten Stücken zerspringen, nicht mehr als fünfunddreißig.« Hier konnte Gore nicht mehr an sich halten und brach in dröhnendes Gelächter aus. »Warten Sie! Jetzt kommen wir zur Beschreibung der Stücke!« Um als vorschriftsgemäße Scherben zu gelten, müssten sie »an jeweils drei aneinander grenzenden Kanten eine Länge von 6,4 Millimeter aufweisen ...«.

Einige Wochen später zerschlug Gore tatsächlich einen staatlichen Aschenbecher in der Talkshow *Late Night with David Letterman* – einer der gelungeneren öffentlichen Auftritte des sonst eher steif wirkenden Gore. Der Vizepräsident bekam begeisterte Kritiken für seinen trockenen, selbstironischen Witz, doch die

Posse hatte auch einen ernsthaften politischen Hintergrund: Gore warb nicht nur für sein Reformprogramm *Reinventing Government* (das leider unter der nichtssagenden Abkürzung REGO bekannt wurde), sondern befand sich auch in einer erbitterten Dreierkonkurrenz, in der es darum ging, die Prioritäten des Präsidenten für den Herbst zu beeinflussen – ein Wettstreit, in dem er auf aussichtslosem Posten zu stehen schien, denn seine beiden Mitbewerber waren die First Lady, die versuchte, ihren Ehemann (wie einen Laserstrahl) auf die Durchsetzung ihrer Gesundheitsreform zu fokussieren, und das Wirtschaftsteam, dem klar war, dass der Präsident noch viel Überzeugungsarbeit leisten musste, um die nötigen Stimmen für NAFTA zusammenzubekommen.

Gore räumte ein, dass NAFTA vordringlich war, daher tobte die wirkliche Schlacht zwischen ihm und der First Lady – *Reinventing Government* gegen Krankenversicherung, Neue gegen Alte Demokraten. Tatsächlich war Gore still und heimlich zum wichtigsten Neuen Demokraten in der Administration avanciert: Er hatte sich in den Haushaltsplanungen auf die Seite der »Defizit-Falken« geschlagen und war der eloquenteste Fürsprecher einer offensiven amerikanischen Militärpräsenz auf dem Balkan. Er war ein ehrgeiziger und intelligenter Politiker, wenn auch vielleicht kein besonders talentierter. 1992 hatte er die Clinton-Kandidatur mit sichergestellt, denn seine Wahl zum Vizepräsidenten wurde als ein Signal des Neuanfangs verstanden – zwei Baby Boomer in den höchsten Ämtern –, ein Signal der Frische und der Mäßigung und ein Signal für den Südstaatencharakter des Clinton-Projekts. Tatsächlich gab es nicht wenige, die fanden, man hätte die Rollenverteilung der beiden umkehren und Gore zum Präsidentschaftskandidaten nominieren sollen.

Doch die hatten Unrecht: Gore hatte eine ausgesprochene Neigung zur Unterordnung (leider auch zu der unterdrückten Wut, die häufig mit solcher Passivität einhergeht). Er war schüchtern und gehemmt. Einmal räumte er mir gegenüber ein, er wäre wahrscheinlich nie Politiker geworden, wenn nicht schon sein Vater – ein angesehener, wenn auch etwas geschwätziger linksliberaler Senator aus Tennessee – in dem Geschäft gewesen wäre. Sogar als Vizepräsident schien Gore nicht richtig aus seiner Sohnesrolle heraustreten zu können: Er gab zu, von Alice Millers Buch *Das Drama des begabten Kindes* fasziniert zu sein. Er schien das ewige Talent zu sein, mehr Sohn als Vaterfigur, mehr Schüler – der beste Schüler der Welt – als Lehrer. Die geborene Nummer zwei.

Das Projekt *Reinventing Government* war ihm auf den Leib geschneidert, sehr lobenswert, aber eine typische Aufgabe für Vizepräsidenten: Präsidenten müssen sich in der Regel um wichtigere Dinge kümmern als darum, wie das Regieren funktionieren soll. Doch *Reinventing Government* war ein ausgesprochenes Steckenpferd der Neuen Demokraten, denen die Idee gefiel, einen Frontalangriff auf das alte Paradigma der bundesstaatlichen Bürokratie zu starten. Das Programm schien auch ein guter politischer Schachzug zu sein. Horrorgeschichten über den Amtsschimmel und andere stattliche Auswüchse waren in der Öffentlichkeit beliebt und kamen in den Abendnachrichten gut an. Wenn die Clinton-Administration Amerika davon überzeugen konnte, dass es ihr ernst damit war, die sprichwörtliche bürokratische Dreieinigkeit anzugreifen – Verschwendung, Schwindel, Amtsmissbrauch –, konnte sie sich damit möglicherweise die Glaubwürdigkeit sichern, die sie brauchte, um neue »Investitionen« wie die allgemeine Krankenversicherung vorzuschlagen.

Gore, der eine Schwäche für langweilige, technische Fragen hatte, widmete sich diesem Projekt mit großer Energie und Entschlossenheit; er war ein unerschöpflicher Quell von Anekdoten über das Wiehern des Amtsschimmels in der Regierungsbürokratie. Im Zuge dieses Projekts wurde sein Stab zu einem Sammelbecken für Leute aus dem Progressive Policy Institute: Elaine Kamarck war verantwortlich für *Reinventing Government*, während David Osborne – der diesen Begriff mit seinem Buch populär gemacht hatte – den Auftrag erhielt, den Bericht über die Pläne der Clinton-Administration, die Regierungsarbeit stärker an »unternehmerischeren« Prinzipien auszurichten, zu verfassen. Tatsächlich hatte das Projekt schließlich eine wichtige, wenn auch unterschätzte Auswirkung auf die Bundesregierung. In Einrichtungen des Bundes wurden rund 350 000 Stellen gestrichen und damit geschätzte 157 Milliarden Dollar eingespart. Genauso wichtig war, dass 16 000 Seiten bürokratischer Vorschriften im Papierkorb landeten – darunter einige so berühmte Amtsschimmel-Schmankerl wie die Anschaffungsvorschriften des Pentagons, die dazu führten, dass Toilettensitze für 700 Dollar das Stück und Hämmer für 150 Dollar das Stück gekauft wurden. Gore hoffte, diese Resultate unmittelbar nach dem Labor Day am 1. September in einer einwöchigen Öffentlichkeitsaktion mit dem Präsidenten als Zugpferd publik machen zu können – stieß aber auf starken Widerstand aus dem Hillary-Lager und aus der Stephanopoulos-Fraktion, die in REGO erstens ein Projekt sahen, das dem Präsidenten die für die Gesundheitsreform erforderliche Zeit stahl, und zweitens eine demagogische und letztlich nutzlose Regierungsschelte.

Diese internen Kämpfe wurden mit kindischer Verbissenheit ausgetragen. Besonders verbittert waren die Neuen Demokraten, obwohl Clinton in der Frage des Haushaltsdefizits die Auffassung des Democratic Leadership Council vertrat und in der des Freihandels kurz davor war. Doch Clintons engster Kreis schien von anachronistischen Linken beherrscht zu sein – der jungen Stephanopoulos-Fraktion und dem Hillary-Kader. Die sehr einflussreiche, wenn auch nur verschwommen wahrnehmbare Präsenz der First Lady war außerordentlich frustrierend für die Neuen Demokraten, die hofften, der Präsident werde die Reform der Sozialhilfe in Angriff nehmen, bevor er sich in die Gesundheitsreform stürzte. (Hier wurde ähnlich argumentiert wie im Falle von *Reinventing Government*: Wenn es Clinton gelänge, das Sozialhilfesystem neu zu ordnen, ein System, das von der »vergessenen Mittelschicht« weithin als Unterstützung der Faulen und Unverantwortlichen betrachtet wurde, konnte er vielleicht Wähler für neue Formen staatlichen Handelns gewinnen.) Doch angesichts des Engagements der First Lady bestand keine Aussicht, dass der Kreuzzug für die Reform des Gesundheitssystems verschoben wurde.

Gore errang einen kleinen Sieg, als er Anfang September mit Clinton auf dem Rasen des Weißen Hauses REGO aus der Taufe hob – im Hintergrund zwei Gabelstapler voller Regierungsvorschriften. Doch das Ereignis geriet rasch in Vergessenheit. Die Rivalität zwischen dem Vizepräsidenten und der First Lady – sogar die Kampagne zur Verabschiedung von NAFTA – verlor rasch an Bedeutung, als es völlig überraschend zu einer Reihe außenpolitischer Krisen und Irritationen kam.

Nach Ende des Kalten Krieges zeichnete sich eine neue, komplizierte und gelegentlich hochexplosive weltpolitische Situation ab. In den ersten neun Monaten seiner Amtszeit hatte Clinton zu wenig Zeit darauf verwandt, sich mit den Wechselfällen der Außenpolitik vertraut zu machen. Diese mangelnde Vorbereitung sollte, wie er später zugab, tragische Konsequenzen haben – den Tod der einzigen Amerikaner, die während seiner Präsidentschaft in Kriegshandlungen fielen, machte er sich persönlich zum Vorwurf.

Bill Clinton war bei weitem nicht so ungeschickt in oder so uninteressiert an der Außenpolitik, wie seine Kritiker ihm vorwarfen. Doch sein Interesse war sporadisch, was wohl zum Teil daran lag, dass von der Welt, der er sich gegenüber sah, keine so unmittelbare Bedrohung mehr ausging wie zur Amtszeit früherer Präsidenten. Die Gefahr einer nuklearen Konfrontation mit den Russen bestand nicht mehr. Die schwierigsten außenpolitischen Probleme bezogen sich, fast definitionsgemäß, auf die Peripherie. Sie kreisten um die Frage der Intervention: Wie aktiv sollten sich die Vereinigten Staaten an lokalen Konflikten – häufig mörderischen Konflikten ethnischen Ursprungs – in entlegenen Teilen der Welt beteiligen? Einige Experten, so zum Beispiel Clintons Nationaler Sicherheitsberater Anthony Lake, vertraten die Auffassung, die innere Schwäche potenzieller Rivalen wie Russland und China und die Möglichkeit anarchischer Zustände in historisch wichtigen Regionen wie dem Balkan stellten mittlerweile die größte Gefahr für amerikanische Interessen im Ausland dar. Doch nie endende, lästige Probleme wie der Bürgerkrieg in Bosnien oder die Militärdiktatur in Haiti schienen nicht so dringlich zu sein wie der tägliche Kampf um die Verabschiedung eines Haushalts (oder das interne Gezänk um Mrs Clintons Gesundheitsreform). Dass Clinton ein außenpolitisches Team zusammengestellt hatte, das blass und fast absichtsvoll bedeutungslos wirkte, wurde als weiterer Beweis für sein mangelndes Interesse an diesem Politikbereich gedeutet.

Sowohl Lake als auch Warren Christopher, der Außenminister, waren intelligente und erfahrene Diplomaten. Verteidigungsminister Les Aspin war der kreativste Militärreformer und -stratege im Kongress gewesen. Doch alle drei wirkten in der Öffentlichkeit gehemmt, und es war schwer zu entscheiden, ob dieses Unbehagen in ihrer Natur lag oder der Tatsache entsprang, dass sie einem auf ihrem Gebiet unsicheren und uninteressierten Präsidenten dienten. Lake fand die Nachrichtensendungen im Fernsehen so trivial und oberflächlich, dass er sich im Allgemeinen weigerte, in ihnen aufzutreten. Christopher war zwar zu Interviews bereit, wirkte dann aber, als läge er im Koma. Auch Aspin verweigerte sich nicht, hinterließ aber einen nervösen und ungepflegten Eindruck. Privat gestaltete sich die Situation nicht wesentlich anders: Alle drei Männer legten eine merkwürdige Abneigung an den Tag, dem Präsidenten klare Handlungsempfehlungen zu geben, vor allem auf militärischem Gebiet (sehr zum Verdruss vor allem von Al Gore, der dann auch Christopher als außenpolitische Stimme der Administration in den Sonntagmorgen-Talkshows ablösen ließ). Im Gegensatz dazu hatte General Colin Powell, dessen Amtszeit als Vorsitzender der Vereinigten Stabschefs gerade zu Ende ging, keine Probleme, seine Meinung zu äußern, und diese Meinung – über Homosexuelle im Militär, über Bosnien, über Somalia – setzte sich meist durch.

Powells Widerstreben, militärische Gewalt einzusetzen, war allgemein bekannt. Aber der Ratschlag, den er dem Präsidenten zur Situation in Somalia erteilte, war eine untypische Ausnahme. Die Operation hatte während der Regierungszeit von Bush als humanitäre Aktion zur Linderung einer Hungersnot begonnen, doch die multinationalen Friedenstruppen, die dort unter UNO-Mandat operierten, sahen sich schon bald in die Rolle einer Polizeitruppe mit sehr beschränkten Möglichkeiten gedrängt und versuchten, die Ordnung aufrechtzuerhalten, während die Region in politischem Chaos versank. Diese schrittweise und planlose Ausweitung des ursprünglichen Auftrags bescherte der Welt bald einen neuen militärischen Ausdruck: *Mission Creep*.

Bemerkenswerterweise war es ausgerechnet Colin Powell, der die schleichende Ausweitung dieser speziellen Mission zuließ. »Es war die Antwort eines Krieges«, sagte ein Vertreter des Pentagons, der an den Besprechungen teilnahm, auf denen die Entscheidungen getroffen wurden. »Anfang Juni wurden vierundzwanzig Pakistani von den Somalis umgebracht, woraufhin Powell seinen Standpunkt plötzlich änderte. Er sprach sich für den Einsatz weiterer Einheiten und schließlich der Delta Force aus.«

Dies sollte sich als eine von Powells weniger glücklichen Entscheidungen herausstellen. Seine Amtszeit als Vorsitzender der Vereinigten Stabschefs endete, während die Operation noch im Gange war. Er hätte seine Ablösung hinausschieben können, bis die Aktion beendet war, was sicherlich Bill Clintons Wünschen entsprochen hätte. Doch Powell schied am 30. September aus dem Amt, und drei Tage später fand ein völlig verfehltes Kommandounternehmen der Delta Force statt, bei dem achtzehn amerikanische Elitesoldaten ums Leben kamen. Vom Kongress heftig unter Druck gesetzt, gab die Clinton-Administration Somalia auf.

Offensichtlich fühlte sich Bill Clinton von Colin Powell eingeschüchtert. Zu keinem Zeitpunkt stellte er Powells Strategie oder Taktik in Somalia in Frage. Fast schien es so, als seien ihm die Einzelheiten der Operation gar nicht bekannt. Tatsächlich war das der erste deutliche Hinweis auf Clintons Unbehagen in militärischen Angelegenheiten – vielleicht kam es daher, dass er sich als junger Mann dem Wehrdienst entzogen hatte (selbst seine Unfähigkeit zu zackigem, militärischem Gruß wurde zum öffentlichen Diskussionsstoff). Zum Thema Somalia erzählte Clinton mir im Juli 2000 – damals war er noch Präsident –, er habe der von Powell vorgeschlagenen Eskalation zugestimmt, bei der Suche nach dem somalischen Clan-Chef und Rebellengeneral Mohammed Farah Aidid die Delta Force einzusetzen. »Da wurde eine operative Entscheidung getroffen, die ich vielleicht heute wieder treffen würde, wenn sie erneut anstünde; aber heute würde ich es auf andere Weise tun«, sagte der Präsident. »General Powell kam und sagte, Sie müssen das und das tun – und dann schied er aus seinem Amt. In der folgenden Woche ging er. Ich mache ihm keinen Vorwurf, ich sage nur, er war weg. Tja, und dann kam es am helllichten Tag zu dieser schweren Schlacht, einer UN-Operation, bei der Hunderte von Somalis getötet wurden und wir achtzehn Soldaten verloren. Das werde ich wohl immer bereuen ... Ich weiß nicht, ob ich diese Leben hätte retten können oder nicht, aber ich hätte anders gehandelt, wenn ich mehr Erfahrung gehabt hätte. Ich weiß, dass ich mich heute anders verhalten würde. Würden wir jetzt vor der gleichen Situation stehen, würde ich sagen: Ich muss erst genau wissen, worum es geht, und dann lasst es uns so machen, wie wir zum Beispiel die militärische Operation gegen Saddam Hussein geplant haben oder die Suche nach den Ausbildungslagern von Osama bin Laden.«

Der letzte Teil von Clintons Äußerung – über die Aktionen gegen Saddam Hussein und den Terroristen Osama bin Laden – wirkte schon damals wenig überzeugend und wirkt nach den Terroranschlägen auf New York und Washington, D.C., vom 11. September 2001 regelrecht peinlich. Sowohl die Aktionen gegen den Irak als auch die gegen Bin Laden waren Luftangriffe aus großer Entfernung ohne Gefahr für amerikanische Soldaten. Beide waren letztlich erfolglos. Tatsächlich waren die Militärs wie die Geheimdienste davon überzeugt, dass die Operationen eher geschadet als genützt hatten: Sie hätten lediglich dazu gedient, den Ruf von Saddam Hussein und Osama bin Laden in der arabischen Welt zu festigen. »Wer einen Konflikt mit einem arabischen Führer personalisiert, erhöht dessen Bedeutung«, meinte Dr. Jerrold Post, ein Fachmann für die Psychologie des Terrorismus, der Profile von Saddam Hussein und von Bin Laden erstellt hat. »Jedes Mal, wenn wir zuschlugen und [sie] nicht zur Strecke brachten, konnten [sie] sagen, [sie] hätten die Vereinigten Staaten schon wieder besiegt.«

Doch weder die Öffentlichkeit noch das Militär schienen bereit zu sein, das Leben von Amerikanern aufs Spiel zu setzen, um Gefahren zu begegnen, die abstrakt und unvorstellbar waren. In der Rückschau lässt sich leicht sagen, dass Clinton die Gefahr hätte voraussehen und die Nation in einen aggressiveren und riskanteren Krieg gegen den internationalen Terrorismus hätte *führen* müssen. Gewiss, er hätte entschlossener handeln, mehr tun können. Aber man wird kaum einen amerikanischen Präsidenten finden, der in der Lage war, glückliche, friedliche Menschen dazu zu bringen, ihr Leben für eine Abstraktion zu opfern (John F. Kennedy, Lyndon B. Johnson und Richard Nixon versuchten in Vietnam, der Fata Morgana des »Kommunismus« entgegenzutreten, und haben dabei der Nation Wunden geschlagen, die noch heute, nach dreißig Jahren, nicht ganz verheilt sind). Zu einer entschlossenen, unerbittlichen militärischen Reaktion ist Amerika – ob glücklicher- oder unglücklicherweise, sei dahingestellt – offenbar erst in der Lage, wenn es das Opfer eines Überraschungsangriffs geworden ist.

Die Operation in Somalia fand am 3. Oktober 1993 statt. Innerhalb einer Woche kam es zu einer weiteren Panne, dieses Mal in Haiti. Das amerikanische Schiff *USS Harlan County* war im Begriff, Port-au-Prince anzulaufen. An Bord befanden sich leicht bewaffnete Truppen, die, wie mit der haitianischen Junta vereinbart, eine neue zivile Polizeitruppe »ausbilden« sollten. Doch ein inoffizielles und möglicherweise tödliches Begrüßungskomitee – mit Handfeuerwaffen ausgerüstete Abgesandte der Junta – erschien im Hafen, um die Ankunft zu verhindern. Weitere Amerikaner drohten für eine zweifelhafte Sache ihr Leben zu verlieren. Das Schiff erhielt die Anweisung, nicht in den Hafen einzulaufen. Schließlich, nachdem die *Harlan County* einige Tage lang außerhalb des Hafens hin und her gekreuzt war, machte sie kehrt und nahm Kurs auf die Heimat. »Eine ungeheure Blamage«, meinte Lake später. »General [Raoul] Cedras«, der Führer der Junta, »hatte uns reingelegt, aber es war unser Fehler: Wir haben das Schiff ohne die geringste militärische Unterstützung losgeschickt.«

Nach diesen desaströsen Ereignissen boten sowohl Lake als auch Christopher ihren Rücktritt an, innenpolitisch ein kluger Schachzug; denn schließlich erwischte es Aspin, dessen Rücktrittsangebot weniger prompt erfolgte. Sein Nachfolger war sein bisheriger Staatssekretär William Perry, der zwar besser organisiert und kompetenter war, aber genauso farblos wie die anderen – und die Unsicherheit der Administration im Ausland, besonders auf dem Balkan, blieb ein Ärgernis. Erst 1995, als die Friedensmission der UNO in Bosnien zu scheitern drohte (und Clinton erfuhr, dass den Vereinigten Staaten die außerordentlich kostspielige, potenziell gefährliche und politisch verheerende Aufgabe zufiel, die Friedenstruppen herauszuholen – und damit die Aufsicht über die historisch einmalige Niederlage einer internationalen Truppe gegen ethnische Gangsterbanden), ließ sich der Präsident von der Notwendigkeit zu handeln überzeugen. Er ordnete einen Luftschlag gegen die bosnischen Serben an, die kapitulierten, kurz nachdem die Stadt Banja Luka von Cruise-Missiles getroffen worden war – die Serben waren verblüfft und entsetzt über die Fähigkeit der Lenkflugkörper, sich im örtlichen Straßennetz zu orientieren und sich spezielle Ziele herauszusuchen. Außerdem schickte Clinton Richard Holbrooke in die Region, einen Diplomaten, dessen nachdrückliche und letztlich erfolgreiche Bemühungen um den Frieden in Bosnien in deutlichem Kontrast zur Halbherzigkeit von Lake und Christopher standen. Täglich zwischen Belgrad, Zagreb und Sarajevo hin und her pendelnd, handelte Holbrooke im Herbst 1995 einen Waffenstillstand aus. Im Winter rang er den Serben, Kroaten und bosnischen Muslimen auf dem Luftwaffenstützpunkt in Dayton, Ohio, ein dauerhafteres Abkommen ab. Das war der erste, komplizierteste und möglicherweise wichtigste außenpolitische Erfolg der Clinton-Administration.

Im Laufe der Zeit lernte der Präsident, in der Außenpolitik entschiedener aufzutreten (obwohl er in Fragen der nationalen Sicherheit unentschlossen und unsicher blieb). Er machte die Bekanntschaft von anderen Regierungschefs und bewies eine Vorliebe für übergroße Kollegen wie Boris Jelzin und Helmut Kohl.

Es machte ihm Spaß, über gemeinsame innenpolitische Probleme zu plaudern. Als sich immer mehr seiner Amtskollegen als Vertreter des Dritten Weges bezeichneten, nahmen auch ihre politischen Gegner das Etikett für sich in Anspruch: traditionelle Gewerkschaftler auf der Linken ebenso wie religiöse Extremisten auf der Rechten. Bald scharten sich die Regierungschefs der Welt um Clinton; für Tony Blair war er ein älterer Bruder und für zahllose andere ein inoffizieller Berater. Clintons ehemaliger Berater James Carville, der feststellte, dass es einen internationalen Markt für seine Dienste gab, war immer wieder verblüfft von der Wirkung, die Clintons Name ausübte: »In jedem Land, in das ich kam«, erinnerte er sich, »hatte der Kandidat nichts Eiligeres zu tun, als öffentlich kundzutun, dass er mich angeworben hatte. Das war der Clinton-Bonus. Die Leute sollten wissen, dass er Clinton nahe stand. Überall auf der Welt galt das als politisches Plus.«

Die Mitglieder des außenpolitischen Teams in Clintons zweiter Amtszeit – Außenministerin Madeleine Albright, Sicherheitsberater Samuel Berger und der Republikaner William Cohen als Verteidigungsminister – waren vielleicht nicht so begabt wie ihre Vorgänger, aber auch nicht so gehemmt. Unter ihrem Einfluss zeigte sich der Präsident sehr viel bereitwilliger, Gewalt einzusetzen, besonders die ferngelenkte Gewalt, die durch die Cruise-Missiles möglich wurde. Hinter dieser neuen Aggressivität verbarg sich eine fortwährende Auseinandersetzung mit dem Militär, das nicht bereit schien, etwas anderes zu tun, als Raketen aus großer Entfernung abzufeuern oder Bomben aus großer Höhe abzuwerfen. »Nach Somalia waren die Entscheidungsträger auf Seiten des Militärs außerordentlich ängstlich«, sagte General Wesley Clark, der die Bombenangriffe der NATO im Kosovo befehligte. »Es herrschte die Einstellung: ›Wenn du Verluste in Kauf nimmst, bist du ein Verlierer; dann kannst du deine Karriere vergessen.‹ Man ging davon aus, dass von den Politikern keine Hilfe zu erwarten war, dass sie Angst vor der eigenen Courage bekämen, sobald die Leichensäcke ausgepackt würden. Das war die allgemeine Überzeugung.«

Für Clintons Sicherheitsberater, besonders Albright und Berger, war dies ein steter Quell der Frustration. »Wenn es ans Eingemachte ging«, sagte ein Regierungsvertreter und meinte damit militärische Operationen, die ein hohes Maß an Präzision und Risiko verlangten, »bezogen die Militärs die Haltung: ›Dafür ist die CIA da.‹ Als wir das Pentagon aufforderten, Radovan Karadžić zu fangen, den Führer der bosnischen Serben, der vom Haager Tribunal als Kriegsverbrecher gesucht wurde, wollten die Militärs nichts davon wissen. Als wir sie aufforderten, Sonderkommandos gegen Terroristen in semiurbanem Gelände durchzuführen, hieß es: ›Das gehört nicht zu unseren Aufgaben. Wir haben nicht die Voraussetzungen dafür. Wir brauchen eine Brigade.‹«

Natürlich hätte der Präsident ihnen *befehlen* können, alle diese Operationen durchzuführen.

Clinton schien sich sehr viel wohler in seiner Haut zu fühlen, wenn es um die – allerdings nie ganz erfolgreiche – Suche nach Verhandlungslösungen für Streitigkeiten im Nahen Osten, in Afrika und Nordirland ging. Seine Politik gegenüber Russland und China stützte sich auf einen breiten Konsens zwischen Demokraten und Republikanern – Unterstützung der Demokratie in Russland (bei gleichzeitiger Aufnahme der ehemaligen Ostblockländer Polen, Ungarn, Tschechische Republik in die NATO); Freihandel mit China, in der Hoffnung, dass eine erweiterte Marktwirtschaft zu einer selbstbewussteren Mittelschicht in China beitragen würde.

Clinton besuchte mehr Länder als irgendein amerikanischer Präsident vor ihm, aber er blieb zu sehr Politiker – ungeduldig, ungenau, nicht sorgfältig genug in den Einzelheiten –, um ein wirklich erfolgreicher Diplomat zu sein. Das eindrucksvollste Bild der Clintonschen Außenpolitik, der widerstrebende Händedruck zwischen Jitzchak Rabin und Jassir Arafat auf dem Rasen des Weißen Hauses (mit dem Präsidenten dazwischen, der sie mit ausgestreckten Armen näher zusammenführt), war eine Täuschung: Die wirklichen Verhandlungen hatten schon früher in Norwegen stattgefunden – ohne amerikanische Beteiligung.

»Es gab keine großen Katastrophen«, sagte Senator John

McCain am Ende von Clintons achtjähriger Amtszeit und fasste damit die häufigsten Einwände gegen dessen Außenpolitik zusammen. »Aber man fragt sich, ob nicht der Keim für künftige Probleme gelegt wurde. Er flattert einfach von Problem zu Problem, doch in der Außenpolitik geht das nicht. Sie muss stetig, zuverlässig, präzise sein. Doch er fährt nach Peking und nennt die Chinesen unsere ›strategischen Partner‹. Da müssen wir uns natürlich fragen, was wohl die Japaner, die unsere *wirklichen* strategischen Partner sind, von einer solchen Äußerung halten. Er gewinnt auf ›schmutzige‹ Weise im Kosovo, in dem er das Land aus fünftausend Meter Höhe bombardiert, eine Politik, die ich für unmoralisch halte, woraufhin sich die Russen berechtigt fühlen, in Tschetschenien ebenso zu verfahren.«

McCains Kritik war hellsichtig, aber unvollständig. Die schwierigen Entscheidungen, besonders diejenigen, die Gewaltanwendung betrafen, schienen entweder überstürzt oder verspätet getroffen worden zu sein; sie waren schlecht vorbereitet und, im Falle des Iraks und Bin Ladens, gefährlich unentschlossen. Andere Republikaner, weniger differenziert und ideologischer gesinnt als McCain, warfen Clinton seine Bereitschaft vor, multilaterale Verträge zu schließen. Sie vertraten die Auffassung, die Vereinigten Staaten hätten eine so einsame Ebene der Macht erklommen, dass sie es nicht mehr nötig hätten, mit anderen Ländern über ihre Haltung in Fragen wie globaler Erwärmung oder Raketenabwehrsystemen zu verhandeln, vor allem dann nicht, wenn damit größere Konzessionen verbunden waren. Diese Doktrin war schon rüde und ziemlich unglaubwürdig, bevor sie von Clintons Nachfolger George W. Bush übernommen wurde. In der Praxis erwies sie sich dann als anmaßend und potenziell gefährlich. Öffentlich zerpflückte Bush – vermutlich auf Anraten seiner außenpolitischen Berater – in den ersten Monaten seiner Amtszeit das Klimaschutzprotokoll von Kyoto, den Raketenabwehrvertrag und eine Reihe anderer Verträge (bis hin zu einem UNO-Protokoll über den Verkauf von Handfeuerwaffen an Entwicklungsländer). Die »Unilateralisten« vertraten die Auffassung, das seien mangelhafte, teilweise sogar törichte Verträge, was zweifellos richtig war – Clinton hatte nicht die Absicht, den Vertrag von Kyoto wortgetreu zu erfüllen, und er testete sogar, wenn auch sehr vorsichtig, ein Raketenabwehrsystem, aber ihm war klar, welche Vorteile es auf lange Sicht hatte, diplomatische Zurückhaltung zu üben, sich keine unnötigen Feinde zu machen und amerikanische Interessen im Rahmen multilateraler Organisationen zu verfolgen (wenn man diese häufig umständlichen und albernen Rituale beachtete, trugen die amerikanischen Interessen am Ende, wie er rasch erkannt hatte, fast immer den Sieg davon). Bushs Außenpolitik zeigte in der Anfangsphase eine pubertäre, völlig überflüssige Konfrontationsbereitschaft, die die republikanischen Klagen über Clintons diplomatische »Ungeschicklichkeit« in der Rückschau lächerlich erscheinen ließen. Doch Bushs außenpolitische Linie wandelte sich rasch – nach dem 11. September wurde sie multilateraler, dem Clintonschen Vorgehen ähnlicher.

Selbst die unbelehrbarsten Republikaner mussten jedoch zugeben, dass Clinton der amerikanischen Außenpolitik einen bleibenden Stempel aufdrückte, wenn dieser Aspekt auch oft unterschätzt wird: Er veränderte die traditionellen Prioritäten und erhob die Wirtschaftsprobleme in den gleichen Rang wie die strategischen Fragen.

Es gibt einen feinen Unterschied zwischen »Internationalismus«, der die zwischenstaatlichen Beziehungen betrifft, und »Globalismus«, der ein fließenderes, dem Informationszeitalter angemesseneres Konzept ist, das wirtschaftlichen Aspekten Vorrang einräumt – und Clinton darf man wohl mit einigem Recht als den ersten »globalistischen« Präsidenten bezeichnen. Mit Sicherheit trat er sehr viel entschiedener auf, wenn er im Ausland von der wirtschaftlichen Stärke der Vereinigten Staaten Gebrauch machte – etwa um die wirtschaftliche Stabilität in Lateinamerika oder in Asien zu sichern –, als wenn es darum ging, diplomatisch oder militärisch die Muskeln spielen zu lassen. »Zwei Dinge fielen mir auf, als ich Clinton 1991 kennen lernte«, erinnerte sich Anthony Lake. »Das eine hatte mit einer außenpolitischen Rede zu tun, die er an der Georgetown University halten wollte. Ich hatte einige Passagen dafür geschrieben, und er sagte ›Ich stimme damit überein‹ statt ›das ist gut‹, wenn ihm etwas gefiel. Das andere war beunruhigender. Er sagte ständig: ›Außenpolitik ist Innenpolitik.‹ Das war für jemanden wie mich kein auf Anhieb sympathisches Konzept, und ich brauchte mehr als ein Jahr, um seine Bedeutung zu begreifen – aber er hatte Recht.«

Tatsächlich befand sich die Außenpolitik traditionell in den Händen einer weltlichen Priesterschaft von Akademikern, Diplomaten und Finanzleuten, die ihre Arbeit für etwas vollkommen anderes, Höherrangiges und ganz gewiss Wichtigeres hielten als das marktschreierische Geschäft der Innenpolitik (die als niedrige *legislative* Tätigkeit angesehen wurde, im Gegensatz zur dezidiert *exekutiven* Natur der Außenpolitik). Das war natürlich Unsinn – zumal in einer Welt, in der weltwirtschaftliche Entwicklungen sich zunehmend auf Amerikas Binnenwirtschaft auswirkten und in der die »weiche« Macht der Vereinigten Staaten (das heißt, ihre kulturelle und wirtschaftliche Macht) zu einem weit universelleren Einfluss geworden war als ihre militärische Stärke.

Clinton ging davon aus, dass die wirtschaftliche Globalisierung unvermeidlich war. Außerdem glaubte er an die klassische Freihandelstheorie: Niedrigere Zölle führen zu niedrigeren Preisen, höheren Exporten und einer stärkeren Wirtschaft. »Es ist einfach herrlich, wenn sich eine Wirtschaftstheorie als richtig erweist«, erklärte Lawrence Summers, der Robert Rubin im Amt des Finanzministers nachfolgte, später triumphierend. »Die wirtschaftlichen Vorteile der Zollsenkungen, die wir während der Clinton-Administration ausgehandelt haben, bedeuten die größte Steuersenkung der Weltgeschichte.«

Summers war ein Harvard-Ökonom; er zahlte keinen politischen Preis für seinen Glauben an die Theorie (so wenig übrigens wie die meisten republikanischen Abgeordneten, für deren Wählerschaft das Problem keine Bedeutung hatte; Republikaner aus South Carolina wie Strom Thurmond waren hingegen Protektionisten, weil in ihren Wahlkreisen die Textilindustrie eine große Rolle spielte).

Der Präsident sah sich einer schwierigeren politischen Realität gegenüber. Für die gewerkschaftlich organisierten Arbeiter in traditionellen Industriezweigen wie der Stahl- und Automobilindustrie, vor allem im Mittleren Westen, lagen die Vorteile des Freihandels nicht so deutlich auf der Hand, wohl aber die Nachteile, besonders als ganze Fabriken geschlossen und nach Mexiko oder Asien verlegt wurden. Infolgedessen waren die meisten Demokraten – vor allem die linksliberalen Populisten im Repräsentantenhaus – entschieden gegen alle Zollsenkungen (genauso wie die Stephanopoulos-Fraktion im Weißen Haus). Im Herbst 1993 hatten sie eine einflussreiche Verbündete in der First Lady – die eigentlich nichts gegen das Nordamerikanische Freihandelsabkommen einzuwenden hatte, aber befürchtete, ihre Gesundheitsreform käme ins Stocken, wenn der Präsident sich nicht ausschließlich darauf konzentrierte. Clinton, auf seine unnachahmliche Weise, wollte natürlich beides machen, doch das Handelsabkommen mit Mexiko hatte Vorrang, denn es musste sofort ratifiziert werden, um nicht zu erlöschen.

Im September 1993 bewältigte der Präsident eine ganze Reihe eindrucksvoller öffentlicher Auftritte. Da war der Händedruck zwischen Rabin und Arafat auf dem Rasen des Weißen Hauses, und einen Tag später traf sich Clinton im Weißen Haus mit drei Ex-Präsidenten – Ford, Carter und Bush –, die gekommen waren, um NAFTA im Rahmen einer Feierstunde zu unterstützen. Dabei äußerte er sich so prägnant über die anstehenden Probleme, dass sich Bush (senior), als er dem amtierenden Präsidenten zum Podium folgte, zu der Bemerkung hinreißen ließ: »Jetzt weiß ich, warum er drin ist und rausguckt und warum ich draußen bin und reingucke.«

Als Clinton drei Tage später, am 22. September, bei einer gemeinsamen Sitzung beider Kammern den Entwurf über die Gesundheitsreform vorstellte, gelang ihm ein ebenso beeindruckender Auftritt. Erste Umfragen zeigten, dass eine Mehrheit der Öffentlichkeit für eine allgemeine Krankenversicherung war, doch die politische Situation blieb schwierig, um es vorsichtig auszudrücken. Kurz nach der Rede suchte Lane Kirkland, der Vorsitzende des amerikanischen Gewerkschaftsbundes AFL-CIO, Clinton auf und sagte: »Mr. President, das war eine tolle Rede, und wir haben zehn Millionen Dollar, die wir gern in Fernsehwerbung für Ihre Gesundheitsreform stecken würden ... Doch wenn Sie sich weiter auf NAFTA versteifen, werden wir die zehn Millionen Dollar natürlich nehmen und damit unseren Widerstand gegen das Abkommen finanzieren.«

Clinton wich und wankte nicht. Einen Großteil des Herbstes investierte er in seine Bemühungen, NAFTA durchzubringen, doch der Erfolg forderte einen hohen Preis: Abermals brauchte er einen beträchtlichen Teil seines politischen Kapitals auf, indem er den Demokraten im Kongress diese schwierige Abstimmung abverlangte (es ist höchst unwahrscheinlich, dass sein republikanischer Vorgänger George Bush, der den Vertrag ausgehandelt hatte, je in der Lage gewesen wäre, ihn vom demokratisch dominierten Kongress ratifizieren zu lassen). Hinzu kam, dass die schwierigen Siege des ersten Jahres auch weniger deutliche, langfristige Kosten verursachten. »Wir wussten zu wenig über das System«, räumte Clinton später ein. »Es kann nur eine bestimmte Menge auf einmal verkraften. '93 verwirklichten wir den großen Wirtschaftsplan und NAFTA. Doch der Versuch, dann auch noch die Gesundheitsreform durchzuziehen, war ein Fehler ... Ich hätte die Reform der Sozialhilfe in die Wege leiten sollen, bevor ich die Gesundheitsreform in Angriff nahm. Wenn wir uns '94 die Reform der Sozialhilfe und das Gesetz zur Verbrechensbekämpfung vorgenommen hätten, dann hätten die Demokraten bei den Wahlen im Herbst etwas vorzuweisen gehabt ... Doch ich glaube, zu Anfang, während der ersten beiden Jahre, habe ich zu viele Steine den Hügel hinaufgerollt. Ich war wie besessen ... Ich versuchte, so viel wie möglich so rasch wie möglich zu erledigen, und gleichzeitig bemühte ich mich, so viel wie möglich über den Job zu lernen, zu lernen, wie das Weiße Haus funktioniert.«

Und doch sah es für einen kurzen Moment Ende 1993 so aus, als würde Clinton an allen Fronten Erfolg beschieden sein. Seine Umfragewerte, die im Frühjahr gefallen waren, stiegen im Herbst wieder. Er hielt eine faszinierende, spontane Rede vor einer Gruppe von schwarzen Geistlichen in Memphis – vielleicht die beste Rede, die ein amerikanischer Präsident jemals vor schwarzen Zuhörern gehalten hat, und auch eine der mutigsten. Er sprach zwanglos, aber ohne Herablassung, und er nahm kein Blatt vor den Mund, als er seinen Zuhörern mitteilte, was Martin Luther King seiner Meinung gesagte hätte, wenn er noch am Leben gewesen wäre: »›Ich habe für die Freiheit gekämpft‹, würde er sagen, ›aber nicht für die Freiheit der Menschen, sich hemmungslos und ohne Gewissensbisse umzubringen, nicht für die Freiheit von Kindern, Kinder zu bekommen, und nicht für die der Väter, sich davonzumachen und die Kinder im Stich zu lassen, als würden sie gar nicht zählen ... Das sind nicht die Dinge, für die ich gelebt habe und gestorben bin.‹«

Die Reaktion war sensationell: Die Geistlichen schienen wie viele Afroamerikaner das Gefühl zu haben, dass der Präsident der Vereinigten Staaten *einer der ihren* war. Er war bereit, schwarzen Zuhörern unangenehme Wahrheiten zu sagen – über die Notwendigkeit, die Sozialhilfe zu reformieren (wofür er immer anhaltenden Beifall bekam, wenn er vor konservativen Schwarzen aus der Mittelschicht sprach), und über Elternverantwortung –, doch genauso nachdrücklich sprach er sich für Rassentoleranz und ein entschiedenes Eintreten des Staates zur Förderung ethnischer Vielfalt aus. Er glaubte leidenschaftlich und leidenschaftlich optimistisch an die Vorteile einer multikulturellen Gesellschaft in einer globalen Wirtschaft. »Unsere Vielfalt ist eine Stärke, keine Schwäche«, pflegte er zu sagen. Im Jahr 1993 mutete das ziemlich wirklichkeitsfremd an, als viele Fachleute glaubten, homogene Gesellschaften wie die Japans und Deutschlands würden die wirtschaftliche Zukunft repräsentieren (tatsächlich musste sich Clinton auf dem G-7-Gipfel 1993 vom japanischen Ministerpräsidenten Morihiro Hosokawa über die Vorzüge der Fiskaldisziplin belehren lassen).

Doch im Laufe der Zeit gingen die japanische und die deutsche Wirtschaft in die Knie, während die Kreativität und der Optimismus einer neuen Einwanderergeneration das traditionelle binäre Rassendilemma Amerikas – schwarz und weiß, getrennt und ungleich – in eine herrliche Vielfarbigkeit verwandelte. Als Clintons Amtszeit zu Ende ging, machte er eine Rundreise durch verarmte Gebiete, weil er hoffte, er könnte die Unternehmen ermutigen, »Neue Märkte« in armen Wohnvierteln zu eröffnen. Mit dem Präsidenten reiste Reverend Jesse Jackson, und eines Tages betrachteten er und ich im Mississippi-Delta eine bunte, multikulturelle Menge, die auf die Rede des Präsidenten wartete.

»Schauen Sie sich das an!«, sagte Jackson und stieß mich in die Rippen. »Ist das nicht herrlich?«

»Wie meinen Sie das?«, fragte ich. »Das ist doch nicht die erste multikulturelle Menge, die Sie hier sehen.«

»Ja, aber heute *sprechen* sie miteinander«, sagte Jackson, und flüsternd fügte er hinzu: »Und wissen Sie was, sie *schlafen* auch miteinander.«

Diese neue Atmosphäre ist nicht Clintons Werk. Tatsächlich schienen seine offiziellen Versuche, etwas in der Rassenfrage zu »bewegen« – etwa die während der zweiten Amtszeit eingesetzte »Kommission« zur Untersuchung des Problems –, im Sande zu verlaufen. Doch seine Akzeptanz – und mehr als das, seine *Wertschätzung* der Afroamerikaner – erzeugte einen Subtext für eine neue amerikanische Toleranz, besonders unter jungen Menschen, die am Ende des zwanzigsten Jahrhunderts wirklich zu begreifen schienen, dass die ethnische Vielfalt der Nation nicht nur ein bedeutender Vorteil auf den globalen Märkten ist, sondern auch eine Quelle gesellschaftlicher und kultureller Kreativität im Inland.

Die Rede in Memphis war der emotionale Höhepunkt von Clintons erstem Amtsjahr. Bei einer früheren Clinton-Rede hatte es jedoch einen anderen, genauso aufschlussreichen Augenblick gegeben. Im September, als der Präsident seinen Plan zur Gesundheitsreform in einer gemeinsamen Sitzung beider Kammern vorstellte, erschien im Teleprompter die falsche Rede – die Rede zur Lage der Nation, die er ein halbes Jahr zuvor gehalten hatte. Er stand vor dem Kongress und dem ganzen Land und musste *im-*

provisieren, bis die richtige Rede gefunden worden war. Der Berater Paul Begala fragte ihn später: »Was haben Sie gedacht, als es passierte?«

»Ich dachte: ›Herr, warum prüfst du mich so?‹« lächelte Clinton und schüttelte langsam den Kopf, während er die Nahtoderfahrung noch einmal auskostete. »Ohhh-kayyyy!«

Kapitel vier

Bill Clinton hatte einen Lieblingswitz. Er gab ihn dem Wahlkampftross während beider Präsidentschaftskampagnen zum Besten, und am Ende seiner Präsidentschaft erzählte er ihn mir noch einmal: »Ein Mann geht am Rand des Grand Canyon spazieren und rutscht ab. Viele hundert Meter tief stürzt er dem sicheren Tod entgegen. Er blickt hoch und sieht einen Ast, er ergreift ihn, und der stoppt seinen Fall. Ein tiefer Seufzer der Erleichterung entringt sich seiner Brust ... und dann bemerkt er plötzlich, dass sich die Wurzeln lösen. Er schaut zum Himmel empor und sagt: ›Lieber Gott, warum ich? Ich bin ein guter Mensch. Ich habe mich um meine Familie gekümmert, regelmäßig Steuern gezahlt, mein Leben lang gearbeitet. Warum ausgerechnet ich?‹ Da ertönt eine Stimme wie Donnerhall: ›Du hast etwas an dir, mein Junge, was ich einfach nicht ausstehen kann.‹«

Wir sprachen über den wilden Hass, den Clinton bei seinen Gegnern hervorrief. Ob ihn die vergiftete Atmosphäre in Washington überrascht hätte, wollte ich von ihm wissen. »Heute weiß ich Dinge, die ich damals nicht gewusst habe«, begann er, überlegte es sich dann aber anders: »Nein, etwas habe ich schon gewusst. 1990, bevor ich mich entschloss, mich um das Amt zu bewerben, erhielt ich einen Anruf aus dem Weißen Haus. Es war jemand aus dem Bush-Team, der mich aufforderte, auf die Bewerbung zu verzichten. Bush erreichte in den Umfragen fast achtzig Prozent, und ich meinte, der Präsident solle seine Popularität nutzen, um die Wirtschaft in Ordnung zu bringen. Nach ungefähr fünf Minuten sagte der Bursche: ›Hören wir auf mit dem Mist. Wir haben uns diesen Verein angesehen‹ – die Demokraten, die daran dachten, 1992 gegen Bush anzutreten –, ›und wir können sie alle schlagen. Sie sind der Einzige, der uns Probleme machen könnte. Wenn Sie antreten, müssen wir Sie gleich zu Anfang fertig machen.‹

»Als ich hier ankam und anfing, mit ihnen zu verhandeln, wurde mir klar, dass die Republikaner seit Nixon an der Macht waren – mit der Ausnahme von Jimmy Carter, dessen Wahl sie aber als eine reine Reaktion auf Watergate ansahen.« Clinton hielt kurz inne, um die Präsidentschaft von Carter als geistigen Vorläufer der Neuen Demokraten zu preisen, und kam dann wieder auf das Thema zurück: »Sie gingen davon aus, dass es keinen anderen demokratischen Präsidenten mehr geben würde. Ich glaube wirklich, viele von ihnen glaubten, sie könnten das Weiße Haus behalten, bis eine dritte Partei sich als echte Alternative anböte. Deshalb haben sie mich nie für einen legitimen Präsidenten gehalten.«

Von Beginn seiner Präsidentschaft an herrschte tatsächlich das Gefühl – ausgehend vom Gingrich-Flügel der republikanischen Partei und einer Gruppe fanatischer, unermüdlicher Clinton-Hasser aus Arkansas –, der neue Präsident sei ein Usurpator, dem es gelungen sei, die amerikanische Öffentlichkeit hinters Licht zu führen. Es gelte, ihn in jeder Hinsicht und mit allen nötigen Mitteln zu bekämpfen und, wenn möglich, zu vernichten. »Es stimmt«, gab Senator Bob Dole, der vielleicht angesehenste republikanische Politiker der Clinton-Ära, später zu. »Wir hatten eine ziemlich rechte Gruppierung in der Partei, die ihn unter keinen Umständen akzeptieren wollte.«

Eigentlich hatte sich diese zutiefst feindselige Atmosphäre, die Clinton bei seiner Ankunft in Washington entgegenschlug, schon seit einiger Zeit zusammengebraut – mindestens seit zwanzig Jahren, seit dem Watergate-Skandal. Die amerikanische Politik verkam in Untersuchungsausschüssen, Sonderermittlungen, Beschuldigungen und Hetzreden, die sich gegen alle möglichen Vertreter der Öffentlichkeit richteten. Beschuldigungen und Hetzreden waren natürlich nichts Neues; sie waren so alt wie die Republik. Doch jetzt gingen sie mit endlosen juristischen Verfahren einher.

»Politische Skandale hat es schon immer gegeben«, meinte Gordon Wood von der Brown University, der bedeutendste Historiker über die amerikanische Revolutionszeit. »Es gab Zeiten erbitterten Parteienstreits und gehässiger Rhetorik. Aber ich glaube, wir haben in der amerikanischen Geschichte noch nie eine Periode wie diese erlebt, in der so viele Leute in herausragender Position juristisch verfolgt und politisch kriminalisiert worden sind.«

Als Bill Clinton nach Washington kam, waren Skandale – um teils lächerliche Vergehen – zu den bestimmenden Ereignissen des öffentlichen Lebens geworden, oft sensationeller und bedeutender als Wahlen. Zwischen Demokraten und Republikanern tobte ein erbitterter, verdeckter Krieg, in dem es um Dinge ging, die etwas unscharf unter dem Oberbegriff »Ethik« zusammengefasst wurden und die meist nichts mit wirklicher Illegalität zu tun hatten – »der Eindruck von unangemessenem Verhalten« lautete die Standardformel in den Medien. Der Angriff gegen Clinton war der unvermeidliche Höhepunkt einer irrationalen Hetzkampagne – das politische Gegenstück zu den Hexenprozessen –, die ganz Washington erfasst hatte, eine Art Wahn, der von den extremen Elementen in beiden Parteien choreographiert und von der sensationsgierigen Presse jubelnd begrüßt wurde. Im Laufe dieser Ereignisse wurden zwei Sprecher des Repräsentantenhauses, Jim Wright und Newt Gingrich, aus dem Amt getrieben. Drei republikanische Kandidaten für den Obersten Gerichtshof – Douglas Ginsburg, Robert Bork und Clarence Thomas – sahen sich unbarmherzigen ideologischen und persönlichen Angriffen ausgesetzt. Auf fünf Mitglieder aus Clintons Kabinett wurden Sonderermittler angesetzt. Eine weit größere Anzahl von Kandidaten für Kabinettsposten wurde aus Gründen zur Strecke gebracht, die trivial oder völlig unverständlich (und auf jeden Fall rasch wieder vergessen) waren. Und knapp unterhalb der Aufmerksamkeitsschwelle der Medien wurden gegen Hunderte von Regierungsbeschäftigten Untersuchungen eingeleitet oder Anklagen erhoben – häufig auf Grund lächerlicher anonymer Anzeigen, die bei den Generalinspektoren der verschiedenen Kabinettsressorts eingingen. Tatsächlich waren parteipolitisch motivierte juristische Schikanen längst zu einem wichtigen Wirtschaftszweig in Washington geworden, der Tausenden von kurzsichtigen Anwälten eine anrüchige Beschäftigung und ein bequemes Auskommen verschaffte.

All das in einer Hauptstadt, die nach allgemeiner Einschätzung weit weniger korrupt war als in der Vergangenheit. »Vergleichen Sie diesen Kongress mit dem aus dem Jahr 1950, aus jener Zeit, die die meisten alt gedienten Mitglieder des Hauses für das goldene Zeitalter des politischen Diskurses halten«, meinte Senator Joseph Biden, ein Demokrat aus Delaware. »Diese Burschen akzeptierten Geschenke, Honorare und Vergnügungsreisen. Als ich hier 1973 anfing, verdiente sich Jacob Javits – ein angesehener Senator – nebenher Geld mit einer privaten Anwaltspraxis. Glauben Sie nicht, dass man heute eine Untersuchung gegen ihn einleiten würde? Im Vergleich dazu sind diese Leute heute quietschsauber. Ich kann die meisten dieser Hundesöhne nicht ausstehen – sie sind Ideologen und gebärden sich in der Politik wie die Roten Khmer –, aber sie sind die saubersten Abgeordneten, die diese Hauptstadt je erlebt hat.«

Die Clinton-Ära wird vermutlich eher wegen der Unerbittlichkeit ihrer Verfolgungen als wegen der Schwere ihrer Verbrechen in Erinnerung bleiben – und wenn es einen Politiker gab, der die Unerbittlichkeit mehr als jeder andere personifizierte, dann war es Newt Gingrich aus Georgia. Seine Geschichte und die Demontage des öffentlichen Anstands, unter der die Clinton-Ära litt, sind unauflöslich miteinander verknüpft.

Am späten Nachmittag des 15. Mai 1984 riss Thomas P. (Tip) O'Neill, dem Sprecher des Repräsentantenhauses, einem Politiker von anerkannt ruhigem und freundlichem Wesen, in aller Öffentlichkeit und unerwartet der Geduldsfaden. Das Ereignis war aus mehreren Gründen überraschend. Die Sprecher des Hauses ergreifen selten das Wort. So gut wie nie legen sie den Hammer beiseite und steigen hinab, um sich vom Rednerpult aus zu äußern. Falls doch, so geschieht es in der Regel, um ein würdiges Schlusswort in einer Debatte von nationaler Bedeutung zu sprechen. Doch in diesem Fall folgte O'Neill einer spontanen Regung der Wut. Er stampfte den Mittelgang der Kammer hinunter, trat hinter das Rednerpult und begann über einen anderen Abgeordneten – noch dazu einen unbekannten Hinterbänkler – herzuziehen, weil dieser sich seiner Meinung nach einen schwer wiegenden Verstoß gegen die guten Sitten hatte zu Schulden kommen lassen. Mit krebsrotem Gesicht und drohend erhobenem Finger bemühte O'Neill sich, die höhnischen Rufe der republikanischen Opposition zu übertönen. Der Gegenstand seiner Empörung war ein junger Abgeordneter aus Georgia, der, wie nicht anders zu erwarten, Newt Gingrich hieß.

»Das war Newts erster großer Sieg«, sagte Vin Weber, ein Gingrich-Anhänger, damals ein junger Kongressabgeordneter aus Minnesota. »Und ein Riesenfehler von Tip.« Ursache für O'Neills Empörung war die Frustration über drei Entwicklungen, die die politische Landschaft am Ende des zwanzigsten Jahrhunderts entscheidend veränderten: Eine neue Generation von respektlosen Politikern der Baby-Boomer-Generation aus den Vorstädten verschaffte sich Gehör (O'Neill war ein monumentaler urbaner Anachronismus aus Boston); die republikanische Partei orientierte sich stärker an parteipolitischen und ideologischen Aspekten als früher und wurde in wachsendem Maße von Abgeordneten aus den Südstaaten beherrscht; im Kongress tauchte ein höchst störendes neues Medium auf – das Fernsehen.

Tatsächlich wetterte O'Neill über die Art und Weise, wie sich die Republikaner den Kabelsender C-SPAN, der die Parlamentssitzungen übertrug, zu Nutze gemacht hatten. Eine Woche zuvor hatte Gingrich spätabends eine Rede gehalten, in der er offensichtlich den Patriotismus verschiedener namentlich genannter Demokraten in Frage stellte. Der Plenarsaal war fast leer, doch sein wirkliches Publikum waren die Zuschauer des Kabelsenders im ganzen Land. Da die Kamera nach den Regeln des Hauses nur auf den Redner gerichtet war, konnte Gingrich die Demokraten in aller Seelenruhe auffordern, ihre Entscheidung gegen die Verteidigungsausgaben zu begründen. Die Fernsehzuschauer konnten nicht wissen, dass die Angesprochenen nicht antworten konnten, weil sie gar nicht da waren. O'Neill beschloss, die C-SPAN-Regeln ohne Rücksprache mit den Republikanern zu verändern: Er erlaubte der Kamera, den leeren Plenarsaal zu erfassen. Gingrich protestierte gegen die »einseitige« Entscheidung, und das veranlasste O'Neill zu seiner wütenden Reaktion. »Vorsätzlich haben Sie sich an das Rednerpult dieses Hauses gestellt und diese Abgeordneten angegriffen, obwohl Sie wussten, dass sie nicht anwesend waren«, ereiferte sich der Sprecher. »Das ist unamerikanisch! Das ist das erbärmlichste Verhalten, das ich in den 32 Jahren meines Wirkens in diesem Haus erlebt habe!«

Ein Chaos brach aus. Der Abgeordnete Trent Lott aus Mississippi, ein Republikaner, der später der Mehrheitsführer des Senats wurde, verlangte, dass O'Neills Bemerkung »festgehalten« werde, weil sie gegen die Parlamentsordnung verstoße, die abfällige Bemerkungen über andere Mitglieder des Hauses verbiete, und der Abgeordnete Joseph Moakley aus Massachusetts, ein O'Neill-Schützling, der den Vorsitz übernommen hatte, musste dem widerstrebend zustimmen. Die Republikaner, seit dreißig Jahren in der Minderheit und unterdrückt, waren verblüfft und entzückt: Eines ihrer lautstärksten und unbeliebtesten Mitglieder hatte den Sprecher des Hauses gedemütigt. Gingrich erhielt stehende Ovationen, als er zu seinem Platz zurückging.

»Das war der Schuss, der den Krieg eröffnete«, meinte Weber. »Die Demokraten waren arrogant bis zur Unerträglichkeit, und Newt wollte diese unerträgliche Arroganz bloßstellen. Es war ein Guerillakrieg, und ich denke nicht, dass wir ohne diese Taktik 1994 die Mehrheit im Repräsentantenhaus gewonnen hätten. Doch der Sieg hatte seinen Preis, und der Preis war, dass die Anstandsregeln auf der Strecke blieben.«

Der Beginn der Feindseligkeiten wird gewöhnlich mit Watergate verknüpft, doch die Wurzeln reichen wahrscheinlich noch zehn Jahre weiter zurück. »Der Ärger fing an, als wir Politikwissenschaftler endlich unseren Willen bekamen – ›verantwortungsbewusste‹ politische Parteien statt breitgefächerter, nichtideologischer Koalitionen«, sagte Nelson Polsby, ein Politikwissenschaftler an der University of California in Berkeley. »Die Idee war natürlich von Anfang an vollkommener Blödsinn.«

Solange der Süden solide demokratisch war, blieben die beiden Parteien breit gefächerte Koalitionen. Die Demokraten waren eine Mischung aus konservativen Südstaatlern und städtischen Nordstaatlern (beide Gruppen unterstützten Franklin Roosevelts populistisches Wirtschaftsprogramm, doch ansonsten gab es kaum Übereinstimmungen zwischen ihnen); die Republikaner repräsentierten die Wall Street und die »Main Street«, die Elite im Osten und die Mittelschicht im Westen (die sich darin einig waren, dass der Staat seine Eingriffe beschränken müsse, aber sonst wenig Gemeinsamkeiten hatten). In den Fünfzigern und in der ersten Hälfte der sechziger Jahre machten die Demokraten aus dem Süden – die auf Grund ihrer längeren Zugehörigkeit zum Parlament viele der wichtigsten Kongressausschüsse kontrollierten – mit den Republikanern gemeinsame Sache, um eine Vielfalt von Gesetzesvorhaben zum Scheitern zu bringen, ausgenommen die Mittelbewilligung für Straßenbau und Verteidigung.

Doch die Einheit des Südens zerbrach an der Bürgerrechtsfrage. Als die Demokraten aus dem Norden beschlossen, für die Aufhebung der Rassentrennung einzutreten, trat in den folgenden zwanzig Jahren eine neue Generation von Südstaatlern auf den Plan, die sich für die Republikanische Partei entschieden. Gleichzeitig liefen viele liberale Kinder der republikanischen Eliten aus dem Osten zu den Demokraten über, ebenso wie die Schwarzen aus dem Süden, sobald sie das Wahlrecht hatten. In dem Maße, wie die Parteien ideologisch »verantwortungsbewusster« wurden, nahm die politische Auseinandersetzung härtere und parteipolitischere Formen an. Im Repräsentantenhaus zeigten sich die Demokraten – aufgestachelt durch die moralische Empörung über Rassentrennung, Vietnam und Watergate und selbstgefällig infolge ihrer scheinbar ewig währenden Mehrheit – weit intoleranter gegenüber der republikanischen Minderheit als früher. Nach und nach wurden die altmodisch-steifen Rituale der Kollegialität, die höflichen parlamentarischen Sprachregelungen, die Mitarbeiter und Privilegien, die der Minderheit zugestanden wurden, abgeschafft oder zum Nachteil der Republikaner abgeändert.

In einem empörenden Vorfall aus dem Jahr 1985 rächte sich Tip O'Neill an Gingrich und den Republikanern. In Indiana war eine sehr knappe Kongresswahl zwischen dem Republikaner Rick McIntyre und dem Demokraten Frank McCloskey nach einer erneuten Auszählung von dem republikanischen Innenminister des Staates Indiana, Edwin Simcox, zu McIntyres Gunsten entschieden worden. McCloskey legte Protest beim Repräsentantenhaus ein, das eine Untersuchung anordnete. O'Neill bestimmte eine dreiköpfige Kommission aus zwei Demokraten und einem Republikaner. Wie nicht anders zu erwarten, gelangten die Demokraten zu der Auffassung, McCloskey habe die Wahl gewonnen, woraufhin die gesamte republikanische Fraktion unter Protest den Plenarsaal verließ. »Das war Newts zweiter großer Sieg«, sagte Vin Weber. »Die Leute dachten: ›Na ja, wenn die Demokraten sich so verhalten, hat Newt vielleicht doch Recht. Dann sollten wir Rabatz machen.‹«

Mit neuer Machtfülle ausgestattet, setzte Gingrich seinen Guerillakrieg fort. 1987 brachte er gegen Jim Wright, O'Neills Nachfolger als Sprecher des Repräsentantenhauses, eine Klage wegen unethischen Verhaltens vor. Die Anklagepunkte waren fadenscheinig und unklar, um es vorsichtig auszudrücken: Wright hatte getan, was mehr oder weniger alle taten – Exemplare eines Buches, das er geschrieben hatte, in großer Zahl an Lobbyisten verkauft und eine etwas zu freundschaftliche Beziehung zu einem einheimischen Geschäftsmann unterhalten. Daher glaubten die meisten Kongressmitglieder, das Ganze würde nicht mehr als eine etwas lästige Angelegenheit werden. Doch Wrights Fall nahm einen unvermuteten Verlauf, der den Einsatz beträchtlich erhöhte und den Krieg zwischen den Parteien verschärfte: Der Ethikausschuss des Hauses setzte einen Sonderermittler ein, den Chicagoer Demokraten Richard Phelan. Nach einem Jahr untersuchte Phelan noch immer – ein erstes Anzeichen für das, was man das Inspektor-Javert-Phänomen nennen könnte, die Neigung von Sonderstaatsanwälten, sich obsessiv in ihre Aufgabe zu verbeißen (wie Javert in *Les Misérables*), alle Zurückhaltung aufzugeben und die Nachforschungen weit über den ursprünglichen Auftrag hinaus auszudehnen, bis eine immense Anklageschrift zusammengestellt war, die alle Lebensbereiche der Zielperson erfasste. Schließlich musste Wright zurücktreten. »Ich war erschöpft, vollkommen fertig«, erzählte mir Wright später. »Ich konnte nicht mehr schlafen. Gut möglich, dass sich die Sache noch ein oder zwei Jahre hingezogen und mich eine Million Dollar gekostet hätte. Das konnte ich mir nicht leisten. In einer Abschiedsrede beklagte ich mich über den ›sinnlosen Kannibalismus‹, der den Kongress erfasst hätte, und dachte, mein Rücktritt würde die Mitglieder des Hauses so aufrütteln und beschämen, dass sie den Krieg beenden würden. Das war natürlich eine Fehleinschätzung. Es wurde nur noch schlimmer.«

1989, als Wright zurücktrat, war klar, dass der Ethik-Krieg eine neue Stufe erreicht hatte. Jede Seite setzte schwerste juristische Waffen gegen die andere ein. Die Waffen waren neueren Datums – das Ergebnis historischer Bemühungen um eine Regierungsreform nach der Watergate-Affäre. »Wir wollten das System reformieren«, sagte Joseph Biden mit Blick auf den Einzug seiner Generation in den Kongress. »Aber wir schufen mehr Probleme, als wir lösten. Die Gesetze zur Wahlkampffinanzierung, das Independent Counsel Statute (die gesetzliche Grundlage zur Einsetzung von Sonderstaatsanwälten) – nichts hatte den erhofften Erfolg.«

Biden hätte noch einiges hinzufügen können: den Ethics in Government Act von 1978 (das Gesetz gegen Korruption und Amtsmissbrauch, das die Mandatsträger unter anderem zur Offenlegung ihrer Einkünfte zwingt), die Reformen der Präsidentschaftsvorwahlen und des Dienstalterprinzips im Kongress, die Beschneidung der Macht des Präsidenten, Entscheidungen über Krieg und Haushalt zu treffen, die »Informanten«-Reformen, die es jedem verärgerten Regierungsangestellten ermöglichten, anonym gegen seinen Vorgesetzten zu klagen, und die Einsetzung unabhängiger Generalinspektoren (ein erschreckend Javertscher

Titel), um die Klagen der »Informanten« zu bearbeiten – alles in allem ein Dschungel neuer Vorschriften, der in den Jahren nach Watergate wucherte. Ein Großteil dieser Veränderungen ging auf das Konto der dreiundvierzig zusätzlichen Demokraten, die 1974 in das Repräsentantenhaus gewählt wurden, des ersten größeren Zustroms von Baby Boomern in den Kongress. »Sie kamen in den Kongress, um den Vietnamkrieg zu beenden«, sagte Jim Thurber, ein Politologe von der American University, der in den siebziger Jahren ein Berater Hubert Humphreys war. Doch der Krieg endete vier Monate, nachdem sie in Washington eingetroffen waren, »und es stellte sich die Frage, was sie sonst tun konnten? Eine Sache, in der sie sich alle einig waren, war die Notwendigkeit, die Regierung zu reformieren.«

Zweifellos beschnitten die Reformen einige sehr ärgerliche Praktiken – aber die gefährlichen Waffen der neuen Ethik ließen sich auch leicht für triviale, parteipolitische Zwecke einsetzen: Die erste Untersuchung, die 1979 nach dem Independent Counsel Statute stattfand, richtete sich gegen Hamilton Jordan, Jimmy Carters Stabschef im Weißen Haus, wegen angeblichen Kokainkonsums. Die zweite betraf Carters Wahlkampfmanager Timothy Kraft, ebenfalls wegen angeblichen Kokainkonsums. In beiden Fällen wurde keine Anklage erhoben. Als Ronald Reagan an die Macht kam, revanchierten sich die Demokraten, indem sie Untersuchungen gegen Arbeitsminister Raymond Donovan, Justizminister Edwin Meese und die Präsidentenberater Michael Deaver und Lyn Nofziger einleiteten – in denen sich schließlich nur Deaver wegen eines ganz anderen Gesetzesverstoßes schuldig bekannte. Als Donovan schließlich nach einer zermürbenden (und außerordentlich kostspieligen) Untersuchung freigesprochen wurde, stellte er die denkwürdige Frage: »An welches Büro wende ich mich nun, um meinen Ruf zurückzubekommen?«

Tatsächlich gab es in der Reagan-Ära nur eine Untersuchung, die über das kleinliche politische Gezänk hinausging – die Iran-Contra-Affäre, das heißt, den Plan, dem Iran illegal Waffen zu verkaufen und mit den Einnahmen antikommunistische Rebellen in Nicaragua zu finanzieren. Dieser Fall hatte einen besonderen

Javert-Aspekt: Der Sonderermittler Lawrence Walsh war noch tätig, nachdem Reagan schon vier Jahre aus dem Amt geschieden war, und erhob nur wenige Tage vor den Präsidentschaftswahlen von 1992 Anklage, ein Umstand, der nach Meinung von George Bush senior dafür sorgte, dass Bill Clinton in der Wahl leichtes Spiel hatte. (Bush wurde nicht angeklagt – wohl aber der frühere Verteidigungsminister Caspar Weinberger –, doch als Reagans Vizepräsident war Bush am Rande mitbetroffen. Nachdem er die Wahl verloren hatte, begnadigte er Weinberger.)

Die politischen Reformen nach dem Watergate-Skandal zogen eine Heerschar von politischen Reformern und einen neuen Wirtschaftszweig nach sich: das Ethik-Establishment. »Ende der sechziger Jahre war ich als Kongressberater tätig«, erinnerte sich Norman Ornstein vom wissenschaftlichen Stab des American Enterprise Institute. »Auf der anderen Straßenseite lag ein Gebäude – das Methodist Building –, das in der Hand von Aktivisten aus der Antikriegsbewegung war. Und ich weiß noch, dass ich dachte: ›Was machen diese Leute, wenn der Krieg vorbei ist?‹ Sie hatten etwas gelernt – die Organisation politischer Aktionen –, und es war abzusehen, dass sie auch weiterhin Gebrauch von dieser Fertigkeit machen würden. Anfang der siebziger Jahre kam es zu einer explosionsartigen Zunahme von Bürgerbewegungen, die das ›öffentliche Interesse‹ auf ihre Fahnen geschrieben hatten, und sie hatten erheblichen Einfluss nicht nur auf politische Reformen, sondern auch in Bereichen wie Umwelt- und Verbraucherschutz. Ende der siebziger Jahre konnte man dann eine vergleichbare Zunahme der Interessengruppen von Industrie und Handel beobachten, die den Bürgerbewegungen entgegenwirkten.«

Die verschiedenen Gruppen übten eine zentrifugale Kraft auf die Demokraten und Republikaner aus und trieben sie aus der Mitte des politischen Spektrums hin zu den jeweiligen Extremen, wo die Fanatiker vor sich hin gammelten. Die Wirtschaftsverbände gründeten Aktionskomitees, die enorme Beträge aufbrachten, vor allem nach Abänderung des Federal Election Campaign

Act im Jahr 1979, der unbegrenzte Parteispenden zuließ (»weiches« Geld im Unterschied zu »hartem« Geld, das für bestimmte Kandidaten gespendet wird). Mit dem Geld wurden Fernsehspots bezahlt, die zu Beginn der achtziger Jahre denn auch sprunghaft zunahmen und immer aggressiver wurden. Für viele Demokraten begann der eigentliche Krieg 1980, als das National Conservative Political Action Committee (NCPAC) eine verleumderische Fernsehkampagne gegen sechs liberale Senatoren inszenierte, von denen vier die Wahl verloren – wodurch die Republikaner zum ersten Mal seit 26 Jahren die Mehrheit im Senat bekamen. »Unterschätzen Sie nicht die Wirkung, die die Einführung dieser bösartigen, falschen, verzerrten und negativen Werbung auf die Kongressmitglieder hatte«, sagte der Republikaner Warren Rudman, der den Kongress 1992 angeekelt verließ. »Beispielsweise ist es mir sehr schwer gefallen, Sympathien für Joe Lieberman zu entwickeln, als er in den Senat kam, weil er während der Wahl eine widerliche Schlammschlacht gegen meinen guten Freund Lowell Weicker inszeniert hatte. Schließlich haben wir uns doch angefreundet, weil Joe ein unheimlich netter Bursche ist. Doch viele Leute können so was nicht vergessen. Das erschwert die Zusammenarbeit erheblich – erschwert es, überhaupt etwas zu Stande zu bringen. Ständig fragt man sich, ob diese oder jene Stimmabgabe in der nächsten Wahl auf miese Weise gegen einen verwendet werden wird.«

Konnten die Demokraten auf das NCPAC und Gingrich als Ursachen der parlamentarischen Sittenverrohung verweisen, so waren die Republikaner empört über die Kampagne, die die Vertreter linksliberaler Bewegungen 1987 gegen die Nominierung von Robert Bork für den Obersten Gerichtshof anzettelten, wobei die völlig überzogene Rede, die Ted Kennedy eine Stunde nach Bekanntgabe der Nominierung hielt, die Stimmung besonders anheizte. Dort beschwor Kennedy »Robert Borks Amerika«, das von einer wahren Epidemie schrecklicher Ereignisse heimgesucht werden würde, beispielsweise von »Abtreibungen in schmutzigen Hinterzimmern«.

Alan Simpson, ein Senator aus Wyoming und ein sehr seltenes

Exemplar – ein Senator mit einem ausgeprägten Sinn für Selbstironie –, erzählte: »Alle verblüfften wir unsere Kollegen von Zeit zu Zeit dadurch, dass wir bei einer dieser Zirkusveranstaltungen völlig ausrasteten. Teddy passierte es in seiner Bork-Rede. Sam Nunn im Wahlkampf gegen John Tower. Mir bei Clarence Thomas in dieser dämlichen Geschichte wegen ›sexueller Belästigung‹. Ehrlich, manchmal lässt man sich vom Augenblick so gefangen nehmen, dass man völlig die Nerven verliert.«

Die Anti-Bork-Kampagne und die nachfolgende Anhörung erscheinen noch harmlos im Vergleich zu den rüden persönlichen Angriffen, die zum normalen Erscheinungsbild späterer Hexenjagden gehörten. Bork war ein anerkannter Wissenschaftler, aber ein ideologischer Bombenwerfer. Gegen ihn ließ sich einwenden, dass er nicht nur ein Konservativer war, sondern ein radikaler Reaktionär, der bestrebt war, viele Präzedenzfälle rückgängig zu machen, die das liberale Warren-Gericht geschaffen hatte. Die Führer der Anti-Bork-Koalition beschlossen, ihre Sache inhaltlich und nicht emotional zu verfechten, mit den Argumenten von Verfassungsrechtlern. Vertreter der Bürgerbewegungen wie Ralph Nader und Molly Yard von der National Organization for Women wurden überredet, nicht auszusagen. Nader traf sich vor Beginn der Anhörungen mit Joseph Biden, dem Vorsitzenden des Rechtsausschusses, und erklärte, dass die Bork-Nominierung, richtig gehandhabt, den liberalen Bürgerbewegungen einen ganz neuen »Kundenkreis« erschließen könnte – das heißt eine Gelegenheit für eine Briefaktion an möglichst viele Haushalte bot, um Spenden einzutreiben. Biden war empört. »Ich erteilte ihm eine klare Abfuhr«, berichtete er, »und ich bin stolz auf die Art und Weise, wie diese Anhörungen über die Bühne gingen.«

Hinter Ralph Naders Askese und unterkühlter Art verbarg sich ein sauertöpfischer und unerbittlicher Demagoge – und sicherlich erfasste er die veränderte politische Landschaft besser als Biden. Tatsächlich wurde Naders fanatisch wirtschaftsfeindliche (und prozesssüchtige) Verbraucherschutzorganisation Public Citizen zu einem weithin bewunderten Vorbild auch für konservative Interessengruppen. Anlässlich der Bork-Nominierung zettelte zum ersten Mal eine Koalition von Ideologen eine breit angelegte Kampagne an – unter Einsatz von Basisgruppen, *Opposition Research*, das heißt hemmungslosem Ausspionieren des Gegenkandidaten, und sogar einem Fernsehspot (mit der Stimme von Gregory Peck) –, um eine Berufung in den Obersten Gerichtshof zu verhindern. Das wurde zum Modell für die Inquisitionsszene in der Nach-Bork-Ära, in der sich Interessengruppen und Bürgerbewegungen Zielpersonen wie Clarence Thomas und Bill Clinton ausguckten, denen sie unethisches Verhalten vorwarfen, um das »Bewusstsein« und, wichtiger noch, die Spendenbereitschaft ihrer Klientel zu wecken. »Eines der ersten Dinge, die mir Ralph Nader beibrachte, war die Dämonisierung der anderen Seite«, sagte Mike Pertschuk, Verbraucherschützer und Nader-Protegé, der ein Buch über die Bork-Kampagne schrieb und in der Rückschau die rüden Methoden ebenso skeptisch beurteilte wie Vin Weber. »Es ist eine sehr wirksame Taktik«, fügte er hinzu. »Aber sie fordert einen schrecklichen Preis.«

Ein anderes bemerkenswertes Merkmal der Bork-Kampagne war die Rücksichtslosigkeit, mit der die Privatsphäre des Kandidaten verletzt wurde – besonders der Versuch eines Reporters des alternativen Wochenblattes *Washington City Paper*, Borks Kundenkarte in seiner Videothek einzusehen. Nur einige Monate zuvor hatten Reporter des *Miami Herald* in den Büschen vor dem Stadthaus des demokratischen Präsidentschaftskandidaten Gary Hart gelauert, um ihn des Ehebruchs zu überführen.

Längst war die Presse zu einem entscheidenden, unersättlichen und widerwärtigen Bestandteil der Skandalmaschinerie geworden. Bob Woodward und Carl Bernstein von der *Washington Post* waren durch die Watergate-Affäre zu Helden geworden. Sie hatten einen Präsidenten zur Strecke gebracht. Doch dieser Präzedenzfall führte zu einer Verwerfung in der journalistischen Kultur – eine neue Generation von Reportern und Redakteuren war besessen von dem Gedanken, die Heldentat der *Post* in der Clinton-Ära zu wiederholen, doch im Gegensatz zu Woodward und Bernstein konzentrierten sie sich auf das Privatleben ihrer Opfer (nicht nur Clinton, sondern auch Gingrich, Wohnungsbauminister Henry Cisneros, Handelsminister Ron Brown und die republikanischen Kongressabgeordneten Henry Hyde und Robert Livingston mussten erleben, wie ihre privaten Kavaliersdelikte in die Öffentlichkeit gezerrt wurden). Die Berichterstattung bekam jetzt eine unverhohlen voyeuristische Qualität; Politiker galten von nun an grundsätzlich als schuldig. Vor allem in den neuen schwachsinnigen Streitsendungen des Fernsehens, den Sound Bite Shows, in den sich »Gruppen« oder »Gangs« von Journalisten gegenseitig anschrien oder leichtfertige Urteile über komplizierte Fragen fällten (vielleicht sollte man lieber »Journalisten« schreiben, da viele dieser Pseudo-Kommentatoren entweder ehemalige Parteipropagandisten oder Hilfspersonal der Nachrichtensender waren, alle aber mit einer erschreckenden, angeborenen Fähigkeit ausgestattet, im Fernsehen zu brillieren und »anzukommen«).

Es gab einen beträchtlichen Gruppendruck, zynisch zu bleiben: Von Journalisten, die freundlich über Politiker schrieben, nahm man an, dass sie mit ihnen unter einer Decke steckten. Solange man eine negative Story über einen Politiker brachte, konnte man nichts falsch machen. »Im Laufe der letzten zwanzig Jahre ist es für politische Journalisten immer wichtiger geworden, wie *andere* politische Journalisten ihre Arbeit beurteilen«, meinte Bill Kovach, Kurator des Neiman-Fellowship-Programms der Harvard University. »Um nicht als Weichei dazustehen, neigen Journalisten heute dazu, jeden Standpunkt, den ein Politiker einnimmt, in einem negativen Licht zu betrachten – das politische Kalkül hervorzuheben und nicht den Inhalt.«

Tom Patterson, Professor an der Kennedy School of Government der Harvard University, konnte Kovachs Analyse mit Zahlen belegen. Während der Präsidentschaftswahl von 1960 waren von den Kandidaten-Erwähnungen, die sich als positiv oder negativ einordnen ließen, drei Viertel positiv. Im Wahlkampf von 1988 hatte sich der Anteil der negativen Erwähnungen auf 60 Prozent erhöht (ein Wert, der während der beiden Wahlkämpfe von Clinton unverändert blieb). Zugleich nahmen vom Anfang der siebziger bis zum Ende der achtziger Jahre die journalistischen Beiträge, die die Konflikte zwischen Politikern betonten, um *300 Prozent* zu. »Das investigative Modell, das zur Aufdeckung der Watergate-Affäre führte, war sehr gewissenhaft«, erläuterte Patterson. »Ende der siebziger Jahre hatte sich das verändert – ›investigativer‹ Journalismus hieß jetzt, sich ans Telefon zu hängen und jemanden zu finden, der gegen jemand anders vom Leder zog. Es ging nicht mehr darum, Missstände offenzulegen, sondern Politiker zur Strecke zu bringen.«

Man kann sich unschwer vorstellen, welchen Zorn die meisten Politiker, selbst wenn sie gute Beziehungen zur Presse hatten, gegen Journalisten zu hegen begannen. »Die Medien lieben Hass«, sagte der Abgeordnete Barney Frank aus Massachusetts, ein Homosexueller, dessen Privatleben 1989 Gegenstand einer hysterischen Enthüllungsgeschichte war. »In Washington ist maßloser Zynismus die am weitesten verbreitete Form der Naivität. Ich wollte, Journalisten wären gegenüber schlechten Nachrichten genauso skeptisch, wie sie es gegenüber guten sind.«

1989 waren die strengen Maßstäbe der Watergate-Recherchen von Woodward und Bernstein – beispielsweise die Bestätigung einer Geschichte durch zwei unabhängige Quellen – längst vergessen, selbst in der seriösen Presse. Die nachhaltige Wirkung von George Bushs fehlgeschlagenem Versuch, den ehemaligen Senator John Tower aus Texas zum Verteidigungsminister zu ernennen, ließ den Mainstream-Journalismus auf noch niedrigeres Niveau sinken. So veröffentliche die *Washington Post* unbestätigte Ergebnisse einer FBI-Untersuchung gegen Tower, derzufolge es unter anderem auf einem Luftwaffenstützpunkt zweimal zu Grabschereien unter starkem Alkoholeinfluss gekommen sein soll; der verantwortliche Journalist war, wie der Zufall es wollte, Bob Woodward. Der Tower-Fall wirkte auf viele Volksvertreter grotesk und erschreckend: Niemand konnte sich erinnern, wann zum letzten Mal einem Ex-Senator von seinen Kollegen im Senat die Berufung auf einen Ministerposten verwehrt worden war. Doch Sam Nunn, ein Demokrat aus Georgia und ein angesehener Verteidigungsexperte, war sehr überzeugend als Oppositionsführer, als er erklärte, selbst die Möglichkeit eines ernsthaften Alkoholproblems vertrage sich nicht mit dem Amt des Verteidigungsministers. »Ich mochte Tower«, bekannte Jim Wright später. »Wir waren Freunde, beide Texaner, und ich fand, dass man ihn unfair behandelt hatte. Aber danach war klar, dass die Republikaner nach Vergeltung trachten würden. Am 2. März, dem texanischen Unabhängigkeitstag, desselben Jahres erzählte mir ein Republikaner, seine Partei habe jetzt mich ins Visier genommen. Ich fragte: ›Was soll das? Auge um Auge?‹ Und er antwortete: ›Nein, Texaner um Texaner!‹«

Wright und Tower wurden beide 1989 zur Strecke gebracht. Sie hatten noch mehr gemeinsam: Keiner war besonders beliebt bei seinen Kollegen, und keiner hatte sich etwas zu Schulden kommen lassen, was auch nur entfernte Ähnlichkeit mit einer Straftat hatte. »Ich war nicht damit einverstanden, dass Newt einen Angriff gegen Wright unternahm«, sagte Vin Weber. »Tatsächlich fand Newt überhaupt nicht viel Unterstützung bei den Republikanern. Doch als Wright zum Rücktritt gezwungen wurde, war das Newts dritter großer Triumph – und die Republikaner schauten Newt an und sagten: ›Er hat die ganze Zeit Recht gehabt.‹«

Am 15. Mai 1984, dem Tag, an dem Newt Gingrich seinen Sieg über Tip O'Neill errang und seine Kollegen von den Sitzen riss, gab es einen Republikaner, der sich nicht an dem Beifall beteiligte: Robert Michel aus Peoria, Illinois, damals Minderheitsführer des Repräsentantenhauses. Michel war in vielerlei Hinsicht das genaue Gegenteil von Gingrich. Er war als Sohn eines Fabrikarbeiters in Armut aufgewachsen (Gingrich stammte wie Clinton vom unteren Ende der Mittelschicht und war wie dieser ein Scheidungskind). Nach Pearl Harbor meldete sich Michel bei der Infanterie, stieg zum Sergeant auf und wurde in der Ardennenschlacht schwer verwundet (Gingrich gelang es dagegen wie Clinton, sich vor dem Kriegsdienst in Vietnam zu drücken). Als Michel 1956 zum ersten Mal in das Repräsentantenhaus gewählt wurde, hatte er eine Mission, die er für den Kern des Konservatismus hielt: den Kameraden, die mit ihm im Krieg gewesen waren, und ihren Familien eine Periode des Friedens und der Ruhe zu sichern. Es widerstrebte ihm, Politiker und ihr Privatleben in die Öffentlichkeit zu zerren; ihm ging es um Stabilität.

»Ich denke immer noch, dass ich eine konservativere Biografie als Newt habe«, erläuterte mir Michel 1998, nachdem Gingrich den Kongress verlassen hatte. Er sprach langsam, mit tiefer Stimme und einem angenehmen, unprätentiösen mittelwestlichen Akzent. »Die Medien bezeichneten mich als ›Gemäßigten‹, weil ich mit den Demokraten sprach, aber so war das halt zu meiner Zeit. Eine schöne Zeit war das. Zu meinem Bezirk gehörte Hiram Walkers Whiskybrennerei. Viele Mitglieder schauten im Büro auf einen Sprung vorbei, und dann quatschten wir über dies und das. Bei Ausschusssitzungen saßen wir an langen Tischen, die Mehrheit direkt gegenüber der Minderheit, da mussten wir dann die Dinge ausdiskutieren und ausarbeiten. Heute haben sie diese langen Podien, die Mehrheit auf der einen Seite, die Minderheit auf der anderen, und keiner lernt den anderen mehr kennen.«

Newt Gingrich kam 1979 ins Parlament, aus Pennsylvania nach Georgia verpflanzt, ein College-Professor und politischer Aktivist, der die Kriegsschrecken, die Bob Michel erlebt hatte, nur aus Büchern kannte. Gingrich verschlang alles über Militärtaktik, was er in die Finger bekam. Er war eine Art umgekehrter Clausewitz, der die Politik für die Fortsetzung des Krieges mit anderen Mitteln hielt. »Krieg ohne Blut« nannte er sie. Michel war entsetzt. Er wusste, dass die Politik genau das Gegenteil des Krieges ist – die Möglichkeit, den Krieg zu *vermeiden*. »Ich glaube nicht, dass man den Generationsaspekt dieser Situation unterschätzen darf«, sagte Vin Weber. »Unsere Generation hielt Einzug ins Parlament und zeigte absolut keinen Respekt für irgendwelche Traditionen – nicht für das Sprecheramt, nicht für das Präsidentenamt, nicht für die Überparteilichkeit. Wir hielten die parlamentarische Sprache für verstaubt und lächerlich. Für uns war Heuchelei die einzige Sünde. Bob Michels Generation – die wollte das Leben für die heimkehrenden Kriegsteilnehmer unpolitischer machen. Wir wollten alles politisieren. Erinnern Sie sich noch an den Slogan ›Das Private ist politisch‹? Das sagten die Feministinnen, nicht wahr? Nun, wir sagten es auch.«

Anfang der neunziger Jahre schlug sowohl die Stunde der Gingrich-Republikaner als auch die der Feministinnen. Die Kampagne gegen Clarence Thomas' Nominierung für den Obersten Gerichtshof im Jahr 1991 war weit persönlicher und extremer als die Kampagne gegen Robert Bork. Mitglieder der Bürgerrechtsbewegung gaben den Ton an, indem sie Thomas verächtlich machten, weil er mit der herrschenden Auffassung über positive Diskriminierung nicht übereinstimmte. Dann kam die Stunde der Feministinnen mit dem plötzlichen und verspäteten Auftritt von Anita Hill, die Thomas vorwarf, er habe als Chef der Equal Employment Opportunity Commission (Kommission für die Gleichberechtigung von Arbeitnehmern) beleidigende Ferkeleien von sich gegeben. Vor dem Rechtsausschuss wurde sie von Alan Simpson und mehreren anderen Republikanern eingehend und skeptisch befragt. Eine Delegation von Feministinnen suchte John Biden auf, so wie es Ralph Nader vier Jahre zuvor getan hatte. »Sie verlangten von dem Ausschuss, die Tatsache offenzulegen, dass Thomas sich pornografische Filme ansah«, erinnerte sich Biden. »Ich sagte ihnen, das sei nicht relevant, das sei seine Privatsache.« (Natürlich waren die Medien überglücklich, alle diese Einzelheiten an ein nach Seifenopern gierendes Publikum verfüttern zu können.) Die unglaublichen Gemeinheiten, die Thomas wie Hill über sich ergehen lassen mussten – die gröbliche Verletzung ihrer Privatsphäre –, das war von nun an der Preis, den bezahlen musste, wer politische Ämter anstrebte. Jeder künftige Präsidentschaftskandidat konnte sich darauf einrichten, dass man in seinem Privatleben herumschnüffeln würde – wie zum Beispiel im Fall von Zoe Baird und Kimba Wood, Clintons ersten Kandidatinnen für das Amt des Justizministers (wegen angeblicher Unregelmäßigkeiten bei der Beschäftigung von Einwanderinnen als Kindermädchen). Tatsächlich entschieden sich immer mehr tüchtige und begabte Menschen, nicht in die Politik zu gehen – und immer mehr Politiker, vor allem der gemäßigten Spielart, der Politik den Rücken zu kehren. Ein Geschäftsmann, der Clintons Angebot, einen Kabinettsposten zu übernehmen, ausgeschlagen hatte, sagte zu mir: »Mir *das* antun? Wozu?«

Inzwischen ging Gingrichs Demontage des Repräsentantenhauses munter weiter. In den friedlichen Zeiten nach dem Kalten Krieg konnte die politische Anarchie sich ungehindert ausbreiten. Anfang der neunziger Jahre wurde Hunderten von Kongressabgeordneten der Missbrauch von Bank und Post des Repräsentantenhauses vorgeworfen (eine Untersuchung, die für Dan Rostenkowski, den Vorsitzenden des Haushaltsausschusses, mit einer Gefängnisstrafe endete); sogar die Preise, die der Parlamentsfriseur erhob, wurden Gegenstand einer Untersuchung. Gleichzeitig erweiterte Gingrich seinen Aktionsradius und nahm Präsident George Bush ins Visier. 1990, als Bush das Versprechen brach, keine neuen Steuern zu erheben, indem er eine entsprechende Haushaltsabsprache mit den Demokraten schloss, inszenierte Gingrich eine Republikaner-Revolte, die Bush zu einer Neuverhandlung der Absprache zwang – das erste Anzeichen, dass ein geschwächter Bush bei den Wahlen 1992 vielleicht doch zu schlagen sei.

Bob Michel, der Bushs Haushaltsabsprache unterstützt hatte, wusste, dass er Gingrichs nächstes Ziel sein würde. »Ich konnte spüren, was hinter meinem Rücken vorging«, berichtete Michel. »Newt machte sich bereit. 1994 wollte er mir die Führungsrolle abjagen. Es wäre eine erbitterte Auseinandersetzung geworden. Ich fand, es reichte. Ich hatte genug ... Und ich bin so *glücklich*, dass ich draußen bin!«

Nachdem Bush aus dem Amt war und Michel sich anschickte, den Kongress zu verlassen, konnte Gingrich – Anfang 1994 – seine ungeteilte Aufmerksamkeit Bill Clinton zuwenden. Eine Blickrichtung, die sich auch die Presse zu Eigen machte.

*

Als die Clintons nach Washington kamen, waren sie regelrecht besessen von den Kräften, die sich gegen sie formiert hatten. Ihre verkrampfte und defensive Haltung wurde noch verstärkt durch ein wahrhaft merkwürdiges, fast shakespearehaft anmutendes Gefolge von persönlichen Ratgebern – die First Lady hatte immer irgendeinen von ihnen dabei, von ihrer Freundin Susan Thomas bis zum Ex-Journalisten Sidney Blumenthal –, die sich ihren Lebensunterhalt dadurch verdienten, dass sie vage und dunkle manichäische Fantasien über die Welt da draußen in Umlauf brachten. (Blumenthal, der im Weißen Haus wegen seiner zwanghaften Verschwörungstheorien nur »Grassy Knoll« hieß, nach einer grasbewachsenen Anhöhe in Dallas, von der einer der Schüsse auf Kennedy abgegeben worden sein soll, war berühmt für seine Liste mit den Mitgliedern der Großen Rechten Verschwörung zur Entmachtung der Clintons.) Die Anwesenheit einer Reihe politischer Spezies aus Little Rock – viele aus der Anwaltskanzlei der First Lady – war zwar weder ungewöhnlich noch ungerechtfertigt, trug aber nicht dazu bei, die Bunkermentalität zu entschärfen.

Während des Wahlkampfs von 1992 hatten sich die Beziehungen zur Presse verschlechtert und seitdem nie wieder erholt. 1993, bei der Feier zur Amtseinführung, wurde ein Video gezeigt – produziert von Clintons Hollywood-Freunden Harry und Linda Thomasson –, auf dem prominente Journalisten zu sehen waren, wie sie sich zum Narren machten, indem sie Clintons vorzeitige Aufgabe während des Wahlkampfs voraussagten (»Er ist ein toter Mann!«). Natürlich hatten sie Feinde – sogar sehr einflussreiche. Einen besonders bösartigen Krieg gegen Clinton führte Robert Bartley in den Leitartikeln des *Wall Street Journal*, wo er von Anfang an den Korruptionsverdacht aufwarf. Insbesondere stellte er die Rechtschaffenheit einer Reihe von Mitgliedern der Rose-Kanzlei in Little Rock in Frage, die aus Arkansas nach Washington gekommen waren, um in der Administration mitzuwirken – »Wer ist Webster Hubbell?«, hieß es dort, »Wer ist Vincent Foster?«, »Wer ist William Kennedy III?« und schließlich »Wer ist Hillary Clinton?«. Diese Liste des *Wall Street Journals* erwähnte Foster in den quälenden Grübeleien, die er am 13. Juli 1993 auf einen gelben Notizzettel warf, bevor er ihn zerriss und Selbstmord beging.

Fosters Selbstmord verschärfte den Krieg zwischen dem Präsidenten und der Presse. Für Clinton war die Botschaft eindeutig: Dies war im Wortsinn ein Kampf bis auf den Tod. Gleichzeitig nährte Fosters Tod die Fantasien über die ungeheuerliche Unmoral der Clintons (zumindest bei den tollwütigen und sensationslüsternen Vertretern der Presse, die den Gedanken verbreiteten, Foster sei ermordet worden). Zwei unabhängige Untersuchungen durch Sonderermittler waren erforderlich, um zu bestätigen, was auf der Hand lag: dass Foster sich das Leben genommen hatte.

Besonders entrüstet waren die Clintons über die Bereitschaft seriöser Journalisten, alle Spekulationen zu veröffentlichen, die unseriöse Clinton-Hasser in die Welt setzten. Am deutlichsten zeigte sich das in einem Artikel des häufig unausgegorenen, konservativen Kampfblatts *American Spectator*, in dem ehemalige *State Trooper* (Angehörige der Staatspolizei) von Arkansas Geschichten über das Sex-Leben des Ex-Gouverneurs und der First Lady zum Besten gaben. (Finanziert wurde die Untersuchung von dem konservativen Milliardär Richard Mellon Scaife, dessen Name ganz oben auf Blumenthals Liste rechter Verschwörer stand.) Die *Los Angeles Times*, die ebenfalls Interviews mit Polizisten durchgeführt hatte, druckte ihre Version der Geschichte, die dann von allen anderen Blättern abgekupfert wurde. Tatsächlich begann mit »Troopergate« – seit Watergate gehört es zum Ritual der Zunft, solche Geschichten durch Anhängen des Suffixes »gate« in den Rang von Staatsaffären zu erheben – jener Prozess, der letztlich zum Amtsenthebungsverfahren gegen den Präsidenten führte. Eine der angeblichen Geliebten von Clinton, Paula Jones, wurde von Konservativen veranlasst, an die Öffentlichkeit zu gehen und ihre Geschichte zu erzählen: wie ihr der Gouverneur von Arkansas auf rüde Weise zu nahe getreten sei und sie ihn empört abgewiesen habe. Der Trooper, der die Geschichte ursprünglich erzählt hatte, Danny Ferguson, hatte eine ganz andere Version: Jones habe Clinton in einem Hotelzimmer besucht, sei nach einiger Zeit strahlend herausgekommen und habe verkündet, sie sei nun die feste »Freundin des Gouverneurs«.

Die Paula-Jones-Geschichte wurde zunächst nicht ernst genommen, vor allem wegen ihrer ideologischen Herkunft. Aber sie klang doch ziemlich wahrscheinlich – zumindest in Fergusons Version – und wurde daher, wenn auch zunächst nur unter der

Hand, in Washington weithin kolportiert. Ich gehörte zu den Ersten, die sie in der Presse an die große Glocke hängten, und zwar genau auf die Art, die die Clintons am schlimmsten fanden – metaphorisch und etwas hinterhältig. Im Mai 1994 vertrat ich in einem *Newsweek*-Artikel mit dem Titel »The Politics of Promiscuity« die Auffassung, Clintons Neigung zu schlampiger Politik, vor allem im Bereich des Auswärtigen, könnte ein Spiegelbild seines schlampigen Privatlebens sein. Diese Schlussfolgerung wurde rasch widerlegt (zumindest in den Augen des Verfassers), als der Präsident sich nach und nach sehr viel disziplinierter in seinen Äußerungen und seinem öffentlichen Handeln zeigte, doch leider wurde die Theorie zu einer Hauptwaffe der Konservativen gegen Clinton, speziell während des Lewinsky-Skandals.

Ende 1993 kam es zu einer raschen Verschlechterung der Beziehungen zwischen den Clintons und ihren verschiedenen Gegnern. Die *Washington Post* verlangte von den Clintons Dokumente, die Auskunft über das Whitewater-Grundstücksgeschäft gaben. Das war eine undurchsichtige Geschichte, die eigentlich keine war, aber einige für die Öffentlichkeit sehr attraktive Elemente aufwies: Die Clintons hatten sich an einem Immobiliengeschäft beteiligt, das angeblich ein Gefälligkeitsgeschäft mit minimalem Risiko war (trotzdem so dumm angelegt, dass sie am Ende doch einiges Geld verloren); außerdem spielten einige zwielichtige Figuren eine Rolle, die gleichzeitig eine Spar- und Darlehenskasse am Ort ausplünderten. Tatsächlich bewiesen die Hauptakteure in der Whitewater-Affäre – Jim und Susan McDougal – einmal mehr die mangelnde Urteilsfähigkeit der Clintons bei der Wahl ihrer Freunde und Geschäftspartner. Auch andere Geschäfte aus den Arkansas-Jahren riefen den »Eindruck von unangemessenem Verhalten« hervor: So hatte die First Lady sehr viel Geld mit sehr geringem Risiko mit Schweine-Termingeschäften verdient. Doch auch nach einer eingehenden Untersuchung, bei der 50 Millionen Dollar an öffentlichen Mitteln für einen Sonderermittler verpulvert wurden, fanden sich nicht die geringsten Anhaltspunkte für kriminelle Machenschaften.

»Mitten in den D'Amato-Anhörungen hatte ich eine hochinteressante Unterhaltung mit einem republikanischen Senator«, erzählte mir Clinton später und meinte die Whitewater-Anhörungen unter Vorsitz von Senator Alfonse D'Amato aus New York. »Sie beschuldigten Hillary, und ich fragte den Burschen: ›Glauben Sie wirklich, meine Frau und ich hätten irgendetwas Unrechtmäßiges in der Whitewater-Sache gemacht?‹ Da fing er an zu lachen und sagte: ›Natürlich haben Sie nichts Unrechtmäßiges getan. Darum geht es nicht. Es geht darum, die Leute glauben zu machen, Sie hätten etwas Unrechtmäßiges getan.‹«

Mit anderen Worten, die ersten Clinton-Skandale waren kein besonderes oder gar einzigartiges Phänomen, sondern sie gehörten zum ganz normalen Ethik-Krieg, zur Gingrichisierung der Politik, die seit zwanzig Jahren unaufhaltsam um sich griff. Es war nur die neueste Wiederholung der Untersuchungsverfahren gegen Jim Wright und John Tower. Auch die Presse spielte die ihr zugedachte Rolle. »Derselbe Senator sagte, die Republikaner hätten eine Menge aus meiner Präsidentschaft gelernt«, fügte Clinton hinzu. »Vorher hätten sie gedacht, die Presse sei links, doch nun sähen sie die Sache anders. ›Wir glauben, sie sind links und wählen wie Sie, aber sie denken wie wir, und das ist wichtiger.‹ Ich sagte: ›Wie meinen Sie das?‹ Und er: ›Na ja, wir halten nicht viel vom Staat, aber wir lieben die Macht, und die Presse möchte eben auch Macht haben, und wir kriegen sie beide auf die gleiche Art – indem wir Sie auf die Hörner nehmen.‹ Es könnte schon was dran sein. Vielleicht habe ich die Presse in der ersten Zeit nicht besonders gut behandelt, aber ... aber wenn man so zurückblickt, dann war doch die ganze Whitewater-Untersuchung ein groß angelegter Schwindel.«

Die Unterhaltung mit dem ungenannten Senator ist fast zu schön, um wahr zu sein, aber egal, ob sie stimmt oder nicht – die Presse war längst zu einer so stumpfsinnigen Bestie verkommen, dass sie sich für Sensationsgeschichten weit mehr als für die Macht interessierte –, das Gespräch zeigt doch sehr deutlich, was der Präsident vom Washingtoner Schlachtfeld hielt. Die First Lady war nicht die Einzige, die an Verschwörungen glaubte. Was die Gegenstandslosigkeit der gegen ihn erhobenen Vorwürfe anging, hatte Clinton zwar in den meisten Fällen Recht, doch seine Reaktion auf die ständig in Umlauf gebrachten Verleumdungen war ein wütender, kontraproduktiver Trotz, der das ganze Weiße Haus erfasste und Clintons Fähigkeit einschränkte, die größeren Ziele seiner Präsidentschaft zu verwirklichen.

Tatsächlich führte die anfängliche Forderung der *Washington Post* nach Informationen über Whitewater zu einem Wendepunkt in der Geschichte der Administration – zu einem seltenen Augenblick der Einigkeit zwischen George Stephanopoulos und David Gergen: Beide waren sie der Meinung, es müsse alles herausgegeben, jede Frage beantwortet, die Wunde aufgestochen werden. Der Präsident und die First Lady widersprachen dem auf das Heftigste. In seinen Erinnerungen *All too human* schildert Stephanopoulos ein Treffen im Oval Office vom 11. Dezember 1993, in dessen Verlauf Gergen und er den Präsidenten anflehten nachzugeben:

> »Es macht mir nicht viel aus, ihnen zu geben, was wir haben«, sagte er fast entschuldigend, mit seinen Gedanken ganz woanders … »Aber Hillary …«
> Kaum hatte er ihren Namen ausgesprochen, schien ein Schalter in seinem Kopf umgelegt worden zu sein. Plötzlich funkelten seine Augen, und das Gift zweier Jahre spritzte aus seinem Mund. Es war immer leicht zu erkennen, wann Clinton Hillarys Argumente vertrat: Selbst wenn er schrie, klang seine Stimme merkwürdig flach, wie ein Schüler, der auswendig Gelerntes herunterbetet. Das Drehbuch für die Angriffe gegen die Presse kannte ich inzwischen. »Nein, Sie haben Unrecht«, sagte er. »Die Fragen werden *nicht* aufhören … Sie werden *immer wieder* mehr verlangen. *Kein* Präsident ist jemals so behandelt worden wie ich.«

Als ich den Präsidenten mehr als sechs Jahre später fragte, ob die Entscheidung, die Forderung der *Washington Post* zurückzuweisen, ein Fehler gewesen sei, antwortete er in ganz ähnlicher Weise, wie Stephanopoulos es beschrieben hatte, aber dieses Mal erwähnte er noch weitere Schuldige: ungenannte Mitglieder seines Stabes – zweifellos Gergen und Stephanopoulos –, die ihm geraten hätten zu kooperieren. Er begann zunächst ruhig und meinte, er glaube nicht, dass es etwas genützt hätte, der *Washington Post* entgegenzukommen. »Was ich bedaure«, sagte er, »ist der Wunsch nach einem Sonderstaatsanwalt.«

Clinton hatte Justizministerin Janet Reno im Januar 1994 gebeten, jemanden zu berufen, der die Whitewater-Angelegenheit untersuchte. Sie entschied sich für den gemäßigten Republikaner Robert Fiske, der später – als ein Bundesgericht intervenierte – durch Kenneth Starr ersetzt wurde. Die Augen des Präsidenten wurden schmal, und seine Kiefermuskeln arbeiteten, als er sich daran erinnerte, wie er Reno um diese Maßnahme gebeten hatte: »Ich tat es, weil ich erschöpft war, weil ich gerade meine Mutter begraben hatte und weil ich Leute im Weißen Haus hatte, die den Druck nicht aushielten und mir den Rat gaben, es zu tun. Ich wusste, dass nichts dran war, es war eine glatte Lüge – und es gab andere Leute wie Bruce Lindsey und [den Anwalt des Weißen Hauses] Bernie Nussbaum, die mich beknieten, ich solle die Finger davon lassen ... Ich glaube, der fast hysterische Wunsch, irgendetwas zu untersuchen, war so groß, dass gar nichts mehr dagegen zu machen war. Warum nahm die Sache kein Ende? In den Privatpapieren stand überhaupt nichts ... Erinnern Sie sich? Als Starr sie schließlich in die Finger bekam, hat er sie sofort beiseite gelegt und sich anderen Dingen zugewandt. Da war überhaupt nichts dran ... und ich habe keinen Grund zu der Annahme, dass [die Aushändigung der Papiere an die *Washington Post*] irgendetwas gebracht hätte. Ich glaube, sie hätten irgendeine Möglichkeit gefunden zu sagen: ›Oh, da sind noch einige Fragen offen. Wir brauchen einen Sonderermittler.‹«

Damit hat Clinton vermutlich Recht. Aber Stephanopoulos und Gergen haben ebenfalls Recht: Das wirklich explosive Element im Kern dieser ganzen aufgeregten Ereignisse war die Beziehung zwischen dem Präsidenten und der First Lady.

Kapitel fünf

Die verstorbene Diane Blair, eine der engsten Freundinnen von Hillary Rodham Clinton, erzählte mir einmal eine bemerkenswerte Geschichte über die Ehe der Clintons. Bei einem Besuch im Weißen Haus plauderte Blair mit der First Lady in ihrem Arbeitszimmer. Das Gespräch streifte alle möglichen Themen und endete schließlich bei dem Klimaschutzprotokoll, über das damals gerade in Japan verhandelt wurde. Blair meinte: »Selbst intelligente Menschen haben Schwierigkeiten zu verstehen, worum das alles geht«, und die First Lady stimmte zu. Dann kam der Präsident herein, beteiligte sich an dem Gespräch und war bald, zu Blairs großer Verblüffung, in einen heftigen Streit mit seiner Frau verwickelt. »Sie stritten darüber, ob es Sinn habe, in einer kontroversen Sache das Richtige zu tun, wenn niemand erkennen kann, dass man es tut«, erzählte Blair (es wäre interessant gewesen, welche Position Clinton in dieser Auseinandersetzung vertrat, aber Blair war eine zu gute Freundin, um es zu verraten). »Es war eine erbitterte Auseinandersetzung. Kaum einer hätte das mit dem Bild einer liebevollen Beziehung in Verbindung gebracht. Sie waren richtig wütend aufeinander. Und dann, unvermittelt, nahm der Präsident sie in die Arme, küsste ihr das ganze Gesicht ab und sagte: ›Mein Gott, was würde ich ohne dich anfangen!‹ Ich wurde etwas verlegen – und wollte das Zimmer verlassen. Aber ich glaube einfach nicht, dass man so etwas spielen kann.«

Man kann auf diese Geschichte so oder so reagieren. Eine Möglichkeit ist Achselzucken oder Skepsis. Ein Zyniker könnte daran erinnern, dass Blair eine alte Freundin war – und die Frau von Jim Blair, dem Syndikus von Tyson Foods, dem Unternehmen, das mit Mrs Clinton in das umstrittene Schweine-Termingeschäft verwickelt war – und dass sie geschickt die vorgegebene Linie vertrat: Es war eine gute, liebevolle Ehe, eine echte Beziehung und nicht nur ein politisches Arrangement. Es gibt jedoch noch eine dritte Möglichkeit. Blairs Geschichte deckt sich mit der Erinnerung sehr vieler Menschen, die die Clintons gut gekannt haben, sogar von solchen, die aus ihren Diensten ausgeschieden sind, weil sie sich verraten oder entmutigt fühlten (und auch von unabhängigen Beobachtern: Zufällig überraschte ich die Clintons einmal nach einer Wahlrede in South Carolina 1992 engumschlungen in einem dunklen Gang).

Die rätselhafte Frage nach der Beschaffenheit und dem Zustand der Clintonschen Ehe war ein Dauerbrenner dieser Präsidentschaft. Im Gegensatz zu anderen Fällen war es hier durchaus legitim, sich mit dem Privatleben eines Politikers zu beschäftigen – denn zu tief und offenkundig war die Verstrickung der First Lady in die Formulierung seiner Politik (während der Präsident eine offenkundige Schwäche für Verstrickungen ganz anderer Art hatte). Die meisten Spekulationen waren billige Sensationsmache. Wenn er so unbedenklich fremdging und sie bei ihm ausharrte, dann musste es eine Vernunftsehe, eine politische Partnerschaft sein. Beispielsweise hieß es oft, sie habe die Verantwortung für die Gesundheitsreform als Gegenleistung dafür bekommen, dass sie die eheliche Fassade aufrechterhalte. Andere Spekulationen wurden aus dem Psychogeschwätz über »Ermöglicher«, »Abhängige« und »Leugnung« zusammengestrickt. Doch selbst die beste Ehe ist eine verwickelte und widersprüchliche Angelegenheit, und niemand kennt ihre psychologischen Eigenheiten außer den unmittelbar Beteiligten. »Die einzigen Menschen, die in einer Ehe zählen, sind die beiden, die sie führen«, sollte die First Lady in der NBC-Sendung *Today* zu Beginn des Lewinsky-Skandals sagen. Ähnliches hatte sie bereits 1992 anlässlich der Gennifer-Flowers-Affäre erklärt. »Wir wissen alles voneinander, was es zu wissen gibt, und wir verstehen, akzeptieren und lieben uns.« (Wie der Zufall es wollte, wusste Mrs. Clinton zu diesem Zeitpunkt durchaus nicht alles, was es über Monica Lewinsky zu wissen gab.)

Im Laufe der Zeit gelangte ich zu der Überzeugung, dass es bezüglich der Clinton-Ehe am klügsten war, wenn man unterschiedslos *alles* glaubte – jede Geschichte, die erzählt wurde: Er war chronisch untreu. Sie zankten sich, dass die Fetzen flogen. Sie waren politische Partner. Sie waren die besten Freunde. Sie liebten sich bis zum Wahnsinn, in der vollen Bedeutung des Wortes. Und alle diese Aussagen schlossen sich nicht aus. Ein Foto, das die Clintons in Badezeug zeigt, wie sie am Strand von St. Thomas tanzten, während der Paula-Jones-Prozess in seine heiße Phase trat, kann als Beleg für die Theorie der unterschiedslosen Allesgläubigkeit dienen. Ohne Zweifel wussten sie, dass sie im Blickfeld der Kameras waren, auch wenn sich die Fotografen in einiger Entfernung versteckt hatten – der unvermeidliche Protest des Weißen Hauses wegen der Verletzung der Privatsphäre war lachhaft –, und wahrscheinlich war ihnen auch klar, dass das Bild, das sie boten, dazu dienen konnte, das Befremden über den Jones-Prozess etwas abzumildern. Doch es ist auch durchaus möglich – und steht dazu überhaupt nicht im Widerspruch –, dass die Clintons in diesem Augenblick vollkommen vernarrt ineinander waren. Gefühlsarmut war nie das Problem des Präsidenten. Und was die First Lady angeht, so sei die Äußerung einer Freundin zitiert: »Ich glaube, sie ist verrückt nach ihm.«

Was nicht heißen soll, dass diese Beziehung nicht verblüffende und merkwürdige Züge hatte. Es gab öffentliche Aspekte dieser Ehe, die, um es vorsichtig auszudrücken, verwirrend waren. Warum sah Hillary Clinton beispielsweise immer so strahlend aus, wenn ihr Ehemann mitten in einem seiner Sex-Skandale steckte? (Zugegeben, nicht immer – sie sah müde aus, als sie in der *Today*-Show zu Beginn der Lewinsky-Affäre ihren Mann verteidigte und die »große rechte Verschwörung« beschwor; und sie wirkte mutlos und niedergeschlagen, als er schließlich ihr und der Nation eingestand, dass er gelogen hatte.) Enge Mitarbeiter erinnern sich an einen Augenblick im Jahr 1992 während der Vorwahlen in New Hampshire, als die Skandale um Gennifer Flowers und den Wehrdienst von den Medien breitgetreten wurden: »Wir waren alle vollkommen deprimiert, sahen aus wie Penner und hatten das Hotel, in dem wir abgestiegen waren, in einen Schweinestall verwandelt«, erinnerte sich Mandy Grunwald, Clintons Medienberaterin während des Wahlkampfes. »Da kam sie eines Morgens wie aus dem Ei gepellt hereinspaziert. Ich glaube, sie trug einen dunklen Hosenanzug mit Messingknöpfen. Sie hatte Make-up aufgelegt und war tadellos frisiert. Das war alles Absicht und sollte uns mitteilen: ›Hört auf, Trübsal zu blasen! Wir sind Profis. Je schlechter ihr euch fühlt, desto besser solltet ihr aussehen.‹ Das war ihre Art, uns wieder auf Trab zu bringen.«

Eine andere Theorie über das strahlende Erscheinungsbild der First Lady in solchen Momenten ist weniger freundlich. Danach hat sie so gut ausgesehen, weil die Krise ihr neue Kräfte schenkte. Ihr Mann hatte sie in solchen Zeiten verzweifelt nötig, sie war dann das entscheidende Element seiner Verteidigung. Einige Bekannte der Clintons machten dafür Liebe und Unsicherheit verantwortlich: Die First Lady habe sich zu jedem möglichen Zeitpunkt und auf jede mögliche Art um die Zuneigung des Präsidenten bemüht. Nach einer weniger liebenswürdigen Interpretation, die von einigen Mitarbeitern stammt, ging es vor allem um Macht: Wenn er in ihrer Schuld stand, weil sie ihn verteidigte, habe sie ihre Personalwünsche und politischen Ziele leichter durchsetzen können. Und wieder gilt, dass keine dieser Erklärungen die anderen ausschließt. Mit einigem Recht lässt sich ferner vorbringen, dass die Clintons trotz – und manchmal auch wegen – der Vielschichtigkeit ihrer Ehe in Augenblicken großer Belastung zu gemeinschaftlicher, kurzsichtiger und defensiver Irrationalität neigten.

»Sie müssen bedenken, dass der Präsident ihr politisch immer magische Kräfte zuschrieb«, sagte ein ehemaliger Mitarbeiter. »Er glaubte, sie könne zaubern.« Mehrere Mitglieder des Wahlkampfteams erinnerten sich an eine Besprechung Anfang Juli 1992, bei der Ideen für die Rede auf dem nationalen Konvent der Demokratischen Partei gesammelt wurden. Mrs Clinton fand den letzten Satz – »Ich glaube nach wie vor, dass es einen Ort namens Hoffnung gibt« –, und da, so die Erinnerung von Mandy Grunwald, »warf er ihr einen unvergesslichen Blick zu. Als wollte er sagen: ›Du findest immer die richtigen Worte.‹«

Das könnte eine Erklärung für die seltsame und letztlich katastrophale Entscheidung des Präsidenten sein, die Reform der Krankenversicherung – die Frage, von der er hoffte, sie werde die wichtigste gesetzgeberische Maßnahme seiner Amtszeit sein, und die sich in der Rückschau zweifellos als sein größter Misserfolg erweist – der First Lady zu überlassen. Die Gesundheitsreform trat in ihre entscheidende Phase – Anfang 1994 –, als die Presse sich geradezu besessen auf Whitewater und die Trooper-Erzählungen stürzte. Mit Sicherheit entsprach das undiplomatische Verhalten, dass die Clintons im Umgang mit der Gesundheitsreform an den Tag legten – ihre Weigerung, irgendwelche Kompromisse zu schließen, bis es zu spät war –, mehr dem Stil der First Lady als dem des Präsidenten.

Es war ein eigenartiger Stil, geheimniskrämerisch und offen zugleich und sehr dogmatisch. Hillary Rodham Clinton ist eine puritanische und moralisierende Methodistin im Sinne des neunzehnten Jahrhunderts (während ihr Mann eher ein gefühlsbetonter Baptist ist). Hätte sie in anderen Zeiten gelebt, wäre sie vielleicht Sklavereigegnerin, Suffragette oder Gründungsmutter der Women's Christian Temperance Union, der christlichen Abstinenzlerinnen, geworden. Sie setzte die Nichtraucherverordnung im Weißen Haus auf und achtete geradezu fanatisch auf ihre Einhaltung; auf Reisen wurde in ihrem Flugzeug nur die karge, »herzkreislauffreundliche«, ballaststoffreiche Kost gereicht, die von ihrem Freund Dr. Dean Ornish propagiert wurde. Es hieß, privat sei sie herzlich, großzügig und ausgelassen, doch in der Öffentlichkeit gab sie sich merkwürdig – sie schien unter dem Zwang zu stehen, vollkommen zu sein, während es doch genügt hätte, einfach menschlich zu sein.

Bei ihren Mitarbeitern, überwiegend Frauen, für die sie eine Ikone war, rief sie eine fast fanatische Loyalität hervor, auch wenn sie sie ganz offensichtlich einschüchterte (etliche Bewohner von Hillaryland, wie sich ihr Stab selbst nannte, litten unter dem Tippi-Hedren-Syndrom – sie sahen aus, als fürchteten sie, im nächsten Augenblick von Hitchcocks Vögeln angegriffen zu werden). Doch keine von ihnen schrieb jemals eine Nichts-als-die-

Wahrheit-Erinnerung über die Chefin. »Zwei wichtige Dinge muss man über Mrs Clinton wissen«, sagte James Carville. »Sie hat ihre Familie nie vergessen. Ihr Vater starb nur zwei Häuserblocks vom Regierungssitz in Little Rock entfernt. Und kein Mitarbeiter hat sie je verraten. Mehr muss man über sie nicht wissen.«

»Sie ist ganz unverstellt. Sie hat immer gesagt, was sie dachte«, erzählte Bruce Reed, der als innenpolitischer Berater für den Präsidenten tätig war (eine schwierige Position, da die meisten Beobachter glaubten, Mrs Clinton sei die eigentliche innenpolitische Beraterin). Der Präsident, der in der Öffentlichkeit immer als Softie galt, mochte den Mitarbeitern keine schlechten Nachrichten überbringen; die First Lady kannte solche Bedenken nicht. »Sie hat sich nie darum gekümmert, was die Leute von ihr dachten«, fügte Reed hinzu. »Sie war nicht darauf angewiesen, dass die Menschen sie mochten.«

Die Politik in Hillaryland war ein gutes Stück komplizierter als der linke Steinzeit-Liberalismus, der ihr von Konservativen unterstellt und in der Öffentlichkeit angeprangert wurde. Tatsächlich glich die politische Linie der First Lady weitgehend derjenigen der Viererbande, wie man die politischen Berater im Wahlkampf 1992 nannte. Sie war, und ist, konservativ in gesellschaftlichen und links in ökonomischen Fragen. Aber sie vertrat ihre politische Meinung nicht sehr diplomatisch. Ihr methodistischer Dogmatismus führte zu einer desaströsen Unbeweglichkeit in der Frage der Krankenversicherung. »Sie begegnete jeder Form von konzentrierter Macht, Wirtschaftsmacht, mit weit größerem Argwohn als der Präsident«, berichtete Reed. »Das galt schon vor der Gesundheitsreform. Aber die Fernsehkampagne, mit der die Versicherungsindustrie gegen sie vorging – die ›Harry-und-Louise‹-Spots –, brachten das Fass zum Überlaufen.«

Das Fiasko der Gesundheitsreform umfasste zwei miteinander zusammenhängende Fehlschläge: einen inhaltlichen und einen politischen. Der inhaltliche Misserfolg hatte mit dem Plan zu tun, den die Projektgruppe Gesundheitsreform unter Leitung von Mrs Clinton und Ira Magaziner erarbeitete. Er war als einfachster, unmittelbarster Weg zu einem allgemeinen Versicherungsschutz gedacht, eine bloße Erweiterung des unübersichtlichen Status quo in Amerika: Alle Arbeitgeber sollten verpflichtet werden, eine Krankenversicherung für ihre Arbeitnehmer abzuschließen. Dieser »Arbeitgeber-Auftrag« rief natürlich die Mittelständler und ihre republikanischen Freunde im Kongress auf die Barrikaden. Aber auch Bill Clinton wurde dadurch in eine merkwürdige Position gebracht, handelte es sich doch eher um eine Lösung im Stile der Alten als der Neuen Demokraten. Hinzu kam, dass der Plan mit nebensächlichen Einzelheiten überfrachtet war: Um zu »beweisen«, dass das neue System den Haushalt nicht sprengen würde, war ein lächerlich detaillierter Vorschlag darüber aufgesetzt worden, zu welcher Art von Versicherungsschutz die Arbeitgeber verpflichtet waren, und ein komplizierter bürokratischer Apparat entworfen worden, der sicherstellen sollte, dass die Gesundheitskosten nicht aus dem Ruder liefen. »Selbst im Weißen Haus verstanden die meisten nicht, was in dem Plan aufgeführt wurde«, meinte ein hochrangiger Mitarbeiter mit Kongresserfahrung. »Wenn sie es uns nicht erklären konnten, würden sie es dem Kongress erst recht nicht klar machen können.«

Magaziner sagte rückblickend und mit einer gewissen Berechtigung, der Entwurf der Gesundheitsreform sei nur deshalb so unübersichtlich geworden, weil man ihnen nicht die politischen und parlamentarischen Fachleute zugestanden habe, die ihnen die Grenzen des Möglichen hätten aufzeigen können. »Die Schlacht um die Durchsetzung des Haushalts tobte so heftig«, erinnerte er sich, »dass niemand zur Verfügung stand, der uns hätte helfen können. Im März 1993 traf ich mich mit der Führung des Repräsentantenhauses, darunter auch mehrere demokratische Ausschussvorsitzende – erfahrene, clevere Burschen wie Dan Rostenkowski und John Dingell. Eigentlich sollte mich Howard Paster [Clintons Verbindungsmann für den Kongress] begleiten, um die legislative Strategie zu erläutern. Doch er wurde in eine Haushaltsbesprechung gerufen. Nachdem ich meinen Teil der Aufgabe erledigt und den Plan erklärt hatte, blickte mich Rostenkowski an und fragte: ›Okay, und wie sollen wir das durchkriegen?‹ Ich hatte keine Ahnung. Zwei Stunden später bekam Howard einen Anruf von Rosty: ›Was zum Teufel sollte das denn?‹ Ich hatte jede Glaubwürdigkeit bei ihnen verloren.«

Doch andere haben einen weniger bescheiden auftretenden Magaziner und eine uneinsichtigere First Lady in Erinnerung. Magaziner war zunächst ein radikaler Studentenvertreter – er hatte die Reformierung des Grundstudiums an seiner Alma Mater, der Brown University, erzwungen und beaufsichtigt – und wurde später ein erfolgreicher Unternehmensberater, der die schlechtesten Eigenschaften beider Tätigkeitsbereiche in sich zu vereinen schien: die Neigung zu theoretischem Purismus und das Bestreben nach Überregulierung. Die Arbeit der Projektgruppe Gesundheitsreform vollzog sich unter größter Geheimhaltung. Allwissende Selbstgefälligkeit prägte die Haltung der Gruppe. »Detailveränderer« wurden mit Hohn und Spott bedacht (wobei ein »Detailveränderer« jeder war, der nicht den 1300 Seiten starken Gesetzentwurf in seiner Gesamtheit akzeptierte, einen Entwurf, der ein Siebtel der amerikanischen Volkswirtschaft betraf und umgestaltete und dann mit einem Wust von neuen Vorschriften und Verordnungen überzog). Im Weißen Haus wurde in den Monaten, bevor der Plan veröffentlicht wurde, eine groteske Szene wieder und wieder durchgespielt. Magaziner und Mrs Clinton lieferten einen Bericht über die Fortschritte ihrer Arbeit. Fragen wurden laut, worauf die First Lady den Fragestellern in kalter Wut über den Mund fuhr – ihr Plan war *der* Plan. Er war der einzig wahre Plan. Und sie würden ihn einbringen. Der Präsident saß schweigend dabei, während die First Lady hochgeachtete Mitglieder der Administration abkanzelte – etwa Lloyd Bensten, Bob Rubin und Leon Panetta (auch weniger angesehene wie David Gergen). »Ich weiß noch, wie sie ihn zum ersten Mal erläuterte«, erzählte Panetta. »Ich dachte, das Ganze ist viel zu kompliziert. Die First Lady tat, was sie immer tat – sie verhielt sich, als hätten alle, die anderer Meinung waren als sie, keine Ahnung, wovon sie redeten –, und ich sagte mir: ›Okay, dann hältst du dich da raus.‹«

In einem unserer Interviews räumte der Präsident später ein, eine elegantere Lösung im Sinne des Dritten Weges hätte darin bestanden, einfach Steuergutschriften für Gesundheitskosten zu beschließen. Nutznießer wären hauptsächlich schlecht verdienende Berufstätige gewesen (die Ärmsten der Armen erhalten bereits medizinische Versorgung im Rahmen von Medicaid). Im Wesentlichen entsprach das dem Vorschlag, den zuerst Stuart Butler von der Heritage Foundation unterbreitet hatte und den der ehemalige demokratische Senator Bill Bradley bei den Präsidentschaftsvorwahlen 2000 wieder aufgriff. »Etwas in der Art wird man schließlich tun müssen«, räumte der Präsident ein, »und wenn ich es heute zu entscheiden hätte, würde ich es auch vorschlagen. Das Problem war nur, dass es '94 nicht ohne Steuererhöhung gegangen wäre, bei dem Haushaltsdefizit, das wir hatten.«

Allerdings gab es 1994 einen Plan – einen republikanischen Plan, von Senator John Chafee aus Rhode Island vorgeschlagen –, der einen allgemeinen Versicherungsschutz durch einen »individuellen Auftrag« erreichen wollte, eine Pflichtversicherung für Arbeitnehmer (finanziert durch ein Steuergutschriftsystem, wie es Butler und Bradley favorisierten). Der Plan schloss sogar eine Steuererhöhung ein. Außerdem standen hinter dem Chafee-Plan, der in seinen groben Umrissen der Öffentlichkeit eine Woche nach Clintons gigantischem Vorschlag präsentiert wurde, vierundzwanzig republikanische Fürsprecher, darunter auch der damalige Minderheitsführer des Senats Bob Dole. Jahre später fragte ich Clinton, was geschehen wäre, wenn er oder die First Lady auf Chafees Pressekonferenz erschienen wären, ihren 1300-Seiten-Gesetzentwurf im Papierkorb versenkt und erklärt hätten: »Ich bin damit einverstanden.«

»Wenn ich zu Chafees Pressekonferenz gegangen wäre, hätte das vielleicht geklappt«, sagte der Präsident widerstrebend. Doch sie beide, er und die First Lady, waren davon überzeugt, dass Dole – der daran dachte, sich 1996 um das Präsidentenamt zu bewerben, und sich stets um seine Glaubwürdigkeit bei der republikanischen Rechten sorgte (vor allem, nachdem Gingrich Bob

Michel verdrängt hatte) – am Ende gezwungen gewesen wäre, einen Rückzieher zu machen. Der Präsident sagte, er habe Dole angeboten, mit ihm zusammen eine überparteiliche Reform der Krankenversicherung auszuarbeiten. »Und Dole meinte zu mir – ich werde das nie vergessen, weil wir uns zu einer gemeinsamen Sitzung der Parteiführungen im Kabinettsraum getroffen hatten –, er sagte: ›Nein, so können wir das nicht machen. Sie bringen einen Gesetzentwurf ein, wir bringen einen Gesetzentwurf ein, und dann sehen wir gemeinsam, ob wir einen Kompromiss zu Stande bringen.‹ Dann bekam Dole eine Notiz von Bill Kristol« – einem republikanischen Strategen, der später die konservative Zeitschrift *Weekly Standard* herausgab –, »der im Prinzip die Gingrich-Linie vertrat: Wenn die allgemeine Krankenversicherung durchgeht, heimsen die Demokraten die Lorbeeren dafür ein. Also seht zu, dass gar nichts geht. Ich glaube, danach hatten wir keine echte Chance mehr ... Von dieser einen Ausnahme abgesehen, war Dole in seinen Verhandlungen mit mir immer ehrlich. Hier ging es, glaube ich, um seine Chance, zum Präsidenten gewählt zu werden ... So ist das meines Erachtens gelaufen.«

Im Großen und Ganzen dürfte die Erinnerung des Präsidenten richtig sein, doch bezüglich der Einzelheiten gibt es Probleme. Dole weiß nichts mehr von der Szene im Kabinettsraum (während Magaziner und andere berichteten, Chafee habe – zweifellos auf Doles Geheiß – angeboten, die jeweiligen Gesetzentwürfe der beiden Seiten kompromissfähig zu machen). Und es gibt Anhaltspunkte dafür, dass Dole, der am Zweiten Weltkrieg teilnahm, schwer verwundet wurde und seine Gesundung einem staatlichen Gesundheitssystem verdankte, gewillt war, einen Kompromiss zu finden. »Wir trafen uns mehrfach zum Abendessen, und ich weiß noch, dass ich zur First Lady sagte: ›Wenn Sie Ihren Plan Sheila schmackhaft machen können, können Sie ihn wahrscheinlich auch mir schmackhaft machen‹«, erzählte Dole und bezog sich auf seine Assistentin Sheila Burke, die sich auf dem Gebiet der Krankenversicherung sehr gut auskannte. »Jeder wusste, dass es da ein Problem gab. Da waren alle diese Kinder, die Versicherungsschutz brauchten«, fuhr Dole fort, »aber wir hatten wenig Gestaltungsräume. Und wenn ich mich recht erinnere, wollte Mrs Clinton keine großen Zugeständnisse machen – und dann wuchs in meiner Partei der Widerstand gegen einen Plan *jeglicher Art*.«

Gleich zu Anfang hatte Daniel Patrick Moynihan – der Vorsitzende des Senats-Finanzausschusses, *des* entscheidenden Ausschusses in allen wirtschaftspolitischen Entscheidungen – die Clintons warnend darauf hingewiesen, dass im Senat besondere Verhältnisse herrschten: Umfassende Programme wie die allgemeine Krankenversicherung erzielten entweder überparteiliche Zustimmung und würden mit großen Mehrheiten, 75 oder 80 Prozent der Stimmen, verabschiedet oder sie kämen gar nicht durch. Moynihans Mahnung wurde im Weißen Haus in den Wind geschlagen – im Februar 1994, bei einer Besprechung der demokratischen Ausschussvorsitzenden, die an der Krankenversicherungsreform beteiligt waren, war Moynihan als Einziger pessimistisch. (Er galt ohnehin als Gegner, da er 1992 bei der Nominierung des demokratischen Präsidentschaftskandidaten Senator Bob Kerrey aus Nebraska unterstützt hatte.) Auf jeden Fall wurde die Position des Weißen Hauses bestimmt durch das Eiferertum, das von der Projektgruppe Gesundheitsreform ausging, durch die schlechten Ratschläge, die einige der eher links anzusiedelnden Senatoren erteilten – und durch die einfältige Ablehnung, die in Hillaryland allen »Detailveränderern« des Senats entgegenschlug, die zwar für eine Gesundheitsreform waren, aber glaubten, dass sie sich nur durchsetzen ließe, wenn einige Abstriche am allgemeinen Versicherungsschutz vorgenommen würden. Die Eiferer vertraten die Ansicht, Moynihan irre sich, was die Verhältnisse im Senat anging. Der Präsident habe mit dem Haushaltsplan 1993 gerade mit einer Stimme Mehrheit einen großen Sieg im Senat errungen. Die Gesundheitsreform werde man genauso durchpauken. Doch die Verabschiedung eines Jahreshaushalts ist ein obligatorischer Akt, die Annahme eines Krankenversicherungsgesetzes ist das nicht. Dass keinerlei Kompromissbereitschaft gezeigt wurde, bis es zu spät war, sollte sich als fatal erweisen.

Im Januar 1994 besiegelte der Präsident wahrscheinlich das Schicksal der Gesundheitsreform mit einer wahrhaft undiplomatischen und für ihn absolut untypischen Geste während der Rede zur Lage der Nation: Er zog einen Stift aus der Tasche, wedelte damit durch die Luft und versprach, jedes Krankenversicherungsgesetz durch sein Veto zu Fall zu bringen, das keinen allgemeinen Versicherungsschutz garantiere. Lawrence O'Donnell, Moynihans Stabschef im Finanzausschuss, glaubt, diese schauspielerische Einlage sei nicht improvisiert gewesen. »Ich habe unmittelbar vor der Rede mit Magaziner im Weißen Haus zu Mittag gegessen«, berichtete er, »und ich sagte ihm, was möglich sei: Wir sahen uns in der Lage, ein informelles Abkommen zu schließen, bei dem ein Versicherungsschutz für 90 oder 91 Prozent der Leute herausspringen würde. Unbeeindruckt erwiderte er: ›Dagegen legen wir Veto ein.‹ Ich bin überzeugt, dass er zu Clinton ging und sagte: ›Das haben die vor, und Sie müssen es verhindern.‹ Deswegen hat der Präsident die Nummer mit dem Stift gebracht.«

Im späten Frühjahr 1994 wurde dem Präsidenten klar, dass die Gesundheitsreform in den letzten Zügen lag. Sein Demoskop Stan Greenberg teilte ihm mit, dass die Demokraten sogar Schwierigkeiten haben könnten, den Senat zu behalten, weil in der Bevölkerung der Ärger über die Handlungsunfähigkeit des Kongresses wachse (zu diesem Zeitpunkt zeichnete sich die historische Katastrophe noch nicht ab: der Verlust beider Häuser des Kongresses an die Republikaner). Greenberg hatte eine Idee: die Gesundheitsreform zurückzuziehen und sie durch ein Gesetz zur Reform der Sozialhilfe zu ersetzen. Wenn es den Demokraten gelänge, sowohl ein Gesetz zur Reform der Sozialhilfe als auch eines zur Verbrechensbekämpfung zu verabschieden – wobei letzteres die Mittel für weitere hunderttausend Polizeibeamte bereitstellen sollte –, könnten sie genügend Leistungen vorweisen, um in den Herbstwahlen zu bestehen. Clinton hielt das für eine interessante Idee und bat Greenberg, dem Sprecher des Repräsentantenhauses Tom Foley den Vorschlag zu unterbreiten. »Foley räumte ihm keine Chance ein«, meinte Greenberg. Die Linken, vor allem die Mitglieder der schwarzen Fraktion, würden sich entschieden gegen eine Reform der Sozialhilfe wehren. Foley glaubte, es bestehe noch Hoffnung, ein Krankenversicherungsgesetz durchs Repräsentantenhaus zu bringen. Und wenn es doch scheiterte, könnte man den Republikanern die Schuld an der Verhinderung eines Regierungsprogramms geben, das nach Greenbergs Umfragen in der Öffentlichkeit noch immer populär war.

Foley und weitere einundfünfzig Demokraten sollten bei den Herbstwahlen 1994 ihre Sitze verlieren, womit die Mehrheit des Repräsentantenhauses zum ersten Mal seit vierzig Jahren an Newt Gingrichs Republikaner fiel (außerdem büßten die Demokraten zehn Senatssitze ein und damit auch die Kontrolle über diese Kammer). Die Ursachen für die erdrutschartigen Verluste der Demokraten sind bis heute umstritten, doch von zentraler Bedeutung für ihre Niederlage dürfte der Eindruck der Öffentlichkeit gewesen sein, dass Bill Clinton nicht der war, der zu sein er versprochen hatte – dass er ein altmodischer Linksliberaler war, der sich mit Hollywoodtypen abgab, dass er sich mehr für die Rechte von Schwulen als für die Interessen der Mittelschicht einsetzte und dass er ein kompliziertes, lächerlich umfangreiches und schwerfälliges Regierungsprogramm vorgeschlagen hatte, um ein Problem anzugehen, die Reform der Krankenversicherung, das einer beträchtlichen Mehrheit der Bevölkerung wirklich am Herzen lag. Der Unmut richtete sich besonders gegen die First Lady. Und in der Rückschau darf man wohl wirklich feststellen, dass ihre Unfähigkeit, die politischen Realitäten zu erkennen – die mangelnde Bereitschaft, die sie von Anfang an zeigte, sich bei den Besprechungen im Weißen Haus auch widersprechende Standpunkte von Mitarbeitern anzuhören, und ihre Weigerung, Kompromisse zu schließen, bis es zu spät war –, das Scheitern der Gesetzesvorlage unvermeidlich heraufbeschwor.

Wie Clinton später zugab, war die gesamte Strategie des Weißen Hauses falsch angelegt. Die Projektgruppe der First Lady hätte nur allgemeine Grundsätze aufstellen und dann sagen sollen: »So, hier ist unsere Arbeit … und nun macht daraus ein Gesetz.« Doch er wollte weder seine Frau kritisieren noch die Entscheidung im Nachhinein in Frage stellen, ihr die Verantwortung für eine so wichtige Gesetzesinitiative überlassen zu haben. »Die Vorwürfe gegen sie sind völlig ungerechtfertigt«, sagte er.

»Man hat ihr gesagt, wir würden keine Steuererhöhung bekommen, müssten aber einen hundertprozentigen Versicherungsschutz erreichen. Man sagte ihr, dass *Managed Care* kommen würde [eine integrierte Gesundheitsversorgung durch Vernetzung von Arztpraxen, Krankenhäusern und Krankenversicherungen], allerdings mit Einschränkungen« – all diese komplizierten Vorschriften und Verordnungen. »So arbeitete sie unter Bedingungen, von denen wir heute wissen, dass sie völlig unmöglich waren ... Aber es war mein Fehler und nicht ihrer. Sie hat nur getan, worum sie gebeten worden war.«

Im Frühjahr 1995 begleitete ich Mrs Clinton auf der ersten Auslandsreise, die sie ohne den Präsidenten unternahm – nach Südasien, eine Reise, die auch dazu diente, sie nach der Katastrophe der Gesundheitsreform wieder der Öffentlichkeit zu präsentieren. Es war eine wunderbare Reise. Mrs Clinton war reizend. Sie und ihre Tochter Chelsea verbrachten ungewöhnlich viel Zeit im hinteren Teil des Flugzeugs, um mit den Journalisten zu plaudern (die größtenteils Frauen waren). Diese Unterhaltungen waren informell und nicht zur Veröffentlichung bestimmt – einmal lud uns Mrs Clinton nach vorn zu einer Videovorführung ein, wo sie uns mit altem T-Shirt und dicker Brille empfing. Chelsea war souverän, lustig und intelligent. Sie hatte keinerlei Hemmungen, ihre Mutter zu unterbrechen – und gelegentlich auch zu korrigieren –, wenn die beiden die Ereignisse des Tages Revue passieren ließen. Ihre Beziehung schien bemerkenswert normal zu sein (eine erstaunliche Leistung angesichts der Umstände).

An dem Tag, als die Besichtigung des Tadsch Mahal stattfand, führte der vertrauliche Umgang mit der Presse allerdings zu Spannungen. Ein Reporter von Associated Press fragte Chelsea: »Hey, wie findest du ihn?« Chelseas Antwort – der Palast sei toll – ging augenblicklich durch alle internationalen Medien, (meines Wissens) das erste Mal, dass die Tochter während Clintons Präsidentschaft überhaupt zitiert wurde. Sofort wurden die Fernsehkorrespondenten von ihren Vorgesetzten in den Staaten unter Druck gesetzt: Ob sie Chelseas »Interview« gefilmt hätten? Als sie sich an die First Lady wandten und sie fragten, ob sie ein solches Interview mit Chelsea machen dürften, erteilte ihnen Mrs Clinton eine scharfe Abfuhr und verschwand mit ihren Beratern. Verblüfft über ihre Heftigkeit, blieben die Journalisten zurück. Die Entschlossenheit der First Lady, ihre Tochter nicht der gefräßigen Neugier der Medien preiszugeben, eine im Prinzip bewundernswerte und von der Presse im Allgemeinen respektierte Haltung, erschien plötzlich starr und dogmatisch – und erinnerte an all das, was im letzten Jahr schief gegangen war.

Margaret Carlson von der Zeitschrift *Time* und ich hatten an diesem Abend in Neu-Delhi ein langes Gespräch mit Mrs Clinton. Nach dem Debakel der Gesundheitsreform schien sie ihre politischen Grundpositionen zu überdenken. Ganz offensichtlich war sie von den nichtstaatlichen Sozialprogrammen beeindruckt, die sie gesehen hatte – tatsächlich waren *alle* Programme, die sie auf dem Subkontinent besuchte, nichtstaatlicher Art –, und sie fragte sich, ob sich für die Bedürfnisse armer Frauen und Kinder nicht besser sorgen lasse, wenn man die Regierungsbürokratie umging (eine klassische Formulierung der Neuen Demokraten). Wie eh und je hatte sie ihre Bedenken in dieser Hinsicht – »es gibt gute und schlechte staatliche Programme, gute und schlechte nichtstaatliche Programme«, sagte sie (eine klassische Hillary-Formulierung) –, aber sie zeigte eine Neugier und Bescheidenheit, die man von ihr nicht kannte.

In Pakistan traf sie sich mit einer Gruppe junger Frauen aus dem Frauencollege in Islamabad. Die Studentinnen, Kinder der Elite, die an einem sehr heißen Tag in einem von elektrischen Ventilatoren gekühlten Seminarraum im Kreis um die First Lady herum saßen, erklärten – beredt in einer Weise, die umso beeindruckender war, als sie so viel Würde ausstrahlte –, sie hätten Angst, dass sie ihre Pläne nicht mehr verwirklichen könnten, nachdem das Land plötzlich von einer konservativen islamischen Partei übernommen worden war (Pakistans Mullahs waren bis zur Revolution im benachbarten Iran relativ gemäßigt aufgetreten). »Wir müssen ein Vertrauensverhältnis zu den einfachen Menschen herstellen«, sagte eine junge Frau, die in die Werbung wollte, »dann werden sie begreifen, dass wir nicht ihre Feinde sind. Sie befürchten, dass ihnen die Mädchen bei besserer Ausbildung entgleiten.«

»Das ist manchmal schwierig – Vertrauen herzustellen«, sagte die First Lady und sprach dann locker und fast privat über Mullahs, Amerika und Asien. Da war die Rede von dem »harten Kampf«, eine tolerante, aber dennoch »spirituelle« Antwort auf das »hemmungslos materialistische und konsumorientierte Denken [zu finden] ... denn viele von denen, die sich Sorgen um den Verlust von Sinn und die Gefährdung des Familienlebens machen, neigen zu einer rigiden Reaktion auf diese Tendenzen«.

Der Kampf ihres Mannes gegen einen rigiden amerikanischen Mullah namens Newt Gingrich sollte die nächsten Jahre in Anspruch nehmen. Er sollte sich als erfolgreich erweisen. Tatsächlich wird er wahrscheinlich als Lehrbuchbeispiel dafür in die Geschichte eingehen, wie ein taktisch geschickter Präsident eine Position der Schwäche in eine der Stärke verwandeln kann. Doch im Frühjahr 1995 zeichnete sich dieses Ergebnis noch keineswegs ab, und Mrs Clinton zeigte privat großes Interesse an Gingrich. In gewisser Weise glichen sie sich: Beide dienten sie als ideologische Blitzableiter für die Extremisten der jeweils gegnerischen Seite. Aber sie unterschieden sich auch. Gingrich hatte eine schwierige Kindheit gehabt. Aus dem Sohn eines Armeeangehörigen war ein zorniger Mann geworden, der große Worte liebte, im Streit aufblühte und sich über jeden Feind freute, den er sich mit seinen trotzigen, pubertären Provokationen schuf. Hillary Clinton war verblüfft über die heftigen Gefühle, die sie hervorrief; sie war bestimmten Aspekten des öffentlichen Lebens immer mit Misstrauen begegnet – vielleicht einfach deshalb, weil ihr Privatleben von der Öffentlichkeit vereinnahmt worden war. Doch nach der gescheiterten Gesundheitsreform, nach dem Tod ihres Vaters und ihres guten Freundes Vince Foster wirkte sie verwundet und verständlicherweise niedergeschlagen. In Clintons zweiter Amtszeit sollten sich die Wunden noch vertiefen – und genauso das Rätsel ihrer Ehe.

*

Am Ende des Gesprächs, in dem der Präsident und ich den desaströsen Ausgang der Gesundheitsreform diskutierten, erschien plötzlich Mrs Clinton und fragte mich lächelnd, wie sie denn in unserer Unterhaltung abgeschnitten habe. »Er hat fürchterlich über Sie hergezogen«, antwortete ich, ebenfalls lächelnd.

Da sprang der Präsident von seinem Sessel auf, durchquerte das Zimmer, legte seine Arme um Mrs Clinton, küsste sie mehrmals auf die Stirn und sagte, sie fest an sich drückend: »Ich habe ihm erklärt, dass die Gesundheitsreform allein mein Fehler war.«

Kapitel sechs

Mit seinem offenen Lachen und seiner zurückhaltenden Art scheint Leon Panetta eine gemäßigte Einstellung zu signalisieren. Sein politisches Weltbild ist eklektisch: Der ehemalige Republikaner wurde in der Nixon-Ära Demokrat, vor allem der Bürgerrechte wegen; sechzehn Jahre lang saß er im Kongress, in Steuerfragen konservativ, in fast allen anderen Dingen dagegen linksliberal. Als Bill Clinton ihn 1993 bat, Direktor des Office of Management and Budget zu werden, war Panetta von der Aussicht begeistert, für einen Präsidenten zu arbeiten, der seine Leidenschaft für Fiskaldisziplin teilte. Doch nach achtzehn Monaten im Chaos des Weißen Hauses war der Haushaltsdirektor fassungslos über das Maß an Desorganisation, das ein so begabter Politiker in seiner Umgebung duldete. Er spürte, dass es zum Teil an Clintons angeborener Südstaatenhöflichkeit lag. »Er scheut Konfrontationen. Wenn man den Präsidenten und Al Gore über Probleme diskutieren sah, war es schon sehr beeindruckend, aber zutiefst unitalienisch – so höflich, so herzlich! Nie habe ich gehört, dass der Präsident zu irgendjemandem gesagt hätte: ›Sie haben Stroh im Kopf!‹ Auch wenn ich wusste, dass er es gerne gesagt hätte.«

Mac McLarty, der in den ersten beiden Jahren die Aufsicht über dieses Chaos hatte, war von ganz ähnlichem Naturell. Panetta war der Meinung, das Weiße Haus brauche dringend jemanden in verantwortlicher Position, der laut werden konnte – nicht unfreundlich, aber sehr laut und deutlich. Auf einer Europareise im Juni 1994 fragte der Präsident seinen Haushaltsdirektor nach seiner Meinung über die Effektivität des Weißen Hauses – und bekam ein paar deutliche Worte zu hören, die darauf hinausliefen, dass man einen erfahreneren und besser organisierten Mitarbeiterstab brauche. Besonders störte Panetta die ständige Anwesenheit der Berater, die am Wahlkampf 1992 teilgenommen hatten, aber nicht zum Stab des Weißen Hauses gehörten. Trotzdem hatten sie Sicherheitsausweise, die ihnen ungehinderten Zutritt zum Westflügel verschafften. Ihre fortwährende und sehr öffentliche Beteiligung machte nach Panettas Ansicht jede Entscheidung zu einer politischen Angelegenheit. »Wir haben zu viele Wahlkampftypen«, erläuterte Panetta dem Präsidenten. »Die wissen, wie man aus einer Mücke einen Elefanten macht, aber Sie brauchen jetzt Leute, die sich aufs Regierungsgeschäft verstehen.«

Möglicherweise war das eine eher taktisch kluge als richtige Antwort, denn zu diesem Zeitpunkt fielen die Wahlkampfhelfer gerade in Ungnade. Sie hatten die Öffentlichkeitsarbeit für die Gesundheitsreform gemacht, und ihnen konnte man leichter die Schuld am Scheitern der Vorlage geben als der First Lady. Auf jeden Fall wurde Panetta schon bald nach Camp David zitiert und gefragt, ob er Chef des Mitarbeiterstabs im Weißen Haus werden wolle. Zunächst lehnte er ab. Er sagte dem Präsidenten, er fühle sich wohl in seiner gegenwärtigen Position und könne der Regierung wahrscheinlich als Haushaltsdirektor nützlicher sein. »Leon«, sagte der Präsident, »Sie könnten der größte Haushaltsdirektor der Geschichte sein, und niemand würde es zur Kenntnis nehmen, wenn im Weißen Haus alles drunter und drüber geht.«

Schon bald befehligte Panetta ein zwar besser organisiertes, aber immer noch höchst merkwürdiges Westflügel-Team. Es gab drei Paare gleichrangiger Berater, von denen nur eines dem Stabschef direkt unterstellt war. Die First Lady und der Vizepräsident waren das ranghöchste Paar – die First Lady ein bisschen zurückhaltender und pragmatischer nach der gescheiterten Gesundheitsreform, aber immer noch die Stimme im Team, die am ehesten der traditionellen Linken zuzuordnen war, während Gore am klarsten den Kurs der Neuen Demokraten verfolgte. Panetta fügte ein eigenes gleichgeordnetes Paar hinzu, zwei neue stellvertretende Stabschefs: den linken Haudegen Harold Ickes, der die Aufgabe hatte, sich um die politischen Aspekte des Präsidentenamtes zu kümmern und die demokratischen Wählergruppen zu pflegen; und Erskine Bowles, den Direktor der Small Business Administration, eines Finanzierungsinstituts für die mittelständische Wirtschaft – Bowles kümmerte sich um die Organisation und Termine. Vollends schräg wurde die Situation beim dritten Beraterpaar. Der eine war Stephanopoulos, der die Gunst der Clintons verloren hatte, nachdem er sich als die wichtigste Quelle für Bob Woodwards Buch über das Haushaltsabkommen von 1993 herausgestellt hatte. Doch George ging jetzt eine enge Allianz mit Panetta ein und lieferte diesem taktische Ratschläge für den Umgang mit dem Präsidenten und mit der neuen republikanischen Mehrheit im Kongress. Und dann gab es da ... noch jemanden – einen Berater mit direktem Zugang zum Präsidenten, einen Berater, dessen Identität für Panetta zunächst ein Rätsel und dann ein gewaltiges Ärgernis war.

Der geheimnisvolle Berater war der Wahlkampfmanager Dick Morris, der Clinton geholfen hatte, nach seiner Niederlage von 1980 den Gouverneursposten von Arkansas zurückzugewinnen. Morris war ein überaus schwieriger Mensch, ein Produkt des hektischen, überreizten Klimas, das bei den Demokraten in New York herrschte. Harold Ickes und er waren seit ihren politischen Anfängen in den sechziger Jahren an der Upper West Side von Manhattan Rivalen, und nun sah sich Ickes bald in der unangenehmen Situation, riesige Geldsummen für Morris auftreiben zu müssen, der davon die Fernsehwerbung für Clintons zweiten Präsidentschaftswahlkampf finanzierte. Morris war ein hochbegabter, unberechenbarer und – nach eigenem Bekunden – nahezu autistischer Neurotiker. Mit seinen endlosen Monologen und komplizierten Gedankengängen brachte er alle Leute in seinem Umfeld zur Verzweiflung. Es heißt, Clinton habe Morris einmal in der Gouverneursvilla an die Wand gestoßen, möglicherweise der einzige bekannt gewordene Fall, wo sich Clinton für den Krieg und nicht die Liebe entschied – doch zu seiner Entschuldigung muss gesagt werden, dass *jeder*, auch Morris' Frau Elaine, über kurz oder lang den Wunsch verspürte, Morris an die Wand zu klatschen.

In den letzten Jahren war Morris politisch wahlloser geworden – zu seinen bekannteren Klienten hatte unter anderem Trent Lott gehört, der neue republikanische Mehrheitsführer im Senat (und der vorsintflutliche Steinzeitpolitiker Jesse Helms aus North Carolina, dem Morris geholfen hatte, einen sehr unappetitlichen Wahlkampf für seinen Wiedereinzug in den Senat zu führen). Doch das hielt die First Lady, die in ihren politischen Mitteln so pragmatisch wie in ihren politischen Zielen idealistisch war, nicht davon ab, kurz nach den Kongresswahlen im November 1994 Morris um Rat zu fragen, wie sich die Präsidentschaft retten lasse. Außerdem hatten die First Lady und der Wahlkampfmanager einen Hang zur Geheimniskrämerei gemeinsam. Morris' Gegenwart sollte nicht publik werden. Sein Deckname war »Charlie«, möglicherweise in Anspielung auf die körperlose Stimme in der alten Fernsehserie *Drei Engel für Charlie*. Es war jedenfalls, wie Panetta fand, »merkwürdig … höchst merkwürdig«.

Als Morris' Anwesenheit schließlich doch bekannt wurde, schien sie wieder einmal Clintons Mangel an politischen Skrupeln oder Grundsätzen zu belegen. Wieder hatte der Präsident sich einen Berater von »außen« geholt, um sich einen gemäßigteren Kurs aufschwatzen zu lassen, und wieder war der Berater, wie David Gergen, eine Art Republikaner – was, besonders bei den Linken, der Auffassung neue Nahrung gab, die Position der »Neuen Demokraten« sei lediglich ein heimtückisches politisches Täuschungsmanöver: Wenn der Dritte Weg etwas anderes als eine Wahlstrategie war, warum konnte der Präsident dann keine »Drittwegler« finden, um die Positionen im Weißen Haus zu besetzen? Nach dem Debakel der Gesundheitsreform glaubten jetzt auch viele Neue Demokraten, Bill Clinton habe ihr Programm lediglich benutzt, um ins Amt zu kommen; eine Zeit lang dachte Al From sogar daran, mit dem Democratic Leadership Council offiziell vom Präsidenten abzurücken. »Ich habe mein ganzes erwachsenes Leben der Arbeit an diesen Ideen gewidmet«, erklärte mir ein Mitarbeiter des Progressive Policy Institute eines Abends bei einem Essen mit Tränen in den Augen, »und Bill Clinton hat sie in nur zwei Jahren in Misskredit gebracht.«

Warum in den ersten Jahren, von Al Gore abgesehen, keine prominenten Neuen Demokraten als Berater im Weißen Haus tätig wurden, bleibt ein Rätsel. In seinen Erinnerungen an die Zeit als Redenschreiber für Clinton bekennt Michael Waldman – der aus Ralph Naders Verbraucherschutzorganisation ins Weiße Haus kam –, dass viele jüngere Mitarbeiter, besonders wenn sie von George Stephanopoulos eingestellt worden waren, keine Ahnung hatten, was der Begriff »Neuer Demokrat« eigentlich bedeutete. Andere, wie Bob Rubin und Leon Panetta, verstanden ihn nur teilweise – sie waren konservativ in der Fiskalpolitik, aber in den meisten anderen Hinsichten traditionelle Linksliberale. Wieder andere, wie Bruce Reed, hatten zunächst zu wenig Einfluss, um ihre Auffassungen geltend machen zu können. Al From glaubte, Clinton sei sein eigener Chefberater in Sachen Neue Demokraten (falls es sich so verhielt, war der Präsident in den ersten Jahren in dieser Rolle nicht sehr erfolgreich). Wahrscheinlicher ist, dass Clinton – der Menschen mit starken Persönlichkeiten und entschiedenen Meinungen höchst ungern als Berater um sich hatte – noch keinen Neuen Demokraten gefunden hatte, der das sonnige Gemüt, die Zurückhaltung und die Tüchtigkeit in sich vereinigte, die der Präsident von den Mitgliedern seines engsten Kreises erwartete. Diese Rolle übernahm im Laufe der Zeit Erskine Bowles, der die genannten Eigenschaften besaß. Doch in der Panetta-Ära gab es eine wachsende Zahl von Assistenten – etwa Waldman und Gene Sperling –, die die feinen Abstufungen in Clintons Ansichten erkennen und schätzen lernten. Nach und nach gesellten sich auch echte Neue Demokraten hinzu, so der Pressesprecher Don Baer, der zur gleichen Zeit wie Panetta ins Weiße Haus kam. Und Morris brachte den vielleicht einflussreichsten Neuen Demokraten der Clinton-Ära mit, den Meinungsforscher Mark Penn.

Tatsächlich war Dick Morris nicht einfach Dick Morris, sondern ein Geschöpf seiner Daten, ein absoluter Umfrage-Junkie. Die Zahlen wurden durch das Team von Penn und Doug Schoen ausgewertet, die sich als Meinungsforscher für Bürgermeister Ed Koch einen Namen gemacht hatten, einen brillanten Politiker, der als Gemäßigter mit einer Politik der strikten Verbrechensbekämpfung New York City erfolgreich regiert hatte (keine geringe Leistung). Im April 1995 präsentierten Penn und Schoen Clinton ihre ersten Daten. »Wir hatten in einer Umfrage mit offenen Fragen die Einstellungen zu Clinton erhoben«, erzählte Penn. Es handelte sich um eine demoskopische Methode, bei der den Befragten allgemeine Fragen gestellt werden: Was gefällt Ihnen an Bill Clinton? Was gefällt Ihnen nicht? »Auf der positiven Seite gab es wenig. Den Befragten gefiel, dass er den Family and Medical Leave Act unterzeichnet hatte.« Dieses Lohnfortzahlungsgesetz bei Krankheitsfällen in der Familie war in der Bevölkerung außerordentlich beliebt. Es hatte den demokratischen Kongress schon während Bushs Präsidentschaft passiert, war aber von Clintons instinktlosem Vorgänger nie unterzeichnet worden. Auf der negativen Seite stand, dass man Clinton für verantwortungslos und undiszipliniert hielt, dass man glaubte, er sei linker, als er sich während des Wahlkampfs gegeben habe, und lasse sich vom Washingtoner Establishment unterbuttern.

Auf diese schlechten Nachrichten reagierte Clinton positiv. Penn und Schoen reagierten wiederum positiv auf Clinton, der intuitiv alle Konsequenzen dessen zu begreifen schien, was sie sagten. »Wenn ich Sie nicht kennen gelernt hätte«, sagte Penn später zu dem Präsidenten, »hätte ich Sie wahrscheinlich nie gewählt.« (Im Präsidentschaftswahlkampf 2000 arbeitete Penn dann als Demoskop für Al Gore, bis dieser ihn entließ und an seiner Stelle Stan Greenberg einstellte. »Wahrscheinlich hätte ich Al Gore gewählt«, witzelte Penn später, »wenn ich ihn nicht kennen gelernt hätte.«)

Schoen, der in New York lebte und arbeitete, überließ die demoskopische Arbeit für Clinton nach und nach Penn, der etwas zerknittert, mundfaul und so introvertiert war wie der Präsident aufgeschlossen. Ende 1995 waren Penn und Morris in den Stab des Weißen Hauses integriert. An den Mittwochabenden leiteten sie die demoskopischen Besprechungen im Solarium des Weißen

Hauses, die vom Präsidenten und seinem engsten Kreis mit geradezu religiöser Andacht besucht wurden. Penns Umfragen waren detailbesessen. Alles wurde erfasst. In einem denkwürdigen Fall griff Penn auf bereits erhobene Daten über die Urlaubspräferenzen der Amerikaner zurück, um dem Präsidenten klar zu machen, dass dieser sich den falschen Ort für seinen Sommerurlaub ausgesucht habe: Marthas's Vineyard, Treffpunkt der linksliberalen Elite, sei out. Wyoming dagegen – mit Fischen und Reiten (am besten mit Cowboyhut) – sei absolut in. Doch eigentlich war Penn, und sogar Morris, mehr an inhaltlichen als an Imagefragen interessiert – auch wenn die Inhalte als »mundgerecht« und Image-besessen verspottet wurden. Schon bald wurden viele der Ideen, Ideensplitter und Schlagwörter der Neuen Demokraten, die auf der mittleren Ebene der Administration ein Mauerblümchendasein gefristet hatten – Gesetz zur Regelung der flexiblen Arbeitszeit, Steuererleichterungen für Eigenheimverkäufer, Schuluniformen und vieles andere mehr –, zu neuem Leben erweckt. Hinzu kamen die Anregungen, die Penn aus seinen Umfragen gewann. Öffentlich sagte Morris, er habe eine Quote von zwei Ideen pro Woche. Privat gestand er Penn: »Noch nie habe ich so viele Ideen von einem Menschen übernommen und so viel Anerkennung dafür eingeheimst.«

*

Politische Führung in Zeiten des Überflusses ist eine heikle Kunst. Wenn es keine großen Krisen gibt, ist der Bedarf der Öffentlichkeit an Heldentaten gering. Die Politik wird zum Gesellschaftsspiel, das nur noch von sehr pflichtbewussten Staatsbürgern zur Kenntnis genommen und am eifrigsten von den Interessengruppen betrieben wird – Wirtschaftsverbänden, Gewerkschaften, Bürgerbewegungen –, die sich konkrete Vorteile davon erhoffen. Das Spiel hängt von Taktik und Gesten ab, von der Fähigkeit, Fraktionen zu beschwichtigen, und nicht von der Gabe, die Massen mitzureißen.

Sein Leben lang hatte Clinton von einer heroischen, Rooseveltschen Präsidentschaft geträumt, von großen Taten und großen Gesten. Doch dieser Traum endete mit der Gesundheitsreform. Jetzt sah er sich einer weit weniger dramatischen Herausforderung gegenüber: Um zu überleben, musste er taktisch, defensiv agieren. Er musste sich gleichzeitig nach links und nach rechts bewegen – nach links, weil er die Demokraten im Kongress brauchte, um sein Vetorecht gegenüber der republikanischen Dampfwalze aufrechtzuerhalten (gleichzeitig musste er dafür sorgen, dass in den Vorwahlen 1996 kein »rechtgläubiger« Linker gegen ihn antrat, was, wie Clinton wusste, das Todesurteil für einen amtierenden Präsidenten wäre). Nach rechts musste er rücken, um der konservativen Stimmung des amerikanischen Volkes Rechnung zu tragen (obwohl er sicher war, dass sie nicht ganz so konservativ war, wie die Republikaner glaubten). Ironischerweise erkannte Clinton, als er das neue Spielfeld mit Hilfe von Penn und Morris absteckte, dass sich ihm – wenn er vorsichtig genug agierte – unter Umständen die Möglichkeit eröffnen würde, eine gemäßigte überparteiliche Mehrheit des Kongresses, die Koalition, mit deren Hilfe er NAFTA verabschiedet hatte, zu seinem Vorteil zu nutzen. Bald erntete er von beiden Enden des politischen Spektrums Hohn und Spott für seine übertriebene politische Vorsicht – aber das war vermutlich die Periode, in der er die klügsten Entscheidungen seiner Präsidentschaft traf. Nach dem Fiasko der Gesundheitsreform und der Wahlschlappe im Kongress hatte er seine Glaubwürdigkeit verspielt; Kühnheit war keine realistische Option mehr. Daher ging er ruhig, geduldig und sehr, sehr geschickt vor, um seine Präsidentschaft wieder auf eine sichere Basis zu stellen und die Wiederwahl zu gewinnen. Es war ein erstaunlicher, wenn auch unauffälliger Beweis politischer Virtuosität. (Allerdings hatte die Kritik an seiner mangelnden Bereitschaft, Risiken einzugehen, in der zweiten Amtszeit, als er seine Popularität zurückgewonnen hatte, eine gewisse Berechtigung.)

Morris, der bar jeglicher politischer Grundsätze war, bagatellisierte unbeabsichtigt die überparteilichen Möglichkeiten der gegebenen Situation, indem er sie »Triangulation« nannte, womit er dem bereits vorhandenen Zynismus gegenüber dem Programm des Dritten Weges bei enttäuschten Linken und Journalisten zusätzlich Nahrung gab. In seinen Erinnerungen an die Clinton-Jahre, *Behind the Oval Office*, ging Morris sogar noch einen Schritt weiter und bereitete den Zynikern ein wahres Festessen. Einmal, so schreibt er, habe die First Lady sich über seine »Bemühungen, in die Mitte zu rücken«, beklagt. Zufällig erhielt Morris' Haus in Connecticut gerade einen Innenanstrich, und er war unzufrieden mit den Fortschritten. »Nun verwendete ich die Maler in meiner Antwort an die First Lady als Metapher«: Er sei der Anstreicher der Clintons. Alle paar Jahre würden sie ihn beauftragen, ihr Heim zu verschönern. »›Aber wenn Sie mich rufen‹«, schreibt er, »›wissen Sie, dass ich die Möbel in der Mitte des Zimmers zusammenschieben werde. In der Mitte, im Zentrum‹, wiederholte ich, um sicher zu gehen, dass sie die Metapher auch verstand. ›Dann decke ich sie mit Folien ab und streiche die Wände und die Decke an.‹ Ich machte eine Bewegung mit der Hand, als würde ich einen Pinsel führen ... ›Wenn die Wände gestrichen sind ... gehe ich. Dann haben Sie vier Jahre Zeit, die Möbel wieder genau dorthin zu rücken, wo Sie und Ihr Mann sie haben möchten.‹«

Morris war natürlich ein ausgemachter Depp. Im Weißen Haus fanden ihn alle unerträglich – ausgenommen vielleicht der Präsident (der wusste, dass die Morris-Penn-Schiene sein einziger Ausweg aus dem Schlamassel war). Auch die meisten Menschen außerhalb des Weißen Hauses fanden ihn entsetzlich. »Seit Jahren behauptet die selbstgefällige Linke, unser Programm sei nichts als ein durchsichtiges politisches Kalkül«, klagte Will Marshall, der Präsident des Progressive Policy Institute, eine Feststellung, die für die selbstgefällige Rechte genauso galt. »Dick Morris' Aufstieg hat ihnen sicherlich gut ins Konzept gepasst.«

Im Winter 1995 wirkten Clinton und Morris wie ein Paar verzweifelter, alternder Politclowns. Das Repräsentantenhaus verabschiedete in kurzer Zeit den größten Teil der Bestimmungen des »Vertrags mit Amerika«, Gingrichs zehn Punkte umfassender Regierungsdoktrin, und überall in Washington war zu hören, der Sprecher des Repräsentantenhauses agiere im Grunde nun als Premierminister; mit Sicherheit wirkte er wie der wichtigste Politiker Amerikas. (Gingrich – noch hochtrabender und anmaßender als zuvor und geblendet von dem plötzlichen Beifall – verhielt sich, als glaubte er es selbst. Einmal sagte er zu mir, er werde persönlich eine »Wesleysche Revolution« in Amerika [in Anlehnung an den methodistischen Erweckungsprediger] anführen.) Der Tiefpunkt schien für Clinton am 18. April 1995 gekommen zu sein, als er eine seiner seltenen Pressekonferenzen zur besten Sendezeit abhielt – unglaublicherweise entschloss sich nur eine Fernsehanstalt, sie zu übertragen –, in der er sich auf eine Frage zu seiner Bedeutungslosigkeit in Bezug auf die politischen Entscheidungen, die im Kongress gefällt wurden, zu der Antwort gezwungen sah: »Der Präsident hat Bedeutung … Die Verfassung verleiht mir Bedeutung; das Gewicht unserer Ideen verleiht mir Bedeutung; die Leistungen, die wir nach zwei Jahren vorzuweisen haben, und die Dinge, die wir noch zu tun gedenken, verleihen mir Bedeutung.«

Hinterher hätte sich der Präsident selbst ohrfeigen können, dass er dieses Wort verwendet hatte: Tatsächlich hatte er angefangen, sich bereits einen Schlachtplan für die bevorstehenden Auseinandersetzungen mit Gingrich zurechtzulegen – und er sah nicht nur pessimistisch in die Zukunft. Er hatte den Sprecher persönlich Maß genommen, vor allem bei einem Treffen, das er und Hillary im Weißen Haus mit Gingrich und dessen Mutter anberaumt hatten, nachdem Mrs Gingrich die First Lady öffentlich eine Schlampe genannt hatte. Beide Clintons fanden den Sprecher softer, als sie erwartet hatten, und offenkundig »bedürftig« – der Präsident, der ebenfalls bekanntermaßen bedürftig, aber keinesfalls ein Softie war, erkannte, wie er sich Gingrichs Persönlichkeit zu Nutze machen konnte. Außerdem wusste Clinton, dass er keineswegs unbewaffnet dastand. Er verfügte noch immer über das Veto und über genügend Demokraten im Kongress, um es aufrechtzuerhalten. Ferner hatte er in seinen beiden ersten Jahren gelernt, dass die politische Kultur der Bundeshauptstadt ihrem Wesen nach konservativ war: Es war weit einfacher, neue Vorschläge zu Fall zu bringen, als neue Vorschläge einzubringen. Der Status quo war von rechts fast genauso unangreifbar wie von links. Also wollte Clinton sich zurückhalten, es den Republikanern überlassen, die bittere Medizin zu verabreichen, die sie versprochen hatten, um die Steuern zu senken und gleichzeitig den Haushalt auszugleichen – und sie dann auseinandernehmen, vor allem wenn sie wirklich versuchen sollten, populäre Sozialprogramme wie Medicare zu begrenzen (zu »beschneiden«, wie er, Clinton, deutlich machen würde). Diese Strategie nannte man innerhalb des Weißen Hauses »Räuchert sie aus«. Im Laufe der Zeit bewährte sie sich besser, als irgendjemand erwartet hatte.

Doch auch in diesem Winter erschöpfte sich Clintons Präsidentschaft nicht in bloßem Taktieren. Selbst im absoluten politischen Tief weigerte sich Clinton, der Zweckmäßigkeit Zielsetzungen zu opfern, denen er zentrale Bedeutung einräumte – vor allem im Bereich der Wirtschaftspolitik. Als im Januar 1995 der mexikanische Peso zusammenbrach, reagierte er rasch. Robert Rubin, inzwischen Finanzminister, erklärte dem Präsidenten, wenn die Vereinigten Staaten den Mexikanern nicht einen Überbrückungskredit von 20 Milliarden Dollar bewilligten, könnte es zu einer Finanzkrise und möglicherweise einem Zusammenbruch der Weltwirtschaft kommen. Am Nachmittag des 30. Januar fand im Weißen Haus eine Besprechung statt, in der Clinton die neue republikanische Parteispitze bat, ihm im Kongress bei der Bewilligung einer »Rettungsaktion« für Mexiko zu helfen. »Gingrich sagte: Kommt nicht in Frage!«, berichtete Stephanopoulos. »Er erläuterte dem Präsidenten, was er davon halte, eine in Drogengeschäfte verwickelte Diktatur zu retten. Er forderte Clinton auf, bei Rush Limbaugh anzurufen [den extrem rechten Moderator einer Radio-Talkshow]! Es war eine Zumutung!«

Am gleichen Abend kamen Rubin und sein Staatssekretär Lawrence Summers mit Clinton im Oval Office zusammen. Außerdem war Stephanopoulos anwesend. Rubin hatte einen Weg gefunden, den Mexikanern das Geld ohne Bewilligung des Kongresses vorzuschießen – aber der Finanzminister machte sich Sorgen. Eine Umfrage der *Los Angeles Times* zeigte, dass die Öffentlichkeit die Finanzspritze mit einer Mehrheit von mehr als fünf zu eins ablehnte. Rubin, Summers und Stephanopoulos erinnern sich alle ganz ähnlich an die Szene: »Es gebe keine Garantie, so erläuterten wir ihm, dass das Hilfsprogramm die erhoffte Wirkung zeige«, erzählte Rubin, »und wenn es scheiterte, könnte sich das sehr nachteilig auf seine Aussichten für die Wiederwahl auswirken. Aber er brauchte keine zehn Minuten, um die Entscheidung zu treffen. Er sagte einfach: ›Machen wir's.‹«

»Ich war davon einfach hingerissen«, erinnerte sich Stephanopoulos. »Ich ging nach Hause und schrieb dem Präsidenten einen Fan-Brief.« (Zur allgemeinen Überraschung zahlten die Mexikaner den Kredit noch vor dem Fälligkeitstermin zurück.)

Am Morgen des 19. April 1995, einen Tag nach der Pressekonferenz, in der sich Clinton gezwungen gesehen hatte, auf die eigene Bedeutung hinzuweisen, zerstörte eine gewaltige Autobombe das staatliche Alfred-P.-Murrah-Gebäude in Oklahoma City und tötete 163 Menschen. Der Anschlag ging auf das Konto einer rechtsextremen Gruppierung, fand am Patriot's Day statt und war die Reaktion auf einen tödlichen Angriff von Bundespolizisten auf die Sekte von David Koresh im texanischen Waco zwei Jahre zuvor. Im Fernsehen sah man die Bundesangestellten benommen und blutend auf den Straßen von Oklahoma City sitzen, während ihre verstümmelten Kinder aus den Ruinen der Tagesstätte getragen wurden. »Nie wieder werde ich das Wort ›Bürokrat‹ öffentlich in den Mund nehmen«, sagte Bill Clinton einige Tage später im Oval Office zu Bob Rubin. »Damit verstärkt man nur die Ressentiments, die die Leute ohnehin gegen den Staat haben.«

Vier Tage nach dem Attentat hielt Clinton auf einer Gedenkfeier für die Opfer eine bewegende Rede. Am 5. Mai folgten auf einer Abschlussfeier der Michigan State University sehr kämpferische Worte:

> »Ich sage dies den Milizen und *allen anderen*, die glauben, die größte Gefahr für die Freiheit komme vom Staat und nicht von denen, die uns die Freiheit nehmen wollen: Wenn ihr sagt, Gewalt sei ein akzeptables Mittel der Veränderung, dann irrt ihr.

> Wenn ihr sagt, der Staat sei eine Verschwörung, euch um eure Freiheit zu bringen, dann irrt ihr noch mehr ...
> Wie könnt ihr es wagen, von uns, dem freiesten Land der Welt, zu behaupten, wir seien eine Tyrannei? Wie könnt ihr es wagen, euch selbst Patrioten und Helden zu nennen?
> Ich sage euch, euch allen ... es ist nichts Patriotisches daran, euer Land zu hassen oder vorzugeben, ihr könntet euer Land lieben, aber euren Staat verachten.«

Clinton erzählte mir später, er habe damit die Republikaner im Kongress in gleichem Maße gemeint wie die rechtsextremen Milizen: Das Fundament der Gingrich-Bewegung sei Staats- und Regierungsschelte im Namen des Patriotismus gewesen. Der Präsident hatte nun nicht nur eine taktische Marschroute – »Räuchert sie aus« –, sondern auch einen vernünftigen Grund und ein emotionales Motiv für seine Kampagne gegen die republikanische Revolution. Nach einem langen Winter der Verzweiflung war er zurück, in Angriffsstimmung und – besonders nach der Gedenkrede in Oklahoma City – wieder greifbar der Präsident der Vereinigten Staaten. »Damit war das Eis gebrochen«, sagte er über seine Rede an der Michigan State University.

Das Problem bestand jedoch darin, dass Clinton sich mit der Strategie des »Räuchert sie aus« nicht besonders wohl fühlte, nachdem die Republikaner ihren Vorschlag für einen ausgeglichenen Haushalt präsentiert hatten, zu dem, wie erwartet, erhebliche Abstriche an den Gesundheitsprogrammen Medicare und Medicaid gehörten. Fast jeder Mitarbeiter des Weißen Hauses, besonders Kongressliberale wie Stephanopoulos und Panetta glaubten noch immer, der Präsident werde aus taktischer Sicht am ehesten profitieren, wenn er bei seiner Passivität bliebe. Clinton war wie sie der Meinung, dass es *politisch* gesehen am klügsten sei, 1995 mit den Republikanern so zu verfahren, wie sie es 1994 mit seinem Entwurf zur Gesundheitsreform getan hatten: sie unter dem Gewicht des eigenen Vorschlags ersticken zu lassen. Doch dem Präsidenten behagte diese Taktik weder innerlich noch politisch. Erste Signale deuteten darauf hin, dass er nach einem

Ausweg suchte. Ende Mai erklärte er in einem Interview mit einem Radiosender aus New Hampshire, es könnte durchaus sein, dass er eine eigene Version eines ausgeglichenen Haushalts vorlegen werde. Das führte zu einer erregten Sitzung der Mitarbeiter im Roosevelt Room, in dem verschiedene Berater sich darüber stritten, ob der Präsident gemeint oder nicht gemeint habe, was er gerade gesagt hatte. Schließlich stand Erskine Bowles auf und sagte: »Himmel noch mal, ich gehe jetzt rein und frage ihn.«

Einige Minuten später kam er aus dem Oval Office zurück und sagte: Ja, der Präsident habe tatsächlich gemeint, was er gesagt habe. Stephanopoulos, der die Agonie der Republikaner mit großem Vergnügen verfolgt hatte, befürchtete nun, Dick Morris werde Clinton zu einem umfassenden Handel bewegen, der am Ende Gingrich retten und Dole ins Präsidentenamt verhelfen werde. Nach der Besprechung im Roosevelt Room versuchten Gene Sperling und er den Präsidenten von seiner Entscheidung abzubringen und zu überreden, weiter abzuwarten. »Na, großartig«, sagte Clinton, außer sich vor Wut. »Ich warte einfach ab. Ich zerpflücke ihren Plan, und wenn die Leute sagen: ›Und? Wo ist Ihr Plan?‹, sage ich: ›Wer bin ich denn, dass ich einen Plan habe? Ich bin doch nur der Präsident der Vereinigten Staaten.‹ Nein, ich mach es nicht so, wie sie es bei der Krankenversicherung gemacht haben.«

Stephanopoulos war verblüfft, aber einverstanden. »Das ist gut so«, sagte er später zu Sperling. »Bis er da drinnen aus der Haut gefahren ist, habe ich nicht gewusst, wie viel ihm daran liegt.« Tatsächlich sollte Sperling erst Monate später die Bedeutung von Clintons Entscheidung erkennen. Stephanopoulos und Panetta hatten vollkommen falsch gelegen: Sie hatten Clinton aufgefordert, eine reaktive, legislative Strategie zu verfolgen, keine präsidiale. Nachdem Clinton in diesem Herbst einen eigenen Entwurf für einen ausgeglichenen Haushalt vorgelegt hatte, war er in der Lage, die Republikaner sehr viel schärfer und selbstbewusster anzugreifen, als er es gekonnt hätte, wenn er dem Rat seines Stabs gefolgt wäre.

Das sollte sich als entscheidender Wendepunkt in der Geschichte von Clintons Präsidentschaft erweisen: der erste Hinweis darauf, dass er Washingtons Gesetzgebungsprozess zu durchschauen begann, der Beginn dessen, was am Ende die vollkommene Beherrschung der Republikaner in den Hauhaltsverhandlungen war. In diesen jeweils am Jahresende stattfindenden Verhandlungen konnte Clinton – ruhig, zäh und bemerkenswert hartnäckig – viele seiner wichtigsten Programme durchsetzen.

»Auch für die Republikaner war es ein wichtiger Augenblick«, meinte Stephanopoulos später. »So wie wir vielleicht unsere allgemeine Krankenversicherung bekommen hätten, wenn wir dem Chafee-Plan zugestimmt hätten, hätten die Republikaner vielleicht die Wahl 1996 gewonnen – sie wären möglicherweise in der Lage gewesen, Clinton zu schlagen –, wenn sie unseren Plan für einen ausgeglichenen Haushalt unterschrieben hätten.«

Doch die Gingrich-Republikaner – die ironischerweise sowohl die extreme Rhetorik als auch die kurzsichtige Selbstgerechtigkeit ausgerechnet jener linken Radikalen der sechziger Jahre übernommen hatten, deren Auswüchsen ein Ende zu machen sie angetreten waren – erwiesen sich als ideale Gegner für den Präsidenten. Sie verweigerten jeden Kompromiss in Sachen Haushalt. Das neue Haushaltsjahr begann ohne Einigung, woraufhin die Bundesregierung im Oktober ihre Zahlungsunfähigkeit erklären musste. Eine Zwischenlösung ermöglichte zwar eine neue Verhandlungsrunde, dennoch kam es im Dezember erneut zur Zahlungsunfähigkeit. Der Präsident trug daran natürlich Mitschuld, doch die Republikaner, die ihre Unnachgiebigkeit das ganze Jahr hindurch zur Schau gestellt hatten, wurden für das Resultat verantwortlich gemacht. Ein einziges Bild besiegelte das Abkommen und Newt Gingrichs politische Karriere: Als er im Herbst dieses Jahres das Präsidentenflugzeug nach dem Rückflug von Jitzchak Rabins Begräbnis verließ, beklagte er sich bei der Presse, er habe einen Platz im rückwärtigen Teil des Flugzeugs erhalten und keine Gelegenheit bekommen, mit Clinton zu sprechen. Gingrich, der prompt auf der Titelseite der *New York Daily News* als weinendes Baby karikiert wurde, hatte in zehn Monaten einen langen Weg zurückgelegt – vom De-facto-Premierminister zum Zwischendeckpassagier.

Die Zahlungsunfähigkeit der Regierung zieht eine interessante Frage nach sich, die beide Seiten betrifft: Haben die Republikaner nur aus ideologischem Purismus und taktischer Dummheit gehandelt, oder war ihnen auch von Dick Morris unter der Hand versichert worden, Clinton würde einknicken, wenn sie unnachgiebig blieben? Bob Dole, der an den Verhandlungen beteiligt, aber nicht in die verschiedenen Morris-Szenarien eingeweiht war, sagte – mit schlecht verhohlenem Widerwillen: »Lott erwähnte ein paar Mal, Morris habe Vorschläge gemacht. Wenn wir uns so verhielten oder so, könnte es klappen. Allerdings kann ich mich nicht erinnern, dass irgendetwas davon geklappt hätte.«

Tatsächlich befand sich Dole in diesem Herbst in einer sehr unangenehmen Zwickmühle. Er hatte vor, sich 1996 um die Präsidentschaft zu bewerben, und ahnte bald, dass man den Republikanern die Schuld an der Haushaltssackgasse anlasten würde. »Vielleicht haben wir einen Fehler gemacht«, sagte er Jahre später, wie immer ging ihm die erste Person Singular nur schwer über die Lippen. »Vielleicht hätte jemand den Burschen aus dem Repräsentantenhaus auf die Füße treten, sie aufhalten müssen – wenn du die Macht hast, musst du auch führen ... Doch ich hatte immer das Gefühl, dass Armey in diesen Besprechungen die Aufgabe hatte, Bob Dole im Auge zu behalten«, er meinte Richard Armey, den Mehrheitsführer des Repräsentantenhauses. »Wissen Sie, da lag unausgesprochen in der Luft: ›Dole wird einen Deal machen. Dole wird einen Deal machen.‹«

Dole befürchtete jedoch, dass er mit einem solchen Deal einem erfolgreichen konservativen Angriff gegen seine Präsidentschaftskandidatur Vorschub leisten würde, und deshalb musste er still halten, quälend still in einer Situation, die ihm, dem bissigen Weltkriegsteilnehmer aus dem Mittleren Westen, wie eine politische Baby-Boomer-Hölle vorgekommen sein muss: »Da saß ich Stunde um Stunde und hörte ihnen zu«, sagte er und verdrehte die Augen. »Über Nacht produzierte Newt eine glänzende Idee – und dann eine vollkommen andere Idee, als wir den Raum verließen. Er war einfach ein Mann mit zu vielen Ideen ... Aber man musste es durchstehen, obwohl klar war, dass nichts dabei rauskommen würde. Ich saß da so lange, bis ich unter Verfolgungswahn zu leiden begann: Zogen sie das nur durch, damit ich nicht zu den Vorwahlen nach New Hampshire kam?«

Genauso, wie die Republikaner im Repräsentantenhaus fürchteten, Dole könnte sich auf einen Handel einlassen, machten sich die Mitarbeiter des Weißen Hauses entsprechende Sorgen, was den Präsidenten anging. »Man kann Bill Clinton einfach nicht mit einem Gegner allein in einem Zimmer lassen«, erzählte mir einer der Spitzenleute aus Clintons Beraterstab, der Clinton außerordentlich bewunderte. »Das ist nicht seine Stärke. Er gibt alles aus der Hand.«

Gene Sperling hatte solche Angst, Clinton könnte nachgeben – Dick Morris hätte einen heimlichen Deal vorbereitet –, dass er, als er hörte, Leon Panetta hätte die Republikaner zu einer letzten, spätabends stattfindenden Verhandlungssitzung eingeladen, voller Panik ins Büro des Stabschef lief und fragte: »Warum tun wir das?«

»Weil wir für die Regierung der Vereinigten Staaten verantwortlich sind«, erwiderte Panetta zornig – obwohl auch er befürchtete, man könnte im letzten Augenblick einen erheblichen politischen Vorteil verspielen. »Wenn sie mit uns sprechen wollen, dann tun wir es. Punktum.«

Beim Treffen an diesem Abend blieb Clinton nicht nur unnachgiebig, sondern führte auch einen für ihn ungewöhnlich scharfen Angriff gegen ein direktes Gegenüber. Dick Armey, ein großmäuliger Libertärer aus Texas, beklagte sich, dass der Präsident seiner Schwiegermutter Angst wegen Medicare einzujagen versuche. »Ich kenne Ihre Schwiegermutter nicht«, fauchte Clinton, »doch wenn Ihr Haushalt durchkommt, werden Tausende von armen Menschen unter Ihren Medicaid-Kürzungen zu leiden haben. Diese Kürzungen werde ich nie unterzeichnen. Es ist mir völlig egal, ob mich das auf fünf Prozent in den Umfragen absacken lässt. Wenn Sie Ihren Haushalt verabschieden wollen, müssen Sie jemand anders in diesen Stuhl hieven.« (Man beachte, dass Clinton – der die Republikaner in der Öffentlichkeit demagogisch wegen Medi*care* geißelte, der sehr populären, wenn auch kostspieligen Gesundheitsversorgung für Senioren – sich in den privaten Besprechungen mit den Republikanern viel empörter zeigte über die vorgeschlagenen Kürzungen bei Medi*caid*, der Gesundheitsversorgung für die Ärmsten.)

Hinterher, es war weit nach Mitternacht, versammelten sich die Mitarbeiter des Weißen Hauses und die demokratischen Kongressführer im Oval Office um den Präsidenten, um ihm zu seiner Standhaftigkeit zu gratulieren. »Ich wollte, das amerikanische Volk hätte hören können, was Sie gesagt haben«, sagte der Vizepräsident zu Clinton. »Ich würde kein einziges Wort verändern – ausgenommen vielleicht die Passage, wo Sie sagten, dass es Ihnen egal wäre, wenn Ihre Popularität auf fünf Prozent zurückginge. Sie hätten sagen können: auf null.«

»Tut mir Leid, Al«, entgegnete Clinton mit einem reuigen Lächeln. »Wenn wir bei vier Prozent sind, geben wir nach.«

Die Entschlossenheit, die Clinton an dem Abend bewies, als die Regierung ihre Arbeit wegen Zahlungsunfähigkeit einstellen musste, war, wie seine Entschiedenheit in Wirtschaftsfragen überhaupt, im wahrsten Sinne des Wortes außergewöhnlich. Meist trieb seine Unentschlossenheit den Stab in den Wahnsinn. »Ich weiß nicht, wie oft er mich eine halbe Stunde, nachdem er eine Entscheidung getroffen hatte, anrief«, sagte einer seiner Stabschefs, »und überlegte, ob er sie rückgängig machen sollte.«

Teilweise war diese Unentschlossenheit einfach seine Art, Entscheidungen vorzubereiten. Unter den Leuten, die ihn gut kannten, war er berühmt dafür, dass er die Position eines Gegners besser vertreten konnte als dieser selbst – was unvermeidlich dazu führte, dass er gelegentlich selbst an die Argumente glaubte, die er vortrug. Tatsächlich war Clintons Entscheidungsprozess nie wirklich abgeschlossen, bevor er nicht die ganze Ochsentour absolviert und wirklich – wenn auch meist nur kurz und immer privat – die Position vertreten hatte, die seiner wahren Auffassung entgegengesetzt war. Das war selbst für einige seiner engsten Mitarbeiter schwer zu ertragen. »Sie ahnen nicht, wie kurz wir davor standen, bei der positiven Diskriminierung einzuknicken«, sollte George Stephanopoulos später sagen.

In Wahrheit war Clinton nie kurz davor. Doch laut Hillary Clinton wollte er genau wissen, welche »Wut weiße Männer« fühlten – er musste sie selber fühlen –, bevor er im Sommer 1995, obwohl Wahlen bevorstanden (und obwohl alle möglichen Umfrageergebnisse, die ihm Dick Morris unter die Nase hielt, zeigten, wie unpopulär sein Standpunkt war), bei seiner langjährigen Befürwortung der positiven Diskriminierung blieb.

Die Entscheidungen, die Clinton bezüglich der gezielten Förderung von Minderheiten und der Reform der Sozialhilfe traf, als der zweite Präsidentschaftswahlkampf 1996 näher rückte, waren sehr verschieden und doch ganz ähnlich. Ein Zyniker könnte sagen, er habe sich auf halbem Wege geeinigt – den Alten Demokraten gab er die positive Diskriminierung und den Neuen Demokraten die Reform der Sozialhilfe. Und während seine ängstlichen Ausflüchte die moralische Autorität der einen wie der anderen Entscheidung untergruben, war Clinton letztlich absolut konsequent – während seiner gesamten politischen Laufbahn hatte er sich für beide Anliegen eingesetzt. Beide gehörten zum Kern seines Regierungsprogramms. Er hielt es für zutiefst ungerecht, einige Menschen dafür zu bezahlen, dass sie nicht arbeiteten, während die Angehörigen der »vergessenen Mittelschicht« sich verzweifelt abstrampelten, um sich über Wasser zu halten (Mitte der neunziger Jahre waren zwei Drittel aller verheirateten Frauen berufstätig – in den meisten Fällen eine Frage der wirtschaftlichen Notwendigkeit und nicht der freien Entscheidung).

Ferner war Clinton der Meinung, symbolische Gesten der Rassenversöhnung – wie die positive Diskriminierung, die vor allem, häufig durch Quoten, den Schwarzen der Mittelschicht zugute kam – seien nicht nur notwendig, sondern brächten auch eine allmählich entstehende amerikanische Wirklichkeit zum Ausdruck: dass es gesellschaftlich unmöglich war, ausschließlich weiße Mitarbeiter in einem Nachrichtenteam des Fernsehens, in einer Anwaltskanzlei oder im Büro eines Wirtschaftsunternehmens zu haben (und was Quotierung in Colleges anging, so beseitigte sie einfach bestehende soziale Ungleichheiten – an Colleges und Universitäten hatten die Kinder von Ehemaligen lange von »ererbten« Ansprüchen profitiert, und auch Studenten aus so exotischen Gegenden wie … Arkansas waren besonders berücksichtigt worden.) Aber letztlich war es eine ganz persönliche Entscheidung. Der Präsident konnte einfach nicht vor seinen Freund Vernon Jordan, den Kongressabgeordneten John Lewis aus Georgia oder seinen Arbeitsminister Alexis Herman hintreten – alles Afroamerikaner, die sich aufopfernd für die Bürgerrechtsbewegung eingesetzt hatten – und aus politischem Kalkül erklären: Die positive Diskriminierung ist ungerecht, und deshalb legen wir sie zu den Akten.

Die Reform der Sozialhilfe war schwieriger. Einer Studie von Wendell Primus aus Clintons Ministerium für Gesundheit und Soziales zufolge war bei einer Verwirklichung der Reform damit zu rechnen, dass eine Million Kinder hungern oder obdachlos werden würden. Die meisten Mitarbeiter in Clintons Stab, einschließlich seiner Frau, waren dagegen. Die endgültige Version des Gesetzes, die von den Republikanern im Kongress verabschiedet wurde, wies unnötig brutale Bestimmungen auf – keine Unterstützung für legale Einwanderer; Beschneidung der Ansprüche von Arbeitslosen auf Medicaid und Lebensmittelkarten. Clinton wusste, dass Sozialpolitik keine exakte Wissenschaft ist. Niemand konnte vorhersagen, welche Wirkung die Reform haben würde. Jeder Plan, der die lebenslange staatliche Versorgungsgarantie für bedürftige Mütter aufhob – was zu seinen Versprechungen gehörte –, musste Ungerechtigkeiten enthalten. Eine bestimmte Anzahl von Frauen, die Sozialhilfe bezogen, war auch unter idealen Bedingungen nicht in der Lage zu arbeiten. Es bedeutete eine unvorstellbare Grausamkeit, sie auf den Arbeitsmarkt oder auf die Straße zu jagen. Aber wenn der Präsident sich jetzt weigerte zu handeln, nachdem er versprochen hatte, »mit der Sozialhilfe, wie wir sie kennen, Schluss zu machen«, musste er damit rechnen, in der kommenden Präsidentschaftswahl einen hohen Preis dafür zu bezahlen.

Von der reinen politischen Taktik abgesehen, war Clinton auf programmatischer Ebene seit langem davon überzeugt, dass sich die Empörung über das bestehende Sozialhilfesystem, besonders in der Mittelschicht, als Hindernis für jegliche Form staatlichen Handelns erweisen würde. Seit einem Vierteljahrhundert war diese Frage die erfolgreichste Waffe der Konservativen gegen die Liberalen. Bei dieser Frage offenbarten die Schlagworte »Chancengleichheit« und »Verantwortung« ihre wahre Bedeutung. Eine wirksame Reform der Sozialhilfe war unabdingbar, wenn er einem neuen Linksliberalismus des Informationszeitalters den Weg bereiten wollte. Ohne sie würde den Neuen Demokraten die Glaubwürdigkeit fehlen, die sie brauchten, um ein verbessertes und erweitertes soziales Netz vorzuschlagen (und das war der Grund, wie er mir später eingestand, warum er 1994 die Reform der Sozialhilfe vor der Gesundheitsreform hätte durchführen müssen).

Am Morgen des 31. Juli 1996 erhielt Elaine Kamarck einen dringenden Anruf: Der Präsident bat sie zu einer abschließenden Stabssitzung über die Reform der Sozialhilfe. Kamarck, eine treue Anhängerin der Neuen Demokraten, hatte ursprünglich zu Clintons Projektgruppe zur Sozialhilfereform gehört, war in den letzten Jahren aber größtenteils mit anderen Aufgaben betraut worden – vor allem mit dem Projekt *Reinventing Government* des Vizepräsidenten. Daher fragte sie sich, warum Clinton in letzter Minute wünschte, dass sie wieder in den engsten Zirkel der Sozialhilfereformer einbezogen wurde. »Als ich eintrat, dämmerte es mir«, erzählte sie. »Clinton schickte sich an, das Gesetz zu unterzeichnen, und alle Leute dort waren dagegen. Er brauchte in dem Raum einfach ein paar Menschen – außer dem Vizepräsidenten und Bruce Reed –, die sich für das Gesetz aussprachen. Harold Ickes, der wirklich ein gewiefter Politprofi ist, durchschaute es als Einziger – als ich den Raum betrat, erdolchte er mich förmlich mit seinen Blicken.«

Eine große Zahl von Mitarbeitern – einige, bei denen es überraschte, wie Bob Rubin, andere, von denen es zu erwarten war, wie Donna Shalala, Panetta und Stephanopoulos – sprach sich an diesem Tag gegen die Unterzeichnung des Sozialhilfegesetzes aus. Und Clinton weigerte sich zu niemandes Überraschung auf seine unnachahmliche Weise, eine Position zu beziehen ... bis er sich mit Gore, Reed, Panetta und mehreren anderen ins Oval Office zurückzog. In diesem privaten Kreis zog Panetta noch heftiger als bisher gegen das Gesetz vom Leder. Der Präsident fragte Al Gore nach seiner Meinung. »Ich glaube, das System ist praktisch am Ende«, antwortete der Vizepräsident. »Das Risiko lohnt sich.«

Clinton nickte und sagte: »Ich möchte es unterschreiben. Also machen wir's.«

Für die Linken war diese Entscheidung vielleicht die umstrittenste in Clintons gesamter Amtszeit. Alte Freunde wie Peter und Marion Wright Edelman waren stinkwütend und machten kein Hehl daraus. »Ich habe immer angenommen, er würde gegen das Gesetz sein Veto einlegen«, meinte Peter Edelman, der im Ministerium für Gesundheit und Soziales im Referat für Sozialhilfe gearbeitet hatte und kündigte, als Clinton das Gesetz unterzeichnete. »Ich war und bin aus verschiedenen Gründen von dem Präsidenten enttäuscht. Erstens wegen seiner Neigung, sich Leute auszusuchen, die nicht die politische Statur haben, um ihm zu widersprechen, besonders in Fragen der Verbrechensbekämpfung und der Sozialhilfe. Zweitens wegen seines persönlichen Verhaltens. Und dann der Glitzerfaktor – diese Spendeneintreiberei und dieses Hollywoodgetue.«

Doch David Ellwood, ein Sozialhilfeexperte, der ein Jahr, bevor Clinton das Gesetz unterzeichnete, das Ministerium für Gesundheit und Soziales verließ und an die Harvard University zurückkehrte, äußerte eine interessantere und differenziertere Ansicht zur endgültigen Fassung des Sozialhilfereformgesetzes. Ellwood hatte ein folgenreiches Buch – *Poor Support* – über die widersinnigen Anreize des vorhandenen Systems geschrieben. Doch die Wirklichkeit der Sozialhilfereform – die Vorstellung, dass bedürftige Frauen und Kinder durch die Maßnahmen der Regierung tatsächlich in bitterste Armut getrieben werden könnten – bedrückte ihn. Daher dachte er, es wäre vielleicht das Beste, das Programm in zehn Staaten zu testen, sich die Ergebnisse anzusehen und dann eine fundiertere Entscheidung zu treffen. »Der Präsident sagte, er werde sich das Gesetz erneut vornehmen und die Missstände abstellen«, erzählte mir Ellwood. »Aber wer konnte sich bei einem republikanischen Kongress darauf verlassen?«

So blieb Ellwood skeptisch, was die potenziellen langfristigen Auswirkungen der Sozialhilfereform anging, vor allem für den Fall einer Rezession, war am Ende aber überrascht vom Erfolg des Clinton-Plans. »Die Ergebnisse sind viel besser, als ich erwartet habe«, sagte er vier Jahre, nachdem die Reform verabschiedet worden war. »Und die Öffentlichkeit kennt nur die Hälfte der Geschichte. Sie weiß, dass die Zahl der Sozialhilfeempfänger fast halbiert wurde. Die gute Wirtschaftsentwicklung hat dabei geholfen – und es stimmt auch, dass viele der Betroffenen schon in der Schattenwirtschaft arbeiteten und eigentlich keinen Anspruch auf die Hilfe hatten. Doch die Menschen wissen nicht, dass der Präsident genau das tat, was er versprochen hatte: dafür zu sorgen, dass Arbeit sich wieder bezahlt macht. Er tat es schrittweise, aber die Ergebnisse waren erstaunlich. 1986 konnte eine allein erziehende Mutter, die auf die Sozialhilfe verzichtete und eine Stellung annahm, rund 1900 Dollar mehr verdienen, als sie von der Regierung bekam, verlor dafür aber ihre Gesundheitsversorgung. 1999 bekommt sie 7000 Dollar mehr und behält ihre Gesundheitsversorgung. Auf diese Anreize haben die Menschen reagiert. Unter den bedürftigsten Frauen hat die Berufstätigkeit enorm zugenommen: in den letzten drei Jahren von 30 auf 55 Prozent. So etwas hat es noch nie gegeben.«

Eine Studie, die 2001 von Wendell Primus und Allen Dupree veröffentlich wurde – demselben Wendell Primus, der eine soziale Katastrophe vorhergesagt und Clintons Regierungsmannschaft 1995 verlassen hatte –, offenbarte eine weitere bemerkenswerte Wirkung der Sozialhilfereform: Die Zahl der Kinder mit allein erziehenden Elternteilen war in den fünf Jahren seit Verabschiedung des Gesetzes um acht Prozent gefallen. »Bei Schwarzen ... scheint die Ehe ein erstaunliches Comeback zu feiern«, bemerkte

Mickey Kaus, der Journalist, der zu den leidenschaftlichsten Verfechtern der Sozialhilfereform gehörte. »Der Prozentsatz aller schwarzen Kinder, die von verheirateten Eltern großgezogen werden, stieg in diesem [von Primus und Dupree untersuchten] Zeitraum von 34,8 auf 38,9 Prozent, ein Zuwachs um zehn Prozent in nur fünf Jahren.«

Es schien, als habe Clinton nicht nur dafür gesorgt, dass sich Arbeit wieder bezahlt machte, sondern als hätte er auch die negativen Anreize beseitigt, die eine unbeabsichtigte Folge des alten Sozialhilfesystems gewesen waren, das allein erziehende Mütter begünstigte. Er hatte also ein Rezept gegen die »Armutskultur« gefunden, die von Konservativen schon lange angeprangert wurde – aber es war ein Rezept, dass konservative Werte (»Selbstverantwortung«) mit linken Vorstellungen (»Chancengleichheit«) verband, der vielleicht beste Beweis dafür, was der Dritte Weg an Inhalten und Möglichkeiten zu bieten hatte.

Es war auch ein Beleg für den Aspekt an den Leistungen, die Bill Clinton in seiner Amtszeit vorzuweisen hatte, der am bewundernswertesten und zugleich am untypischsten für ihn war: Hier triumphierte Beharrlichkeit, nicht Charisma. In sechsjähriger disziplinierter und geduldiger Arbeit hatte der Präsident einen widerstrebenden republikanischen Kongress dazu gebracht, mehr Geld für eine überraschende Vielfalt von Programmen auszugeben, besonders für solche, die das Einkommen der bedürftigen berufstätigen Bevölkerungsgruppen anhoben. Diese Bemühungen waren lange nicht so dramatisch wie die Zahlungsunfähigkeiten der Regierung oder die Debatte um die Gesundheitsreform; sie wurden im Gegenteil kaum zur Kenntnis genommen, weil sie in dem umfangreichen, unverständlichen Haushaltsabstimmungspaket versteckt waren, über das in jedem Herbst verhandelt wurde. Die meisten der Siege waren, gemessen am Bundeshaushalt, winzig, doch die Zahlen summierten sich im Laufe der Zeit – sogar 1998 und 1999, als Washington angeblich durch den Lewinsky-Skandal und das Amtsaufhebungsverfahren paralysiert war, setzte Clinton seine Arbeit fort, machte hier ein paar hundert Millionen Dollar und dort eine Milliarde für die Programme locker, die ihm am Herzen lagen. Das Head Start Programm zur Förderung der Schulfähigkeit wuchs von 2,8 Milliarden Dollar im Jahr 1993 auf 6,3 Milliarden Dollar im Jahr 2000 an. Die Mittel für Kindergärten und Kindertagesstätten nahmen von 4,5 Milliarden Dollar auf 12,6 Milliarden zu; der Earned Income Tax Credit kletterte von 12,4 Milliarden Dollar im Jahr 1993 auf 30,5 Milliarden Dollar im Jahr 2000, AmeriCorps, das landesweite Freiwilligen-Zivildienstprogramm, das die Republikaner von dem Augenblick an, wo Clinton es vorschlug, zu kippen versuchten, erhielt 1994 schon 373 Millionen Dollar und sechs Jahre später 473 Millionen Dollar. Die Liste ist lang, berührt fast jeden Sektor der Inlandsausgaben (in der zweiten Amtszeit auch der Verteidigungsmittel) – und zeigt die Neigung der Neuen Demokraten, Barkrediten und Steuergutschriften statt der Schaffung neuer bundesstaatlicher Bürokratien den Vorzug zu geben.

Tatsächlich hat Clinton in seiner achtjährigen Amtszeit nur eine einzige neue Bürokratie ins Leben gerufen – AmeriCorps –, und das war ein halb privates Programm, das hauptsächlich in die Verantwortung der Einzelstaaten fiel. »Er hat von allen Präsidenten den Haushaltsprozess mit Abstand am besten zu nutzen verstanden, um zu bekommen, was er haben wollte«, sagte Norman Ornstein, Wissenschaftler am American Enterprise Institute, der sich mit den Vorgängen im Kongress beschäftigt. »Natürlich haben ihm die Republikaner – die sich äußerst ungeschickt verhielten – dabei sehr geholfen.«

Die Zahlungsunfähigkeiten der Regierung hatten die Republikaner in den jährlichen Verhandlungen mit dem Präsidenten ihres besten Druckmittels beraubt. Clinton dagegen konnte noch immer auf sein Veto und auf die Möglichkeit zurückgreifen, den Prozess zu verzögern und die Regierung erneut für zahlungsunfähig zu erklären (eine Konsequenz, für die man, wie die Republikaner inzwischen wussten, sie verantwortlich machen würde). Er konnte jeden Herbst in eine für die Gegenseite qualvolle Periode verwandeln, besonders in den geraden Jahren, wenn die Mitglieder des Repräsentantenhauses darauf brannten, nach Hause zu kommen, um für ihre Wiederwahl zu werben. »Es war wirklich bewundernswert, wie er seine Strategie an die neuen Verhältnisse angepasst hat, nachdem die Republikaner die Mehrheit errungen hatten«, sagte Ornstein. »Er besaß eine unglaubliche Fähigkeit zu reagieren – wenn etwas nicht klappte, versuchte er etwas anderes. Er zog sich zurück, verzögerte den Prozess und kehrte mit einem anderen Vorschlag zurück – dann bekam er vielleicht nur die Hälfte von dem, was er wollte, ein Viertel, ein Achtel. Aber etwas bekam er fast immer.«

Zu Beginn des Präsidentschaftswahlkampfs 1996, nur ein Jahr, nachdem die Republikaner den Kongress übernommen hatten, war Clinton wieder der populärste Politiker des Landes. Sein zweiter Präsidentschaftswahlkampf war erstaunlich einfach. Wahrscheinlich war er schon entschieden, als er in seiner Rede zur Lage der Nation verkündete: »Die Zeit des aufgeblähten Staates ist vorbei.« Die glücklosen republikanischen Präsidentschaftskandidaten hatten vor allem darin Erfolg, sich in Iowa und New Hampshire gegenseitig niederzumachen. Steve Forbes und Pat Buchanan vollendeten die Demontage von Bob Dole lange vor Beginn des Wahlkampfs – allerdings lag die politische Stärke von Bob Dole, um die Wahrheit zu sagen, schon immer eher in den Verhandlungen, die hinter verschlossenen Türen auf dem Capitol Hill stattfanden, als in der Öffentlichkeit. 1996 wirkte er einfach zu alt, um noch Präsident zu werden.

Die erstaunten Republikaner mussten sich nicht nur mit Clinton abfinden, sondern sich auch an eine andere Realität gewöhnen: Wenn sie nicht alles verspielen wollten, was sie 1994 erreicht hatten, musste ihr Kongress sein Image verändern und etwas zu Stande bringen. So sah sich die Gingrich-Revolution im Laufe des Jahres gezwungen, nicht nur die Sozialhilfereform zu verabschieden (mit erheblichen Mitteln für Hilfsprogramme – wie die Tagesstätten –, die David Ellwood einem republikanischen Kongress niemals zugetraut hätte), sondern auch die Erhöhung des Mindestlohns und das Kennedy-Kassebaum-Gesetz zur Krankenversicherung, das die Versicherung auf Arbeiter ausdehnte, die ihren

Arbeitsplatz verloren oder verließen. »Sie trafen all diese Abkommen mit Clinton«, sagte Bob Dole, der aus dem Senat ausgeschieden war, um sich ganz seinem Wahlkampf zu widmen, und der hoffte, gegen einen Kandidaten anzutreten, der vom Kongress blockiert wurde. »Und ich dachte: ›Leute! Verabschiedet nichts mehr! Lasst mich nicht sitzen!‹«

Im Sommer 1996 bat der Präsident Erskine Bowles, Mickey Kantor und Vernon Jordan, über ein Programm für seine zweite Amtszeit nachzudenken. Der Entwurf, den sie vorlegten, war der Traum eines Unternehmensberaters: ordentlich, umfassend, gehaltvoll und in mancher Hinsicht ehrgeizig. Doch ihm fehlte jede magische Qualität. Clintons Träume für die erste Amtszeit waren auf eine Reihe von Gesetzentwürfen zusammengeschrumpft. Inzwischen hatte der Präsident die Überzeugung gewonnen, es sei nicht möglich, einer apathischen Öffentlichkeit große Visionen zu vermitteln, und seine Ansprüche zurückgeschraubt. Er war kein romantischer Visionär mehr, sondern ein Feinmechaniker, der sich wunderbar auf die filigrane Arbeit der Gesetzgebung verstand – aber wohl kaum noch den Wind der Veränderung zu entfachen vermochte, den er 1992 versprochen hatte.

Er sollte das ganze Jahr 1997 damit zubringen, mit den Republikanern ein Abkommen über einen ausgeglichenen Haushalt zu erreichen. Die Medien sollten sich den größten Teil dieses Jahres damit beschäftigen, ein Skandälchen von allen Seiten zu beleuchten: die unerhörten Anstrengungen, die Clinton und Gore unternahmen, um gewaltige Summen für ihre Wiederwahl aufzutreiben. Abermals tauchte im präsidialen Umfeld ein Schwarm zwielichtiger Figuren auf – Johnny Chung, Charlie Trie, Familie Riady aus Indonesien –, und wieder bewegte sich Clinton am Rande der Legalität und deutlich jenseits der Grenzen angemessenen Verhaltens (wenn er etwa als Gegenleistung für beträchtliche Wahlkampfspenden Zugang zum Präsidenten und in einigen Fällen sogar Übernachtungen im Lincoln Bedroom gewährte). Es entstand der Eindruck, dass es zu schweren Straftaten gekommen sei, besonders in Hinblick auf Verrat technischer und militärischer Geheimnisse an die Chinesen, doch bei näherem Hinsehen lösten sich die Sicherheitslücken in der Grauzone globaler Wirtschaftstransaktionen auf.

Im Zuge dieser Geschehnisse schenkte die Öffentlichkeit dem Balanced Budget Agreement, das der Präsident mit den Republikanern aushandeln konnte – dem ersten nominell ausgeglichenen Haushalt seit dreißig Jahren –, viel zu wenig Aufmerksamkeit. In gewisser Weise war es der deutlichste Beleg für den neuen Clintonismus. Der wirkliche Erfolg war nicht die »Null« unter dem Strich, sondern die vielen kleinen Siege in Geplänkeln über Einzelpunkte des Haushalts. Tatsächlich bekam Clinton die Zustimmung zu einigen neuen und ziemlich umfangreichen Sozialprogrammen, die sich weit oben auf seiner Wunschliste befanden, seit er seine Absicht bekundet hatte, sich um die Präsidentschaft zu bewerben. Es gab im Rahmen des College Tax Credit Plan neue Steuergutschriften in Höhe von 30 Milliarden Dollar für qualifizierte Ausbildungswege. Daraus erwuchs für die Mittelschicht praktisch ein allgemeiner Leistungsanspruch für die ersten beiden Collegejahre. (1999 machte die erstaunliche Zahl von zehn Millionen der vierzehn Millionen anspruchsberechtigten Amerikaner von dieser Steuervergünstigung Gebrauch.) Mit 24 Milliarden Dollar wurde ein Gesundheitsprogramm für Kinder finanziert, das theoretisch eine Krankenversicherung für jedes Kind garantierte, dessen Eltern sich keine leisten konnten – der Anfang, wie der Präsident hoffte, einer schrittweisen Versorgung all der Menschen, die eine Krankenversicherung am dringendsten brauchten. Er war auch in der Lage, die Veränderungen an der Sozialhilfereform vorzunehmen, die er versprochen hatte, etwa indem er die Unterstützung legaler Einwanderer wieder einführte und die Mittel verschiedener Programme aufstockte, die dazu dienen sollten, allein erziehenden Müttern die Rückkehr ins Arbeitsleben zu erleichtern. Gene Sperling schätzt, dass das Haushaltsabkommen von 1997 für Familien mit einem Einkommen unter 30 000 Dollar über einen Zeitraum von fünf Jahren 70 Milliarden Dollar bereitstellte.

Das war eine Leistung, die von Clintons Kritikern übersehen

wurde – von denen auf der Linken (die nach umfangreicheren Sozialprogrammen riefen), von denen auf der Rechten (die Ausgabenkürzungen verlangten), von denen in der Presse (die meistens gar nichts bemerkten) und von denen in der akademischen Welt. »Das sind keine großen Gesetzesvorhaben. Das sind Krumen vom Tisch der Reichen«, meinte Stephen Hess von der Brookings Institution. »Es ist nicht die GI Bill of Rights, nicht die Sozialversicherung, keine große Vision, es ist Stückwerk. Ich weiß nicht, ob man diese Präsidentschaft wesentlich anders beurteilen wird als die von Calvin Coolidge [der in den »roaring twenties« amtierte und vor allem wegen seiner sparsamen Haushaltspolitik und der Rücksichtnahme auf großwirtschaftliche Interessen im Gedächtnis blieb].«

Doch der 1997 verabschiedete College Tax Credit Plan war *umfangreicher* als die GI Bill of Rights, die nur für Rückkehrer aus dem Zweiten Weltkrieg galt. Und dann bewies Clinton eine fast rührende Hartnäckigkeit in seinen Versuchen, die allgemeine Krankenversicherung neu zu strukturieren und die Republikaner in den jährlichen Haushaltsverhandlungen Punkt um Punkt zum Einlenken zu zwingen. Die ruhige Ernsthaftigkeit dieser Bemühungen stand in krassem Gegensatz zum Image der Verantwortungslosigkeit, das dem Präsidenten in der Öffentlichkeit anhaftete. Tatsächlich hat Bill Clinton – der unglücklicherweise zu sagen pflegte, Charakter sei eine »Reise, kein Ziel« – im Laufe der Zeit unter Beweis gestellt, dass Hartnäckigkeit sein ausgeprägtester Charakterzug ist. In diesem Falle war es eine Hartnäckigkeit von nobelster Gesinnung – im Dienste seiner politischen Überzeugungen, nicht seines Ehrgeizes –, und das Ergebnis war vielleicht die wichtigste konkrete Leistung seiner Präsidentschaft: der Umstand, dass das Leben von Millionen der ärmsten und am härtesten arbeitenden Amerikaner durch seine Regierungsarbeit entscheidend verbessert wurde.

Doch für diese Politik der kleinen Schritte mussten sowohl Newt Gingrich als auch Bill Clinton einen hohen politischen Preis zahlen. Gingrich sah sich schon bald einer jakobinischen Revolution gegenüber, an der die meisten führenden Republikaner beteiligt waren, während Clinton es mit einem existenzielleren Dilemma zu tun bekam: Die Politik der kleinen Schritte ist zu unspektakulär für Nachrichtensender und Titelseiten. So entstand ein Nachrichtenvakuum, das gefüllt werden musste. Das sollte 1998 geschehen.

Kapitel sieben

»Sie kennen doch seine Vorliebe für Nachtsitzungen«, sagte Mandy Grunwald an dem Abend, bevor Bill Clinton vor einer Grand Jury gestand, dass es zwar »juristisch richtig«, aber »unvollständig« gewesen sei, wenn er sexuelle Kontakte mit Monica Lewinsky bestritten habe. Grunwald, die nach dem Wahldebakel von 1994 zusammen mit dem Meinungsforscher Stan Greenberg von dem Präsidenten entlassen worden war, lachte wehmütig und begann von den nächtelangen Diskussionen der Vergangenheit zu erzählen. (Sie blieb jedoch die ganze Zeit über loyal gegenüber den Clintons und trat im Jahr 2000 wieder in Hillarys Dienste, als diese ihren erfolgreichen Wahlkampf für den Senat bestritt.)

Für Clintons Kreis von Freunden und Mitarbeitern waren seine Gewohnheiten, Exzesse und Exzentrizitäten im Laufe der Jahre so legendär wie vorhersagbar geworden. Die Lewinsky-Affäre war schockierend und skandalös, aber nicht unvorhersagbar. Die Reaktionen der Presse, der Republikaner und der Öffentlichkeit entsprachen weitgehend den Erwartungen (wobeidie Presse und die Republikaner offenbar viel empörter waren als die Öffentlichkeit). Es war auch wahrscheinlich, dass der Präsident die peinliche Affäre politisch überleben würde. Schließlich war ihm das bisher noch immer gelungen. Allerdings gab es dieses Mal einen Unterschied. In der Vergangenheit – als das Verhältnis mit Gennifer Flowers und die Wehrdienstaffäre während des Wahlkampfs 1992 hochgekocht wurden, als Clinton die ausgedehnte Whitewater-Untersuchung überstand und als Gingrich den Kongress übernahm, von Clinton jedoch ausgetrickst wurde – hatte es einen gewissen Unterhaltungswert, den Präsidenten dabei zu beobachten, wie er seinen Kopf immer wieder aus der Schlinge zog. Schon frühzeitig hatte ihn James Carville nach seiner Neigung gefragt, gefährlich zu leben.

»Na ja, noch haben sie mich nicht erwischt«, erwiderte Clinton.

Doch jetzt hatten sie ihn erwischt. Zwar überlebte er auch diesen Skandal – eine Zeit lang sogar gut –, aber er beschädigte sein Bild dabei irreparabel. Sein Verhalten während und nach der Affäre war zugleich empörend und erbärmlich. Er lavierte sich mit juristischen Kniffen an einem leidenschaftlichen Verhältnis vorbei, lieferte neue Definitionen für »Geschlechtsverkehr« und »ist«. Er betrog seine Frau und seine Mitarbeiter und versorgte diejenigen mit Munition, die alles hassten, wofür er stand. Acht Monate vergeudete er mit einer Lüge. Er überlebte – teilweise und einmal mehr dank der blinden und haltlosen Wut seiner Gegner –, doch dieses Mal entbehrte es jeglichen Unterhaltungswertes, ihn dabei zu beobachten, wie er den Kopf aus der Schlinge zog. Es war nur peinlich und widerwärtig.

Anfangs war es lediglich ungewöhnlich – und hatte etwas gewinnend Unkompliziertes –, dass ein Mann, der gute Aussichten hatte, Präsident der Vereinigten Staaten zu werden, jedes Mal, wenn er vor einer Bewährungsprobe stand – und oft auch ohne einen solchen Anlass –, die ganze Nacht mit seiner Mannschaft zusammensaß. Die meisten Wahlkampfmetaphern sind martialisch, da war es kein Wunder, dass jemand das strategische Zentrum von Clintons Hauptquartier in Little Rock den Kriegsraum nannte. Allerdings entsprach die Wirklichkeit eher der Generation, die dort tagte (und nächtigte): Der Kriegsraum glich weit mehr einer Studentenbude – Schauplatz endloser Diskussionen, in der Luft der Geruch von verkleckerter Diätcola und kalter Pepperoni-Pizza mit Extrakäse. Das Ganze war geprägt von einer gewissen frühreifen Aufgeregtheit, von der auch der Kandidat selbst nicht ausgenommen war. Häufig ging es in den nächtelangen Diskussionen um Politik und Philosophie. Clinton sprach gern über ernsthafte Dinge. »Ich denke immer wieder zurück an unsere Gespräche, diese Ahnung all der Möglichkeiten, die sich eröffneten«, beklagte sich ein alter Freund von Clinton auf dem Höhepunkt der Lewinksy-Verwicklungen. »Das ist nun vorbei – leichtfertig vertan. Ich kann Ihnen gar nicht sagen, wie schrecklich das ist.«

Doch von Anfang an hatte Clintons endloses Gerede etwas Befremdliches. Es wirkte eigenartig ziellos und bedürftig, das rhetorische Äquivalent dessen, was wir erleben, wenn uns jemand zu nah auf die Pelle rückt (obwohl nie wirkliche Nähe entstand). Das galt vor allem für die Nachtsitzungen: Sie zogen sich endlos hin. Je später es wurde, desto rascher und intensiver sprach Clinton, wie ein Sattelschlepper, der um Mitternacht über die Autobahn rast. Nie wurde in diesen Sitzungen tatsächlich etwas erreicht. Sie dienten eher der Vergangenheitsbewältigung als der Zukunftsplanung. Endlos kaute Clinton die Ereignisse des Tages durch und erörterte noch einmal die Entscheidungen des Tages, statt seine nächsten Schritte zu planen.

Zwar wurden diese nächtlichen Sitzungen seltener, als er Präsident war, doch nicht rasch genug. 1993 waren energische Militärs wie Colin Powell doch ziemlich bestürzt angesichts Clintons weitschweifiger Politikseminare über Bosnien – die bei Tageslicht durchexerzierte Entsprechung zu den Nachtsitzungen. Allmählich gewöhnte sich der Präsident allerdings mehr Disziplin an. Für den neuen Stil sorgte in der zweiten Amtszeit der neue Stabschef Erskine Bowles, ein überaus dynamischer, überaus unternehmerisch orientierter Geschäftsmann aus North Carolina, der den Hang des Präsidenten zur Zeitverschwendung während der ersten Amtszeit tatsächlich in einer Wirtschaftlichkeitsstudie untersucht und quantifiziert hatte. In der zweiten Amtszeit gehörte die Ära der Nachtsitzungen längst der Vergangenheit an. »Ich glaube nicht, dass es hier noch jemanden gibt«, moserte ein Clinton-Veteran, »den er genügend mag, um die ganze Nacht mit ihm aufzubleiben.«

Doch noch immer konnten persönliche Krisen, besonders wenn sie von Clintons heißer Wut auf Kenneth Starrs metastasierende Whitewater-Untersuchungen ausgelöst wurden, die Sehnsucht nach einer Rückkehr in die Geborgenheit studentischer Gewohnheiten hervorrufen. »Der Mann ist böse«, sagte er zu seinen Freunden. »Wenn die Sache vorbei ist, wird nur noch einer von uns stehen. Und das werde ich sein.«

Die Öffentlichkeit, die eigentlich viel zu viel über Bill Clinton erfuhr, bekam diese zornige, pubertäre Seite des Präsidenten nie zu sehen. Nicht die Wutanfälle, nicht die fast schon lustige Selbstbezogenheit, nicht das Sendungsbewusstsein, aus dem er die Berechtigung ableitete, seine sexuellen Bedürfnisse mit einer Praktikantin des Weißen Hauses auszuleben, nicht sein kindisches Verhalten. »Ich bin so zornig auf Sie«, teilte der Präsident einmal einem politischen Bundesgenossen mit, »dass ich heute nicht mit Ihnen sprechen werde.«

Davon bekam die Öffentlichkeit nicht das Geringste mit, weil Bill Clinton von dem perfektesten Nachrichten- und Medienapparat abgeschirmt wurde, den es in der Geschichte der amerikanischen Politik je gab. Da waren die wöchentlichen Penn-Besprechungen im Solarium, die auch nach dem Wahlkampf von 1996 fortgesetzt wurden – und es stand eine genauso perfekte, ungeheuer gut funktionierende Presseabteilung bereit, die jederzeit bereit war, augenblicklich und mit aller Schärfe auf jeden Angriff gegen den Präsidenten zu reagieren. Im Laufe der Zeit war aus der Studentenbude wirklich ein Kriegsraum geworden. Wenn die Republikaner in den achtziger Jahren neue Formen des politischen Angriffs entwickelt hatten, so hatte Clinton den augenblicklichen Gegenangriff zu einer neuen Kunstform erhoben – und in dem parteipolitischen Armageddon der Gingrich-Ära war sie tatsächlich lebensnotwendig. Eine Phalanx von fanatischen Clinton-Verteidigern stand bereit, um jeden Widerstand zu zerschmettern oder zu diffamieren, um auf Beschuldigungen zu antworten und unerwünschte Geschichten abzuwürgen (manchmal, noch bevor sie erschienen). Das Gegnerbeobachtungs-Team, kurz: Oppo-Team, operierte sowohl öffentlich als auch verdeckt. James Carville, der grimmigste und geschickteste Medienkrieger des Präsidenten, schrieb ein Buch, dessen Titel wirklich und wahrhaftig lautete *We're Right, They're Wrong* (Wir haben Recht, sie haben Unrecht). Man kannte kein Erbarmen. Die Lautstärke war absurd. Die meisten normalen Menschen – die erkannten, dass in Zeiten eines nie da gewesenen Friedens und Wohlstands wenig auf dem Spiel stand – nahmen keine Notiz davon, doch die Gefahr einer thermonuklearen Antwort aus dem Weißen Haus erwies sich als ein nützliches, wenn auch nicht immer erfolgreiches Abschreckungsmittel für manch einen, der mit dem Gedanken spielte, sich dem Heer der Clinton-Angreifer anzuschließen.

Gerechterweise muss man feststellen, dass der Präsident den Kampf nicht so heimtückisch und engstirnig führte wie seine republikanischen Gegner. Jedenfalls zu Anfang nicht. Doch als Clintons politische Ziele durchkreuzt wurden – vor allem nach der Wahlschlappe von 1994 – und die persönlichen Angriffe auf den Präsidenten und die First Lady eskalierten, gelangten beide Clintons zu der Überzeugung, es mit einer geistesgestörten, skrupellosen und straff organisierten Opposition zu tun zu haben. Und tatsächlich waren die Clintons einem ständigen Sperrfeuer ausgesetzt: Sie mussten eine wahre Flut von Klatschgeschichten über sich ergehen lassen, die an die niedrigsten Instinkte appellierten, und sich mit einer fast lachhaft unappetitlichen Reihe von rechten Ideologen und einer unglaublich selbstgefälligen Presse auseinander setzen. Die Starr-Untersuchung – die nie *irgendeinen* Beweis zu Tage förderte, dass Clinton sich als Präsident oder als Gouverneur von Arkansas einen strafwürdigen Amtsmissbrauch hätte zu Schulden kommen lassen – war wie ein ständiger Stachel in ihrem Fleisch, der ihre Wut immer aufs Neue anfachte und ihnen das Leben schwer machte. Wahrscheinlich hat Clinton seine Beziehung zu Monica Lewinsky so vehement geleugnet, weil er zornig darüber war, dass seine Gegner endlich einen Vorwand gefunden hatten, um in seinem Privatleben herumzuschnüffeln.

In gewisser Weise war der bestürzendste Aspekt an Clintons Lewinsky-Kapitulation Ende August 1998 der Anblick des Präsidenten, wie er plötzlich ganz allein da stand, ohne seinen Nachrichtenapparat, ohne den Schutz seiner Medienexperten. Wahrscheinlich war das unvermeidlich. Das politische Team wurde von den Anwälten des Präsidenten, die große Schwierigkeiten hatten, Clinton zu den richtigen Schritten zu veranlassen, bewusst im Dunkeln gelassen. Ohne die erforderlichen Informationen war die Oppo-Gang des Präsidenten vorübergehend zum Schweigen verurteilt. Es war ein ohrenbetäubendes Schweigen.

In Washington ist das Nachrichtengeschäft ein Gesellschaftsspiel. Zeitungsartikel sind, besonders wenn sie in den angeseheneren Blättern erscheinen, mit verschlüsselten Nachrichten gespickt. Manchmal sind die Nachrichten sehr persönlicher Natur. So verhielt es sich auch mit dem Leitartikel in der *New York Times* vom Freitag, dem 14. August 1998, drei Tage, bevor Clinton vor der Grand Jury aussagen musste. Die Schlagzeile war einigermaßen überraschend: »Der Präsident erwägt, sexuelle Kontakte zuzugeben«. Die Quelle dieser Information war, so wurde von anderen Ratgebern des Präsidenten vielfach angenommen, Clintons alter Freund und Rechtsbeistand Mickey Kantor. Zunächst vermuteten die Medien, es handle sich um nichts Ungewöhnliches, einfach um den Beginn einer neuen PR-Runde – das heißt um eine gezielte Indiskretion, durch die das Weiße Haus die Initiative in der Lewinsky-Affäre übernahm und die Öffentlichkeit auf die kommenden Ereignisse vorbereitete, damit sie über die »revidierte« Aussage des Präsidenten nicht allzu schockiert war. Doch die Bedeutung dieser Nachricht ging weit darüber hinaus. Tatsächlich gehörte sie zu einem absolut bizarren Melodram, das sich im Weißen Haus abspielte. Wie mir ein langjähriger Freund der Clintons mitteilte, sandte hier jemand aus dem unmittelbaren Umfeld der Clintons eine »Botschaft«, und die Botschaft lautete: Hören Sie auf, um den heißen Brei herumzureden, Mr. President. Stellen Sie sich den Tatsachen. Sagen Sie Ihrer Frau und Ihren Mitarbeitern, dass Sie Ihre Aussage ändern wollen.

Der *Times*-Artikel schockierte viele Menschen in der näheren Umgebung des Präsidenten. Clintons Pressesprecher Mike McCurry sagte, er hätte keine Ahnung davon gehabt. Rahm Emanuel, der Berater, der von George Stephanopoulos das winzige Büro neben dem Oval Office übernommen hatte, erklärte, er auch nicht. Offenbar war sogar die First Lady von dieser Wendung überrascht.

Wie um alles in der Welt war *das* möglich?

Natürlich wird Mrs Clinton am 14. August all das bekannt gewesen sein, was der Rest der Welt wusste. Zu diesem Zeitpunkt war klar, dass Monica Lewinsky beschlossen hatte, mit der Staatsanwaltschaft zu kooperieren, und dass sich die Gerüchte bestätigt hatten, es gäbe ein beflecktes Kleid – ein Beweisstück, das anfangs einfach zu geschmacklos erschienen war, um wahr sein zu können. Außerdem hatte Clinton am 13. August, wie Peter Baker von der *Washington Post* in *The Breach* berichtet, seinen Anwalt David Kendall gebeten, der First Lady mitzuteilen, dass ... nun, man fragt sich natürlich, was genau Kendall Mrs Clinton mitgeteilt, wie er es formuliert und wie sie es aufgenommen hat. Es ist also durchaus möglich, wenn auch schwer zu glauben, dass der Präsident sich noch nicht mit seiner Frau hingesetzt hatte, um ihr die ganze Affäre zu gestehen. (Er war nie gut darin, schlechte Nachrichten zu überbringen.) Wenn es so war, dürfte die First Lady aus privaten wie politischen Gründen über sein langes Schweigen sehr empört gewesen sein. Clinton hat die Affäre privat ebenso hartnäckig geleugnet wie in der Öffentlichkeit, möglicherweise sogar erfolgreicher. Er wird es mit seiner üblichen Magie versucht haben, seinem Gegenüber tief in die Augen schauend, ihm oder ihr den Arm um die Schulter legend und dann unendlich traurig murmelnd: »Wenn du wüsstest ...«

Einmal, ganz zu Anfang der Ereignisse, hatte Mrs Clinton ihn unumwunden gefragt: »Also, *wer* ist diese Monica Lewinsky?« Offenbar war die Antwort des Präsidenten juristisch richtig ... aber unvollständig. Man kann sich lebhaft vorstellen, wie die First Lady dem Präsidenten Mitte August mit ihrem Schweigen zusetzte – eine weit wirksamere Taktik, als ihn anzuschreien – und darauf wartete, dass er ihr endlich reinen Wein einschenkte. Aber auch hier gilt: Niemand weiß wirklich, was zwischen ihnen vorging.

Offensichtlich hat es einen unverzeihlichen persönlichen Verrat gegeben. Doch die First Lady war der Meinung, sie sei auch politisch verraten worden. Clinton hatte ihrem Todfeind Kenneth Starr die Möglichkeit gegeben, alles zu vernichten, wofür sie gearbeitet hatten. Vermutlich war sie auch zornig darüber, dass der Präsident die Strategie zur Bewältigung dieser so überaus wichtigen Krise – und die Entscheidung, seine Aussage zu ändern – ohne sie beschlossen hatte.

In den folgenden Tagen wurden in der Presse Spekulationen laut, das familiäre Trauma – die kühle Körpersprache, die Einquartierung von Jesse Jackson in den Wohnräumen der Familie, die offenkundige Scham – sei nur eine Kriegslist, der Versuch, die First Lady zu entlasten, nachdem sie ihren Mann im Januar in der Fernsehsendung *Today* so heftig verteidigt (und so wilde Verschwörungstheorien entwickelt) hatte. Doch viele Menschen, die den Clintons nahe standen, sind der Meinung, die First Lady habe ihrem Mann die Geschichte tatsächlich abgenommen. »Sie dachte, mit seinen Eskapaden sei es nun vorbei«, meinte ein Freund. »Das Leben im Weißen Haus sei wie ein Gefängnis.«

Am 15. August, einem Tag nach Erscheinen des Artikels in der *New York Times*, schrieb Bob Woodward in der *Washington Post*, jemand, »der mit dem juristischen Team des Präsidenten gesprochen hat«, habe am Freitag erklärt, Clinton hätte »die Familie nicht vorbereitet« und »mit der Familie noch viel zu klären«.

Vermutlich irgendwann im Laufe dieses Wochenendes hat sich Bill Clinton dann tatsächlich mit Hillary Clinton zusammengesetzt und ihr gesagt, was er am Montag der Grand Jury mitteilen werde. (Wir dürfen gespannt sein, ob einer der Clintons sich dazu entschließt, diesen Augenblick in der jeweiligen Biografie zu beschreiben.)

Es war vorgesehen, dass der Präsident am Abend des 17. August, nachdem er vor der Grand Jury ausgesagt hatte, eine Rede an die Nation halten und sich für das, was er getan hatte, entschuldigen sollte. Er hielt die Rede auch, entschuldigte sich auch in gewisser Weise, aber es war eine widerwillige Entschuldigung. Im Grunde war der eigentliche Tenor der Rede nicht Reue, sondern ein Angriff gegen Starr. Clinton erläuterte, er habe die Öffentlichkeit aus Scham irregeführt, aus Sorge um seine Familie, aber auch, weil ... der Sonderstaatsanwalt seine Nachforschungen [von der Whitewater-Untersuchung] auf meine Freunde und Mitarbeiter ausdehnte. Dann auf mein Privatleben. Nun wird die Untersuchung selbst untersucht. Sie dauert schon zu lange, kostet zu viel und hat zu vielen unschuldigen Menschen Leid zugefügt ... Auch Präsidenten haben ein Privatleben. Es ist an der Zeit, diesen persönlichen Vernichtungskrieg, das Herumschnüffeln im Privatleben anderer Menschen zu beenden und und sich wieder um das unserer Nation zu kümmern.

Die Empfindungen, die dort zum Ausdruck gebracht wurden, waren durchaus ehrenwert – doch die Körpersprache verriet, wie immer bei Clinton, viel mehr als die Worte: Sein Tonfall war wütend, uneinsichtig, unfreundlich. Die Nation erlebte seinen vielleicht ungeschicktesten öffentlichen Auftritt im Weißen Haus – und die peinlichsten vier Minuten, die ein amerikanischer Präsident zu überstehen hatte, seit Richard Nixon seine rührselige Abdankungsrede gehalten hatte. Doch sie waren gar nichts im Vergleich zu den Peinlichkeiten, die noch kommen sollten.

Es ist denkbar, sogar wahrscheinlich, dass es Clinton durch nichts, was er hätte sagen können, gelungen wäre, den Irrsinn der nächsten sechs Monate abzuwenden – die völlig überflüssige Veröffentlichung des schlüpfrigen Starr-»Berichts« über die Lewinsky-Affäre, die Fernsehübertragung von Clintons Aussage vor der Grand Jury, das vergebliche und sinnlose Amtsenthebungsverfahren der Republikaner. Doch es gibt politische Beobachter, die glauben, dass Clinton am 17. August mit einer aufrichtigeren, gefühlvollen Entschuldigung die öffentliche Meinung hinter sich gebracht und Starr noch stärker isoliert hätte, was möglicherweise zu einem zurückhaltenderen Starr-Report geführt und die Republikaner gezwungen hätte, sich die Einleitung des Amtsenthebungsverfahrens noch einmal zu überlegen. Die kühle, herausfordernde Haltung der Rede entsprach ganz und gar nicht der Art dieses sonst emotional mit so traumwandlerischer Sicherheit agierenden Präsidenten – und das war gewiss auf die Tatsache zurückzuführen, dass Clintons Nachrichtenapparat dieses eine Mal ausgefallen war.

Kurz bevor der Präsident um 21 Uhr auf Sendung ging, in eben jenem Kartenzimmer des Weißen Hauses, in dem er von Starr befragt worden war, berichtete Tim Russert, der Chef des Washingtoner Büros von NBC, Berater des Weißen Hauses hätten ihm mitgeteilt, der Zweck der Rede sei »Offenheit, Reue und, hoffentlich, ein Abschluss« der Angelegenheit. Russert erklärte, der Präsident werde sich nachdrücklich bei der Nation entschuldigen, er werde sich fair verhalten und den Sonderermittler nicht angreifen – mit anderen Worten, die Schmutzarbeit lieber seinen Mitarbeitern überlassen. »Der Präsident wird einen großen Schritt machen«, sagte Russert, »doch damit wird diese Sache noch nicht zu Ende sein.«

Russert hatte sich von seinen Quellen im Weißen Haus auf eine falsche Spur locken lassen. Die Berater – vor allem Paul Begala und Rahm Emanuel, die eine reuevollere und weniger kämpferische Rede geschrieben hatten – waren offenbar dem eigenen Wunschdenken aufgesessen. Sie hatten die Presse über eine Rede informiert, die Clinton *hoffentlich* halten würde. Diese Mitteilungen bedeuteten eine erstaunliche Verletzung der »Nachrichtendisziplin«, zumal in einem so entscheidenden Augenblick.

Möglicherweise suchte sich noch eine weitere wichtigere Beraterin diesen Augenblick aus, um ihren Gefühlen freien Lauf zu lassen – die First Lady selbst. »Es ist deine Rede, sag, was du willst«, soll Mrs Clinton gesagt haben – was die meisten Kommentatoren als eine Form der Ermutigung verstanden. Die First Lady habe ihren Mann damit aufgefordert, sich für eine herausfordernde, anklagende Botschaft zu entscheiden. Nach einer zweiten, vielfach verbreiteten Theorie war es die Rede, von der der Präsident *glaubte*, er solle sie nach dem Willen seiner Frau halten. Die Wahrheit war sehr viel bitterer.

Unter normalen Umständen hätte Mrs Clinton versucht, ihren Mann zu beruhigen. »Du bist wütend, halt dich zurück«, hätte sie gesagt, als er »kochend« von der Aussage vor der Grand Jury zurückkehrte. Doch darauf verzichtete sie ganz bewusst. Als sie im Solarium in einer allerletzten Strategiesitzung vor der Rede meinte: »Es ist deine Rede, sag, was du willst«, hieß das so viel wie: »Ich will damit nichts zu tun haben.«

Und so präsentierte sich der Präsident dieses eine Mal der Nation, ohne dass seine heftigen Impulse von seinen Mitarbeitern oder seiner Frau mediengerecht zurechtgestutzt worden wären. Das war nicht unbedingt vorteilhaft. Doch wahrscheinlich wäre das Ergebnis nicht viel günstiger ausgefallen, hätte der Präsident auf die übliche Unterstützung seines PR-Teams zurückgreifen können. Er hätte vielleicht einen gemäßigteren und reuevolleren Eindruck hinterlassen, doch an seinen unhaltbaren Ausflüchten hätte das nichts geändert: dass nämlich die beeidete Aussage, er habe keine sexuellen Beziehungen zu Lewinsky gehabt – abgegeben in dem Paula-Jones-Prozess wegen sexueller Belästigung –, »juristisch richtig« sei. Mit anderen Worten, Bill Clinton hatte beschlossen, das lächerlich absurde und erbärmliche Gerücht zu bestätigen, das während der acht Monate währenden Lewinsky-Hysterie immer wieder durch die Presse gegeistert war: dass nach seiner Auffassung Oralverkehr kein Geschlechtsverkehr sei.

Angesichts dieser denkwürdigen Behauptung blieb einem loyalen Clinton-Anhänger nichts anderes übrig, als sich in Schweigen zu hüllen, und peinliches Schweigen war denn auch die positivste Reaktion, die der Präsident erntete, als den Leuten die volle Bedeutung seiner Aussage in den folgenden 48 Stunden allmählich klar wurde. Mehr als nur ein paar seiner engsten Berater – besonders diejenigen, die den Präsidenten in den letzten acht Monaten so vehement im Fernsehen verteidigt hatten – fühlten sich persönlich verraten. Darin lag eine gewisse Unaufrichtigkeit: Im inneren Clinton-Kreis hegte man in Bezug auf Monica Lewinsky seit langem die gleiche Vermutung wie in Bezug auf Paula Jones, Gennifer Flowers und, seit neuestem, auch auf Katherine Willey, die behauptete, Clinton habe sie im Oval Office unsittlich berührt – nämlich dass der Präsident unzweifelhaft einen Blick riskiert habe und vielleicht ein bisschen mehr als einen Blick, dass aber die tatsächlichen Ereignisse wenig Ähnlichkeit mit den Geschichten hätten, die von den Frauen verbreitet würden.

Doch in diesem Fall hatten sie es. Die Realität der Lewinsky-Affäre zeugte von einer erstaunlichen Egozentrik, Unreife und Banalität. Sie war im Weißen Haus passiert. Mit einer Praktikantin. Unter Beteiligung von sexuellen Akten – und die hatte der Präsident gerade zugegeben –, die eher den Anschein von Ausbeutung als von Romantik erweckten. Dee Dee Myers, Clintons Pressesprecherin während der ersten Amtszeit, war nicht nur darüber empört, dass der Präsident die Wahrheit verschwiegen hatte. »Ich habe nie geglaubt«, schrieb sie in *Time*, »dass Bill Clinton seine Präsidentschaft – eine Aufgabe, von der er seit seiner Kindheit geträumt, auf die er so lange hingearbeitet und sich vorbereitet hat – tatsächlich für etwas aufs Spiel setzen würde, das so leichtsinnig, unbedacht und klein ist.«

Das war die bereinigte Fassung dessen, was einige von Clintons ältesten Freunden privat verlauten ließen. »Ich bin stinksauer«, sagte mir ein ehemaliger hochrangiger Vertreter der Administration am Tag nach der Rede des Präsidenten. »Da haben wir den taktisch versiertesten, risikoscheuesten Präsidenten, den es je gab – all diese Umfragen und Markttests, bevor er auch nur ein Häppchen von Dick Morris' ›mundgerechten‹ Sozialprogrammen vorschlägt. Und gleichzeitig geht er aus Gründen, die mir unerklärlich sind, diese ungeheuren, absurden persönlichen Risiken ein und wirft alles weg. Wissen Sie, was die arbeitenden Menschen überall in diesem Land sagen? ›Er ist ein Arschloch.‹ Ich bin ganz ihrer Meinung.«

Am Tag nach Clintons Auftritt zitierte Starr Dick Morris vor die Grand Jury. Es war eine brillante Choreographie. Hinterher erklärte Morris vor der Presse, Clinton habe ihn im Januar, als die Lewinsky-Geschichte ruchbar wurde, gebeten, in seinen Umfragen die Möglichkeit einer Entschuldigung zu überprüfen. Morris behauptete, er habe herausgefunden, dass die Öffentlichkeit ein Bekenntnis des Ehebruchs tolerieren würde, nicht aber das Eingeständnis, dass Clinton im Paula-Jones-Prozess gelogen habe. Diese widerliche Enthüllung, die in der Nachrichtenflut fast unterging, schien die schlimmsten Aspekte der Clinton-Administration zusammenzufassen: Der Präsident war ein Mann, der es von Umfrageergebnissen abhängig machte, ob er die Wahrheit sagen sollte oder nicht. (In seinem Buch *A Vast Conspiracy* offenbarte Jeffrey Toobin später, Mark Penn habe mögliche Formulierungen für Clintons Entschuldigungsrede getestet.)

Wenige Tage danach begannen verschiedene Berater – und der Präsident selbst, dem klar war, dass er es vermasselt hatte – darüber nachzudenken, ob es taktisch klug wäre, eine zweite Entschuldigung folgen zu lassen, vielleicht in einem Interview oder als Antwort auf eine Frage in einer Pressekonferenz. »Er kann die Sache immer noch zu Ende bringen«, meinte ein Berater. Und das versuchte Clinton. Und versuchte es. In Interviews, in Reden, beim »Prayer Breakfast«, dem nationalen »Gebetsfrühstück«. Er entschuldigte sich bei der Familie Lewinsky, bei der eigenen Familie, bei den Kabinettsmitgliedern, bei der Demokratischen Partei, beim amerikanischen Volk. Und manchmal hatte er dabei Tränen in den Augen.

Inzwischen arbeitete der Präsident an einer weiteren, noch fragwürdigeren Strategie, die Aufmerksamkeit der Nation vom Lewinsky-Skandal abzulenken. Als Clinton seine Aussage vor der Grand Jury machte, arbeitete die Administration seit zwei Wochen an den Vorbereitungen eines Angriffs auf die Guerilla-Infrastruktur von Osama bin Laden, dem saudi-arabischen Millionär, der nach Ansicht des Weißen Hauses hinter den Bombenanschlägen vom 7. August 1998 auf die US-Botschaften in Kenia und Tansania steckte. Am frühen Morgen des 20. August, drei Tage nach seiner Aussage, gab Clinton grünes Licht für einen Cruise-Missiles-Angriff auf eine Pharmafabrik im Sudan und ein Guerillalager in Afghanistan, die beide mit Bin Laden in Verbindung gebracht wurden.

Die Angriffe waren, um es sehr vorsichtig auszudrücken, wirkungslos – und abgesehen davon eine ziemlich zweifelhafte Demonstration präsidialer Macht. Es ist noch immer ungeklärt, ob die Pharmafabrik in irgendeiner Beziehung zu Bin Laden stand, und ein Wüstenlager mit Cruise-Missiles anzugreifen, dürfte eine höchst törichte Form des Overkills sein. Tatsächlich hatten diese

Angriffe eine traurige Ähnlichkeit mit dem Film *Wag the Dog* (Wenn der Schwanz mit dem Hund wedelt), der – wie der Zufall es wollte – etwa zur gleichen Zeit in die Kinos gelangte wie der Lewinsky-Skandal in die Öffentlichkeit. In dem Film hecken politische Berater einen fiktiven Krieg in Albanien aus, um einen Sex-Skandal des Präsidenten mit einem »Firefly Girl«, einer Art Pfadfinderin, zu vertuschen. Den Verdacht, der Skandal könnte Clintons Entscheidung, gegen Bin Laden vorzugehen, beeinflusst haben, gab es sogar im außenpolitischen Team des Präsidenten. »Er hat sich immer schwer getan, militärische Aktionen zu beschließen«, sagte ein hochrangiger außenpolitischer Experte, »aber dieses Mal wirkte er sehr entschlossen. Ich halte die Entscheidung für richtig, aber Sie können mir nicht erzählen, dass sie nichts mit der innenpolitischen Situation zu tun hatte.«

Das Komische daran war, dass die Rechnung in gewisser Weise aufging. Plötzlich bekamen die Staatsanwälte in den Abendnachrichten Konkurrenz von den Vertretern des Pentagons. Und weit überwiegend, wenn auch ziemlich unrealistisch, herrschte die Einschätzung, der Präsident habe die richtige Entscheidung getroffen. Die Öffentlichkeit stellte sich hinter die Bombenangriffe. Das taten auch viele Republikaner. Außerdem ließ Clintons Entschlossenheit die Kritiker verstummen, die behauptet hatten, seine Präsidentschaft sei lahmgelegt, funktionsunfähig, bar der »moralischen Autorität«, um in Krisen handeln zu können. Senator Orrin Hatch, ein Republikaner aus Utah, der den Präsidenten nach der Rede am Montagabend einen »Volltrottel« genannt hatte, spendete dem Präsidenten sofort »Beifall« und gab der Hoffnung Ausdruck, es würden mehr solche Aktionen folgen.

Und so begann der unerquicklichste Monat in der amerikanischen Präsidentschaftsgeschichte, ein Monat, dessen herausragende Ereignisse die Veröffentlichung des Starr-Berichts und die Fernsehübertragung von Clintons Aussage vor der Grand Jury Mitte September waren, ein Monat geistiger Verwirrung, in dem selbst die besonnensten Mitglieder der politischen und journalistischen Zunft von allen guten Geistern verlassen schienen. In diesem allgemeinen Chaos veröffentlichte das Internetmagazin *Salon* eine Geschichte, die die übrige Presse – in einem unerklärlichen Anfall von Verantwortungsbewusstsein – nicht gebracht hatte: Der Kongressabgeordnete Henry Hyde aus Illinois, der republikanische Vorsitzende des Rechtsausschusses, der die Anhörungen zum Amtsaufhebungsverfahren leiten sollte, hatte vierzig Jahre zuvor eine außereheliche Affäre gehabt. »Hässliche Zeiten verlangen hässliche Maßnahmen«, erläuterte der *Salon*-Herausgeber und prägte damit zugleich das Epitaph der Ära.

Eine Zeit lang schien die Lage des Präsidenten verzweifelt zu sein. Es verbreitete sich die Kunde – niemand wusste genau, wie –, die Aussage vor der Grand Jury sei eine einzige Peinlichkeit gewesen: Er habe sich in die Enge treiben lassen, die Beherrschung verloren, herumgestottert, wie ein Trottel ausgesehen. Die Demokraten wurden nervös, selbst die gemäßigten. Einige Tage, bevor Clintons Aussage ausgestrahlt wurde, erklärte der Abgeordnete Jim Moran aus Virginia, einer der treuesten Verbündeten des Präsidenten im Kongress, in einem CNN-Interview: »Die Demokratische Partei hat sehr darunter zu leiden ... Meiner Meinung nach muss der Präsident sich etwas einfallen lassen, um Abhilfe zu schaffen.« Was er sich einfallen lassen solle? »Ich habe nicht genügend Fantasie, um mir etwas anderes als den Rücktritt vorstellen zu können«, sagte Moran. »Aber vielleicht hat er ja noch Ideen.«

Am Montag, dem 21. September, erreichte der Skandal schließlich seinen Höhepunkt. Eine Nation versammelte sich vor dem Fernsehschirm und erwartete, einen Präsidenten der Vereinigten Staaten zu erleben, der einen Narren aus sich machte, puterrot, wüst herumschreiend und schließlich überstürzt den Raum verlassend.

Doch Clinton wurde nicht puterrot. Auf meinem Fernsehschirm sah er lachsrosa aus, mit ein paar glänzenden Schweißperlen auf der Stirn, war aber, davon abgesehen, derselbe Bill Clinton, der er immer in der Öffentlichkeit war – charmant, charismatisch und verteufelt schlau. Manchmal vielleicht ein bisschen zu schlau. Die Aussage enthielt einen der gigantischen Clinton-Heuler: »Es hängt davon ab, was Sie unter dem Wort ›ist‹ verstehen.« Sie enthielt auch eines der fadenscheinigsten Argumente in der Geschichte der menschlichen Sexualität – dass Oralverkehr kein Geschlechtsverkehr sei. Doch von diesen Ausrutschern abgesehen, hielt sich Clinton so gut, wie es unter den gegebenen Umständen möglich war. Über Lewinsky äußerte er sich zugleich ritterlich und rücksichtslos. In Bezug auf sein Verhalten zeigte er glaubhaft Reue. Seine Empörung über die Motive der Sonderermittler, die ihm so zugesetzt hatten, hielt sich in vernünftigen Grenzen. Seine Entscheidung, nicht über sexuelle Einzelheiten zu reden, erschien überaus einleuchtend. Tatsächlich erwies sich die Aussage als ein außergewöhnliches und unerwartetes Ereignis: Sie war differenziert, kompliziert, dunkel und bedächtig – und allein durch ihre Langsamkeit dämpfte sie die allgemeine Hysterie und nahm dem Skandal viel von seiner Schärfe.

Danach ging das Fieber zurück. Die Aufgeregtheit in den Nachrichtenkanälen legte sich. Ein neuer, gemäßigter Ton klang in den endlosen Kommentaren an. Sogar die Republikaner wirkten sprachlos. Wie in aller Welt hatte Clinton *das* überlebt? Ein paar Stunden, nachdem das Band gesendet worden war, wurde Mike McCurry auf einer Pressekonferenz im Weißen Haus gefragt: »Kann der Präsident so etwas« – die Aufzeichnung seiner Aussage – »für sich nutzen und damit Unterstützung gewinnen?«

McCurry lächelte: »Ich weiß nicht, wie man einen solchen Tag nutzen könnte, um Verbündete zu gewinnen.«

Als an diesem Abend die Talkshow *Larry King Live* mit einer zweistündigen Sondersendung über den Bildschirmen flimmerte, war der Stimmungsumschwung deutlich spürbar. Die meisten Gäste vertraten die Auffassung, der Präsident habe einen »guten Tag« gehabt. Das Weiße Haus schien von neuem Leben erfüllt, und das Medien-Team arbeitete wieder auf Hochtouren. Paul Begala, seines Zeichens Redenschreiber im Weißen Haus, der aus Abscheu und Ärger über Clintons Verhalten vollkommen abgetaucht war, feierte plötzlich Auferstehung als Gast bei Larry King und präsentierte sich wieder als jubilierender Cheerleader des Präsidenten. »Ist das ein Anlass, um einen Präsidenten abzusetzen?«, fragte er und fügte hinzu, die Staatsanwälte seien außerordentlich unfair gewesen: »Es gab ungefähr 80 Fragen über Sex und keine über Whitewater.«

Am Anfang von Clintons Amtszeit hatte Begala eine Abkürzung erfunden, die Missbilligung zum Ausdruck bringen sollte – BAU, *Business As Usual.* Ursprünglich hatte BAU, wie gesagt, eine negative Bedeutung. Die Clinton-Administration war anti-BAU, sie wollte alles grundsätzlich, radikal anders machen als ihre Vorgänger, die verkalkten republikanischen Trottel. Jetzt zelebrierte Begala, offenkundig erleichtert, die Rückkehr zu BAU nach Art der Clinton-Administration – fröhlich die Werbetrommel rührend, Starr attackierend und sichtlich zufrieden mit sich selbst.

Die Öffentlichkeit genoss die Lewinsky-Show – eine Zeit lang. Die Quoten der Nachrichtensender schnellten in die Höhe. Die Auflagen von Zeitungen und Zeitschriften ebenso. Die ungeheuer beliebten Seifenopern waren in gewisser Weise Vorläufer von »Reality«-Shows wie *Survivor*, eine Sendung, die plötzlich, und vielleicht nicht zufällig, zu einem Renner wurde, als Clinton aus dem Amt schied. Doch die Quoten hatten nur so lange Bestand, wie schlüpfrige Enthüllungen zu erwarten waren. Die Geschichte war im Prinzip vorbei, als Clintons Aussage über den Sender gegangen war. Die unnötig in die Länge gezogenen Anhörungen zum Amtsenthebungsverfahren wurden von der Öffentlichkeit als überflüssig und unnötig empfunden – die schlimmste Art von Fernsehen: ein vorweggenommener Ausgang.

Und als alles vorbei war, hatte sich die öffentliche Meinung nicht ein bisschen verändert. Die Umfragewerte für die Leistung des Präsidenten blieben unverändert hoch – im Bereich von 60 Prozent. Er schied als der Präsident mit der dauerhaft höchsten Zustimmungsrate seit John F. Kennedy aus dem Amt – was den Job betraf. Die Zustimmung zu seiner Person fiel natürlich geringer aus. Es war kaum vorstellbar, dass jemand auf die Frage: »Billigen Sie das persönliche Verhalten des Präsidenten?« eine positive Antwort gab, obwohl ihm zweifellos viele auch in diesem Bereich heimlich Sympathien entgegenbrachten, besonders Menschen in Clintons Alter, die sich selbst – häufig nicht ohne kleinere und größere Havarien – durch die moralischen Untiefen des ausgehenden zwanzigsten Jahrhunderts manövriert hatten. Amerikaner haben eine Schwäche für Spitzbuben und eine hoch entwickelte Fähigkeit, zwischen Spitzbuben und Schurken zu unterscheiden, und Clinton wurde der ersten Kategorie zugerechnet.

Selbst auf dem Höhepunkt des Skandals, in den Tagen nach der Aussage vor der Grand Jury, sprach sich eine überwältigende Mehrheit der Befragten – zwei Drittel nach den meisten Umfragen – gegen das Amtsenthebungsverfahren aus; eine solide Mehrheit favorisierte eine alternative Bestrafung: einen Tadel durch den Kongress (einen Klaps auf die Hand). Auf die Frage, wen sie wählen würden, wenn die Wahl von 1996 wiederholt würde, entschieden sich die Amerikaner fast genauso wie damals: 46 Prozent für Clinton, 36 Prozent für Dole, 11 Prozent für Perot. Es war, als hätte die Nation den Namen »Lewinsky« nie gehört.

Allerdings nicht ganz: Die Republikaner erlitten herbe Verluste. Im Herbst büßten sie fünf Kongresssitze ein, ein höchst ungewöhnliches Ergebnis für eine Wahl in der Mitte einer Amtszeit und im sechsten Jahr eines Präsidenten. Newt Gingrich erlitt das Schicksal aller Jakobiner, er wurde zur Zielscheibe der Hitzköpfe in der eigenen Partei. Nach den Wahlen trat er als Sprecher zurück, verließ das Repräsentantenhaus, verließ wenig später auch seine Frau Marianne und heiratete eine junge Frau, mit der er ein außereheliches Verhältnis gehabt hatte. Seine Herrschaft hatte genau vier – vollkommen katastrophale – Jahre gedauert. Gingrichs Nachfolger Robert Livingston aus Louisiana trat ebenfalls zurück, als ruchbar wurde, dass er auch mit anderen Frauen als der eigenen einige allzu menschliche Augenblicke erlebt hatte.

Die Presse hatte unter den Folgen nicht ganz so offenkundig, aber nicht weniger schmerzlich zu leiden. In einer Harris-Umfrage zeigte sich, dass die Journalisten im öffentlichen Ansehen nun auf die unterste Stufe aller Berufsgruppen gesunken waren und dort die Rechtsanwälte abgelöst hatten.

Washington war verblüfft. William Bennett, Reagans ehemaliger Erziehungsminister, der mit Büchern voller moralischer Geschichten über »Tugenden« eine regelrechte Heimindustrie begründet hatte (außerdem war er der jüngere Bruder von Robert Bennett, dem Anwalt des Präsidenten) kam eiligst mit einem neuen Buch heraus, *The Death of Outrage* (Der Tod der Entrüstung), reiste damit durchs Land und klagte über den Mangel an moralischer Sensibilität im amerikanischen Volk. Auf der Höhe des Skandals hatten die Leitartikel in der *New York Times* und in der *Washington Post* genauso maßlos geklungen wie die des *Wall Street Journal*. Kurz bevor Clintons Aussage gesendet wurde, hatte sich die *Washington Post* zu der Aussage verstiegen: »Die Würde des *Impeachment*-Paragrafen gegen ein solches Verhalten ins Feld zu führen, bedeutet in gewisser Weise eine Entwertung dieses Paragrafen« – mit anderen Worten, dieser Präsident sei nicht bedeutend genug, um zum Gegenstand eines Amtsenthebungsverfahrens gemacht zu werden. Im Washingtoner Establishment war die Frage: »Warum hat er nicht Haltung genug, um abzudanken?« zum Allgemeinplatz geworden.

Es war nahezu unmöglich, einen politischen Kommentator zu finden, der sich maßvoll über Bill Clinton äußerte. Sogar David Broder von der *Washington Post*, der normalerweise eher zurückhaltende Doyen der politischen Kommentatoren, hatte in das allgemeine Wehgeschrei eingestimmt: »Wie Nixon hat er Wichtiges für das Land geleistet, aber in jeder entscheidenden Hinsicht der Bedeutung und Autorität des Präsidentenamtes Schaden zugefügt. Vielleicht wird er bleiben, doch wenn er über die Untersuchungen seines Verhaltens gesagt hat: ›Sie dauert schon zu lange‹, so gilt das in gleichem Maße für seine Amtszeit.«

*

Wie lässt sich dann der Gegensatz zwischen der Empörung in Washington und der gelassenen Reaktion der Bevölkerung auf Clintons unmoralisches Verhalten erklären? Schließlich handelte es sich doch um die Bürger der religiösesten aller westlichen Demokratien. Offenbar haben wir es hier mit einer nie da gewesenen und höchst faszinierenden Kluft der Meinungen zu tun. Besonders unterhaltsam war es, die Kommentatoren zu beobachten, die seit Monaten prophezeiten, die Öffentlichkeit werde schon bald ihre eigene feindselige Clinton-Obsession teilen, und die nun zu erklären versuchten, warum das nicht eingetreten war. Dabei war die Reaktion der Öffentlichkeit keineswegs unlogisch. In den Augen der Amerikaner war die Lewinsky-Affäre delikat, unappetitlich, fragwürdig, aber letztlich eine *private* sexuelle Beziehung, die auf gegenseitigem Einverständnis beruhte. Das schien eine kultivierte, nüchterne, fast europäische Reaktion zu sein – aber auch eine ziemlich zynische. Den Präsidenten hielt man von Anfang an für promisk. Starr hielt man für politisch voreingenommen (und lernte ihn als öden Fanatiker kennen). Politiker hielt man für Lügner. Die Medien hielt man für feige und sensationslüstern.

Broder hatte sicherlich Recht, wenn er behauptete, Clinton habe das Präsidentenamt in Verruf gebracht, doch das war nur ein Teil der Wahrheit: Washington hatte sich selbst in Verruf gebracht. 25 Jahre eines selbstzerstörerischen, geistlosen Grabenkrieges hatten endlich Früchte getragen: Die Menschen waren – auf eine gleichgültige, überdrüssige Weise – von fast allen Akteuren des öffentlichen Lebens angewidert.

Ich stieß letztlich auf zwei Theorien – eine historische und eine spirituelle –, die meines Erachtens zu der Erklärung beitragen, warum Washington mit so gedanken- und sinnloser Heftigkeit auf den Lewinsky-Skandal reagiert hatte.

Schon vor Jahren hatte der Yale-Historiker Stephen Skowronek die Präsidenten Clinton, Richard Nixon und Woodrow Wilson – ebenso wie Andrew Johnson, John Tyler, Grover Cleveland und Dwight Eisenhower – als Vertreter des Dritten Weges beschrieben. Der Begrifflichkeit wohnte eine unfreiwillige Ironie inne: Skowroneks »Dritter Weg« war etwas ganz anderes als Clintons »Dritter Weg«, denn der Yale-Wissenschaftler definierte Präsidenten dieses Zuschnitts als Politiker, die das Programm ihrer Gegner vereinnahmen und umsetzen, nachdem sie die Ecken und Kanten abgeschliffen haben (Wilson machte sich Theodore Roosevelts progressives Programm zu Eigen; Eisenhower war der erste Republikaner, der die Voraussetzungen von Franklin D. Roosevelts New Deal akzeptierte). Solche Präsidenten werden oft von der eigenen Partei mit Misstrauen behandelt, von der Opposition stets gehasst, sind in der Regel aber auch sehr erfolgreich: Wenn sich Skowroneks Präsidenten des Dritten Weges um eine zweite Amtszeit bewarben, wurden sie alle bestätigt (ausgenommen Cleveland, der die Wahl zunächst verlor, aber vier Jahre später wieder gewann). Der Erfolg war jedoch gewöhnlich von begrenzter Dauer – »kein ›Dritter Weg‹ hat je den Präsidenten überdauert, der ihn formuliert hat«, schrieb Skowronek Jahre, bevor Al Gore bei seinem Versuch scheiterte, Clinton im Amt zu folgen.

Außerdem war der Preis für einen Drittweg-Erfolg häufig ein gefährlich persönliches politisches Klima: »Während andere Führer schwach oder auch unfähig erscheinen mögen«, hieß es bei Skowronek weiter, »lautet das Urteil über Drittweg-Präsidenten häufig, sie seien moralisch entartet und von Natur aus lediglich zu Nihilismus und Manipulation fähig.« Sogar Woodrow Wilson – dieser Bilderbuch-Presbyterianer – sah sich, wie Skowronek anmerkt, erstaunlich heftigen Angriffen durch seinen Vorgänger ausgesetzt. »Gnadenlos« habe Theodore Roosevelt sich lustig gemacht über »Wilsons schlaue, skrupellose Gerissenheit, seine Nachgiebigkeit gegenüber jenen, die den Weg des geringsten Widerstands lieben ... seine Bereitschaft, Kehrtwendungen zu vollziehen ... seinen Mangel an Überzeugungen und seine Bereitschaft, jeder Laune der öffentlichen Meinung zu folgen«.

Zweifellos war Clintons politisches Hermaphroditentum nicht ganz schuldlos an dem maßlosen Hass, der seine Gegner lähmte. Doch unterhalb der politischen Ebene vollzog sich ein ursprünglicheres, ja theologisches Melodram: eine Art Tempelaufstand – eine Ursache unter der nationalen Priesterschaft, die Opferung eines Sündenbocks. Der Literatur- und Religionswissenschaftler René Girard von der Stanford University, der sich in seinem Buch *Das Heilige und die Gewalt* mit der fundamentalen gesellschaftlichen Funktion des Sündenbock-Rituals in der antiken Welt beschäftigt, erläuterte mir, Bill Clinton sei ein klassischer Sündenbock – was nicht heißt, dass er zu Unrecht angeklagt wurde. Ganz im Gegenteil. In der antiken Welt verkörperte ein Sündenbock die krankhaften Eigenschaften seiner Gesellschaft und seiner Zeit. »In der griechischen Mythologie wird der Sündenbock nie zu Unrecht angeklagt«, sagte Girard. »Aber er hat immer etwas Magisches. Er besitzt die Fähigkeit, eine Gesellschaft von der Bürde der Schuld zu befreien. Das scheint ein grundlegender menschlicher Impuls zu sein. Es gibt ein Bedürfnis nach Sündenböcken. Auf diese Weise werden Spannungen abgebaut und Veränderungen herbeigeführt.«

In der Rückschau hat es ganz den Anschein, als hätte Clinton all jene Eigenschaften in sich versammelt, die seine Ankläger an sich selbst als besonders peinlich, störend und abstoßend empfanden, besonders diejenigen, die wie er in dem verschwenderischen, einlullenden Wohlstand der amerikanischen Nachkriegszeit herangewachsen waren. Auf einer ganz oberflächlichen Ebene kamen in seinen Exzessen die persönlichen Exzesse – sexueller und materieller Art – seiner Generation zum Ausdruck. Auf einer tieferen Ebene schien seine Umfrage-besessene Administration häufig den Triumph der Verpackung über den Inhalt zu verkörpern – und all die nagenden Zweifel zu bestätigen, die da meinten, diese Nation werde von einer virtuellen Wirtschaft der »Konzepte« und Cyber-Prozesse beherrscht, die die konkrete Realität der Fließbänder verdränge, die in der Vergangenheit für die Illusion wirtschaftlicher Stabilität gesorgt hatten. Und schließlich gab es noch die allgegenwärtige Tendenz zu Verwaschenheit und Ausflüchten. Clinton hatte sich dem Militärdienst in Vietnam entzogen. Nie hatte er ein Opfer für sein Land gebracht. Nie war er durch widrige Umstände auf die Probe gestellt worden. Er war (ebenso wie sein Doppelgänger Gingrich und sein Nachfolger George W. Bush) ein Dilettant im Vergleich zu der Vorgängergeneration – der Generation von Bob Dole, Bob Michel und

George Bush senior. Es galt, einer ganzen Generation die Unreife auszutreiben.

Doch die Lewinsky-Affäre war ein Sündenbock-Opfer, das nicht funktionierte. Es gab keine Katharsis, der Sündenbock entwischte. So konnte sich die gesellschaftliche Spannung nicht entladen, die von einer unbestimmten, ziellosen Leere verursachte Unruhe blieb – und war vielleicht der Preis, den diese Gesellschaft für den größten Wohlstand in der Geschichte der Menschheit zu zahlen hatte.

Am Ende ist die symbolische Gleichsetzung Clintons mit den pathologischen Zügen seiner Zeit vielleicht dazu bestimmt, die wirklichen Leistungen dieses Präsidenten unter sich zu begraben.

Kapitel acht

Eine der merkwürdigeren Geschichten der Clinton-Jahre im Weißen Haus betrifft Ira Magaziner, der nach dem Scheitern seines Krankenversicherungsplans im Jahr 1994 noch in der Regierungsmannschaft blieb, weil er hoffte, ein bisschen von seinem Ruf retten und noch etwas Nützliches tun zu können, bevor er ging. »Ich war verseucht, radioaktiv«, sagte er später. »Aber der Präsident bot mir verschiedene Projekte an. In den meisten ging es darum, nach Möglichkeiten zu suchen, um neue Technologien für wirtschaftliches Wachstum nutzbar zu machen. Ich beschloss, an einem Regelwerk für den E-Commerce im Internet zu arbeiten – den es 1995 noch kaum gab. Vom Wirtschaftsteam abgesehen, lachten alle und sagten: ›Na gut, wenn Magaziner das machen will, soll er doch!‹«

Magaziner entschloss sich zu einem Experiment. Die Methode der Projektgruppe Gesundheitsreform hatte in die Katastrophe geführt. Daher wollte er nun genau entgegengesetzt verfahren und schauen, was dabei herauskam. Nun sollte die Sache transparent und nicht geheim vor sich gehen. Außerdem strebte er Überparteilichkeit an. Also suchte er sich konservative republikanische Partner wie den Abgeordneten Christopher Cox aus Kalifornien (der mir später erstaunt mitteilte: »In dieser Frage dachten Ira und ich vollkommen gleich«). Den Entwurf des E-Commerce-Protokolls stellte er ins Internet und bat um Vorschläge. Vierzehn öffentliche Revisionen durchlief das Protokoll, bevor es gebilligt und von Bill Clinton am 1. Juli 1997 verkündet wurde. Verblüffend war aber vor allem die Einstellung, die Magaziners Ansatz zu Grunde lag. Sie war ausgesprochen libertär, denn sie lehnte nicht nur die Zensur ab, sondern auch die Erhebung einer Umsatzsteuer auf Cyber-Käufe, um das Wachstum des E-Commerce anzuregen. So wurde Ira Magaziner gegen alle Wahrscheinlichkeit zum Vater einer zoll- und steuerfreien Zone im Internet, eine Politik, die von der internationalen Gemeinschaft übernommen wurde, nachdem Clinton sie vorgeschlagen hatte. (Allerdings ist sie heute umstritten, da sich der E-Commerce unbehindert von allen Steuerbürden entwickelt, die den traditionellen Handel belasten.)

Es war eine Politik, die sich mit dem Konzept vertrug, das die Administration auch in anderen Bereichen der New Economy verfolgte. Das war ein absolut zentraler – wenn auch tödlich langweiliger – Politikbereich: Gore-Land. Die Clinton-Administration hat den Boom der Informationstechnologie in den neunziger Jahren natürlich nicht geschaffen, sie hätte die neue Wirtschaft aber durch Überregulation oder Einschränkung des Wettbewerbs drosseln können (wofür viele Lobbyisten der Telekommunikationsindustrie plädierten, die zu den einflussreichsten Interessenvertretern in Washington gehören). Stattdessen unternahm das Weiße Haus – unter der Leitung des Vizepräsidenten, der eine regelrechte Leidenschaft für diese Fragen entwickelte – große Anstrengungen, um einen freien Markt für die entstehenden Informationstechnologien zu fördern. Mobiltelefon-Unternehmen hatten Konjunktur, nachdem die Federal Communications Commission die Rechte an einem Teil der für Mobiltelefone reservierten Radiofrequenzen versteigert hatte. Das Internet boomte, weil die FCC verfügte, dass die Provider die Verbindungen zum Ortstarif anbieten könnten. Der Telecommunications Act von 1996 förderte den freien Wettbewerb bei Orts- und Ferngesprächen. »Bei unserem neuen Ansatz nutzten wir die Autorität des Telekommunikationsgesetzes, um den Pakt zwischen der Regierung und dem Status quo im Informationssektor aufzuheben«, schrieb Reed Hundt in seinen Erinnerungen an die Zeit als erster Vorsitzender der Federal Communications Commission. »Unternehmen konnten scheitern, Dienstleistungen ausfallen, die Auswahlmöglichkeiten die Kunden verwirren, doch wir ließen uns nicht vom Kurs der Veränderung abbringen.«

Zunächst interessierte sich der Präsident nicht sonderlich für diese Art von Fragen. Er blieb der Cyber-Welt gegenüber skeptisch, zog lebendiges Fleisch allemal einem Computerschirm vor und benutzte lieber das Telefon als das E-Mail-Programm – anders als Al Gore und George W. Bush, die beide eine umfangreiche elektronische Korrespondenz führen. Doch Clintons Fähigkeit, die wirtschaftlichen Veränderungen zu erfassen und ihre Auswirkungen dem Mann auf der Straße begreiflich zu machen, war einer der Gründe, warum die Öffentlichkeit ihm auch dann noch vertraute, als er seine persönliche Unzuverlässigkeit schon längst unter Beweis gestellt hatte.

In seiner zweiten Amtszeit verlagerte Clinton seine Aufmerksamkeit von den innenpolitischen Problemen auf postmoderne, globale Fragen – die biomedizinische Forschung, die Aids-Epidemie, die Möglichkeiten, die es gab, um die Technik des Informationszeitalters in den ärmsten Dörfern der Dritten Welt zu nutzen. »Jetzt ist er von Problemen dieser Art genauso besessen«, berichtete mir Donna Shalala, »wie er es von der Gesundheits- und Sozialhilfereform war, als er Präsident wurde.«

Harold Varmus, unter Clinton Direktor der National Institutes of Health, wird nach eigenem Bekunden nie die Besprechung im Weißen Haus vergessen, bei der der Präsident die Aids-Forscher mehrere Stunden lang ausquetschte und ihnen Fragen stellte, die so detailliert und präzise waren, dass die Teilnehmer über seinen Kenntnisstand bass erstaunt waren. »Er kann Ihnen sagen, welche Minister in welchem afrikanischem Staat sich gut oder weniger gut um die Aids-Problematik in ihrem Land kümmern«, sagte Richard Holbrooke, der sich dieses Themas mit der gleichen Leidenschaft wie Clinton annahm, als er von diesem als Botschafter bei den Vereinten Nationen eingesetzt wurde.

Eine globale Frage, der Clinton offenkundig nicht genügend Aufmerksamkeit schenkte, war allerdings der Terrorismus. Nie fand er eine gestaltungsfähige Möglichkeit, um die zunehmend säkulare Regierung im Iran, die einerseits Terroristen finanzierte (etwa die Hisbollah im Südlibanon), andererseits aber die radikalere Talibanregierung – und deren Gast Osama bin Laden – in Afghanistan bekämpfte, für seine Zwecke einzuspannen. Er machte keine Anstalten, Saddam Husseins offenkundige Anstrengungen zu durchkreuzen, sich einen Vorrat an chemischen und biologischen Waffen zuzulegen. (Man muss wissen, dass Clintons nationales Sicherheitsteam stillschweigend die Voraussetzung akzeptierte, die der Irakpolitik der ersten Bush-Administration unausgesprochen zu Grunde lag: Saddam an der Macht sei besser als die bei seiner Absetzung drohende Instabilität – die Aufsplitterung der Region in eigenständige Schiiten-, Sunniten- und Kurdenstaaten, die unter anderem eine erhebliche Stärkung des Irans zur Folge haben und die territoriale Integrität der Türkei ernsthaft gefährden könnten.)

In Clintons zweiter Amtszeit nahmen terroristische Angriffe auf die Vereinigten Staaten allmählich bedrohlichere Ausmaße an. Am 25. Juni 1996 erfolgte das Attentat auf die Khobar Towers, die amerikanische Kaserne in Saudi-Arabien, bei dem neunzehn Amerikaner ums Leben kamen. Am 7. August 1998 wurden Bombenanschläge auf die amerikanischen Botschaften in Kenia und Tansania verübt, denen 263 Menschen, überwiegend Afrikaner, zum Opfer fielen. Am 12. Oktober wurde das amerikanische Kriegsschiff *USS Cole* angegriffen, ein Anschlag, bei dem siebzehn amerikanische Seeleute ihr Leben ließen.

»Nachdem Osama bin Ladens Organisation die Bombenanschläge auf die amerikanischen Botschaften in Kenia und Tansania verübt hatte, räumte ich dem Terrorismus höchste Priorität ein«, sagte Samuel Berger. »Ich hielt ihn für die größte Bedrohung. Tag für Tag beschäftigten wir uns damit – und bemühten uns sehr, Bin Laden zu kriegen. Wir hatten ausgezeichnete nachrichtendienstliche Informationen über ein bevorstehendes Ereignis, ein Treffen, an dem er mit drei- oder vierhundert seiner engsten Mitstreiter teilnehmen würde. Unsere Cruise-Missiles verfehlten ihn nur knapp. Um eine Stunde vielleicht, ich bin mir nicht sicher. Danach sind wir nie wieder richtig zum Schuss gekommen.«

Doch es *gab* noch andere Möglichkeiten, »zum Schuss zu kommen«, die allerdings an bürokratischen Widerständen scheiterten. Der ärgerlichste Fall betraf die Bemühungen, einen Cyber-Krieg gegen die finanziellen Guthaben von Terroristen und korrupten Politikern zu führen, die ihr Land ausgeplündert hatten. Man entwickelte Pläne, die Bankkonten von Slobodan Milošević elektronisch zu »sperren«. Später wollte man diese Waffe auch gegen Konten einsetzen, mit denen Bin Laden und andere ihre terroristischen Aktivitäten finanzierten. Nach Auskunft des Finanzministeriums war keines der fraglichen Konten sehr groß, aber das war nicht entscheidend: Man schätzt, dass die Terrorangriffe vom 11. September nicht mehr als 500 000 Dollar gekostet haben. »Das war eines der frustrierendsten Gespräche, die ich je als Regierungsvertreter geführt habe«, erklärte später einer der vier Verhandlungsführer der Clinton-Administration und bestätigte, dass die Finanzminister Robert Rubin und Lawrence Summers sich dem Cyber-Krieg mit dem Argument widersetzt hätten, er könnte die Stabilität des internationalen Finanzsystems gefährden. Das war keine unvernünftige Position, doch das nationale Sicherheitsteam hielt dagegen, Bin Laden habe vermutlich bereits »Schläfer« eingesetzt, die ihrerseits versuchten, dem amerikanischen Banksystem schwere Cyber-Schäden zuzufügen. Offenbar machte sich Samuel Berger am nachdrücklichsten dafür stark, alle mit den Terroristen in Zusammenhang gebrachten Konten auszuschalten, doch er konnte sich nicht durchsetzen. »Das war für das Finanzministerium ein neuralgischer Punkt«, meinte ein Vertreter des Sicherheitsteams.

Auch nach den Terrorangriffen auf das World Trade Center und das Pentagon blieb Berger diplomatisch – obwohl man seine stille Wut spürte, als er sich weigerte, einen direkten Kommentar zu den Diskussionen um den Cyber-Krieg abzugeben. Er ließ sich lediglich zu der Feststellung hinreißen: »Die Risikogleichung hat sich verändert. Es gibt Schwellen, die wir jetzt überschreiten können – so können wir unsere Verbündeten veranlassen, Netzwerke zu zerschlagen, die ihnen bekannt sind, wir können an das Banksystem heran, wir tauschen nachrichtendienstliche Erkenntnisse aus und arbeiten enger mit den Russen und anderen zusammen.«

Eine entscheidende Schwelle, die die Bush-Administration sofort überschritt, war die bis dahin herrschende Auffassung, der Kampf gegen den Terrorismus sei eine Angelegenheit der Strafverfolgungsbehörden und keine Frage der nationalen Sicherheit. »Vor dem 11. September gab es drei terroristische Angriffe gegen Amerika – den Bombenanschlag gegen die Khobar Towers im Jahr 1996, die Botschaftsattentate 1998 und den Angriff gegen die *USS Cole* im Jahr 2000. In allen Fällen hat das FBI die Ermittlungen geführt«, sagte Ex-Senator Bob Kerrey, der fast die ganzen neunziger Jahre hindurch dem Senate Intelligence Committee angehörte, dem Ausschuss, der die Nachrichtendienste kontrolliert. »Nach meiner Ansicht waren das jedoch Kriegshandlungen, nicht einfach eine Angelegenheit der Strafverfolgungsbehörden.«

Die Beziehung zwischen Bill Clintons Weißem Haus und Louis J. Freehs Federal Bureau of Investigation war notorisch schlecht. Das FBI war über die mangelnde Bereitschaft der Administration verärgert, die Saudis zu einer entgegenkommenderen Zusammenarbeit bei den Khobar-Towers-Ermittlungen zu bewegen. »Man fragt sich, warum wir nicht mehr Druck gemacht haben«, sagte Leslie H. Gelb, Präsident des Council on Foreign Relations. »Man fragt sich, warum wir ihnen nicht gesagt haben: ›Wenn ihr nicht die Leute herausrückt, mit denen wir sprechen müssen, liefern wir euch keine militärische Ausrüstung mehr.‹«

Doch auf die Administration wurde von anderer Seite – unter anderem von den amerikanischen Diplomaten in Saudi-Arabien und von den amerikanischen Ölgesellschaften – Druck ausgeübt, die Beziehung zu Saudi-Arabien nicht aufs Spiel zu setzen, und das Clintonsche Sicherheitsteam war genauso zornig auf das FBI. »Ihre Standardaussage lautete, Osama bin Laden sei keine ernsthafte innenpolitische Gefahr«, sagte ein ehemaliger Vertreter der Clinton-Administration. »Bin Laden habe rund zweihundert Leute auf amerikanischem Boden, und die habe das FBI alle im Visier. Als es den Millennium-Anschlag aufdeckte« – den Versuch, am Silvesterabend 1999 Bombenanschläge auf den International Airport in Los Angeles und möglicherweise auch auf andere Einrichtungen zu verüben –, »gewann es erheblich an Glaubwürdigkeit. Das andere Problem, das wir mit dem FBI hatten, war seine mangelnde Bereitschaft, Informationen herauszugeben. Sie bestanden auf einer ›Produktkette‹, einer strengen Überwachung des Informationsflusses. Mit anderen Worten, wenn sie uns Informationen zukommen ließen, etwa über die Aktivitäten von Bin-Laden-Zellen, und auf diese Informationen griffen dann andere Regierungsbehörden zu, konnten sie später vor Gericht nicht mehr gegen die Terroristen verwendet werden.«

Man hatte den Eindruck, es habe immer etwas gegeben, was die Clinton-Administration daran hinderte, entschlossen zu handeln – das Pentagon, das Finanzministerium, die Freunde der Saudis, das FBI. In der Rückschau scheinen diese Versäumnisse durch nichts zu rechtfertigen, aber sie ereigneten sich in einer anderen Welt. »Die Ära nach dem Kalten Krieg endete am 11. September 2001«, sagte Barry Posen, ein Fachmann für Verteidigungspolitik am Massachusetts Institute of Technology. »Die Tage, da die Vereinigten Staaten ihre globale Hegemonie ohne großen Aufwand wahrnehmen konnten, sind vorbei. Der Golfkrieg mit seiner Verherrlichung der Hightech-Kriegführung hat uns in falscher Sicherheit gewiegt. Wir glaubten, das alles lasse sich aus großer Entfernung und ohne Verluste erledigen. Heute ist viel von Bill Clintons mangelnder Bereitschaft die Rede, Farbe zu bekennen, sich die Hände schmutzig zu machen, und der Vorwurf entbehrt nicht einer gewissen Berechtigung. Doch Angriffe aus großer Entfernung mit minimalem Risiko waren alles, was die Militärs – und viele unserer Verbündeten – zu tolerieren bereit waren. Und ich habe auch nicht viele Republikaner gehört – ausgenommen vielleicht John McCain im Fall des Kosovos –, die nach dem Einsatz von Bodentruppen gerufen hätten.«

Im Frühjahr 2000 berief der Präsident im Weißen Haus eine Konferenz über die New Economy ein und absolvierte begeistert einen ganzen Tag lang eine Podiumsdiskussion nach der anderen; die Themen reichten von der Makroökonomik des Informationszeitalters bis zum Gemeinschaftsgeist einer zunehmend »virtuellen« Gesellschaft. Er leitete jede Diskussionsrunde, hörte aufmerksam zu und stellte kluge Fragen. In gewisser Weise war diese

Tagung das Gegenstück zu der eintägigen Konferenz über die Binnenwirtschaft, die er 1992 kurz nach seiner Wahl in Little Rock einberufen hatte. Als der Tag sich dem Ende zu neigte, schien es ihm schwer zu fallen, zum Schluss zu kommen. Bei der letzten Podiumsdiskussion über die gesellschaftliche Bedeutung des Internets – der East Room des Weißen Hauses war fast leer, und die Diskussionsteilnehmer blickten unauffällig auf die Uhr – war Clinton immer noch Feuer und Flamme und schien die Zeit völlig vergessen zu haben. Er stellte Robert Putnam von der Harvard University eine aufschlussreiche Frage. Putnams Buch *Bowling Alone* hatte eine Debatte über die schwindende Bedeutung gemeinschaftlicher Aktivitäten losgetreten, und Clinton fragte, ob das Internet zur sozialen Isolierung beitrage. Er machte darauf aufmerksam, dass eBay, das virtuelle Auktionshaus, Tausenden von neuen Händlern, die vorher teilweise von der Sozialhilfe gelebt hätten, einen Lebensunterhalt verschaffe. »Das ist natürlich wunderbar«, sagte der Präsident, »wirft aber auch einige Fragen auf. Diese Menschen arbeiten zu Hause, allein. Da fragt sich doch, ob sich das langfristig auf die Dinge auswirkt, die wir gemeinsam tun müssen, als Gesellschaft.«

Hinterher blieb der Präsident bei mir stehen, um mit mir über den Tag zu plaudern. Er war sehr angeregt und sprühte vor Ideen. Über ein Dorf wollte er sich unterhalten, das er vor kurzem in Indien besucht hatte. Dort gab es einen Computer. »Und dann hatten sie diesen Burschen, der ihn bediente und Material aus dem Internet ausdruckte«, sagte er, »und Schwangere warteten in einer Schlange, um sich die Informationen zu holen, die sie für die Schwangerschaftsvorsorge brauchten – können Sie sich vorstellen, wie das wäre, wenn wir jedes Dorf mit einem Computer versorgen könnten?«

Diese temperamentvolle Ungezwungenheit – die Augen weit aufgerissen, mit tanzenden Augenbrauen, nicht willig zu gehen, bis seine Berater ihn weiterzogen – entsprach dem klassischen Clinton. Genau das machte seine ausufernden Reden zur Lage der Nation so unwiderstehlich und bildete einen so strahlenden Kontrast zu der überbedachten, übervorsichtigen Aufgeblasenheit so vieler Politikerreden (etwa zu den sorgfältig – und manchmal falsch – abgelesenen Erklärungen der Präsidenten vor und nach ihm). Natürlich war an dieser öffentlichen Person nicht alles natürlich. Fast alles, was Clinton sagte, wenn eine Kamera auf ihn gerichtet war, war von Mark Penn im Vorfeld getestet worden. Doch selbst wenn eine Rede bis ins Detail vorbereitet war, hörte sie sich bei Clinton an, als würde er plaudern. Kernstück dieser Fähigkeit waren echte Begeisterung – der Mann liebte es einfach, Reden zu halten – und ein angeborener Ortungsmechanismus, der es ihm ermöglichte, die treffende Pointe, die einprägsame Statistik aufzuspüren, die auch noch die abstrusesten Gegenstände menschlich und verständlich machten. »Es gibt eine Statistik, die der Präsident vor *Jahren* zitierte und die ich einfach nicht vergessen kann«, erzählte Zoe Baird, die Präsidentin der Markle Foundation wurde, einer Stiftung, sie sich ausgiebig mit der Internetpolitik beschäftigt. »Als er seine Amtszeit antrat und die Menschen noch große Angst vor der neuen Wirtschaft hatten, pflegte er zu sagen: ›In den letzten fünf Jahren sind mehr Menschen von Unternehmen eingestellt worden, die sich im Besitz von Frauen befinden, als die 500 größten Unternehmen entlassen haben.‹ Seine Fähigkeit, solche Dinge zu entdecken und wirksam zu präsentieren, hatte wesentlichen Anteil daran, dass es ihm gelang, das Land an die globale Wirtschaft zu gewöhnen. Er hatte immer die tröstliche Geschichte zur Hand, die bewies, dass alles gut werden würde.«

Optimismus ist für Politiker eine äußerst wertvolle, aber häufig unterschätzte Eigenschaft. Die Demokraten präsentierten sich als Partei des positiven Denkens, als Franklin D. Roosevelt ins Weiße Haus einzog. Unter Harry Truman wurde der Optimismus erneuert, von John F. Kennedy in eine elegante Form gebracht und von Lyndon B. Johnson mit Gesetzeskraft ausgestattet. Doch Vietnam verwandelte sie in eine Partei von Pessimisten. Ronald Reagan, der als New-Deal-Demokrat aufgewachsen war, begriff als erster Präsident nach Vietnam diesen uramerikanischen, genetisch verankerten Charakterzug: 1984 verkündete er »Morning in America« als Motto seines Präsidentschaftswahlkampfs.

(Richard Gebhardt konterte 1988, während seines erfolglosen Wahlkampfs, mit der Replik: »Es war eher Mitternacht«.) Clinton erlöste die Demokraten mit seinem Optimismus über Amerikas multikulturelle Gesellschaft und über die Möglichkeiten der Globalisierung aus ihrer Weltuntergangsstimmung – und mit seiner Fähigkeit, die einfachen Amerikaner davon zu überzeugen, dass dies Chancen und keine Bedrohungen seien.

Zweifellos wird Clintons öffentlicher Charme – seine Fähigkeit zu reden, Mitgefühl aufzubringen, zu verstehen, seine Bereitschaft, Zeitpläne zu überschreiten, seine Mitarbeiter in die Verzweiflung zu treiben, nur weil ein Bürger hinter einer Absperrung ein Problem oder eine Geschichte hatte, die der Präsident unbedingt hören musste – als seine bemerkenswerteste Eigenschaft in Erinnerung bleiben. Senator Paul Wellstone aus Minnesota, ein Linksliberaler, der glaubte, Clinton habe eine große Gelegenheit zu »sozialem Handeln« vertan, erzählte mir einmal eine Geschichte über einen seiner Freunde, einen Lehrer namens Dennis Wadley, der 1994 an Krebs starb. »Dennis war von Politik besessen«, meinte Wellstone, »und ich arrangierte kurz vor seinem Tod eine Begegnung zwischen ihm und dem Präsidenten. Wir trafen uns abends, bei einem örtlichen Fernsehsender in Minneapolis. Clinton kam sofort zu uns herüber und begriff die Situation augenblicklich – Dennis wollte nicht über seine Krankheit sprechen, sondern über Politik. Und der Präsident blieb fünfundvierzig Minuten stehen, war extrem freundlich, nahm Dennis ernst, hörte ihm zu, gab intelligente Antworten. Mit keinem Wort erwähnte er seine Krankheit. Es war ein unglaublich taktvoller Auftritt, vollkommen natürlich. Mühelos. Genau von der Menschlichkeit geprägt, die in der Politik fehlt.«

Wellstones Bedauern schienen die meisten vernünftigen Beobachter zu teilen. Es wurde in unterschiedlichster Form geäußert, von links, rechts, aus der Mitte. Übereinstimmend aber war das Gefühl, dass hier ein Talent vergeudet, eine große Chance verpasst worden war. Sogar viele der engsten Freunde waren enttäuscht von Clintons Leistung als Präsident. Und doch, wenn man dieselben Leute fragte, was Clinton denn anderes und mehr hätte leisten können, fielen die Antworten zu speziell aus, um wirklich überzeugen zu können – allgemeine Krankenversicherung an erster Stelle; dann Reform von Sozialhilfe und Medicare; mehr Geld für Bildung, meinte Robert Reich. Vernünftige Einwände, aber nicht ausreichend, um das grundsätzliche Gefühl der Unzufriedenheit mit Clintons Amtszeit zu erklären.

Moralische Fragwürdigkeit war natürlich ein Teil des Problems. Selbst wenn Clinton die Gesundheitsreform verabschiedet, energische Maßnahmen gegen den Terrorismus ergriffen, die Probleme des Nahen Ostens gelöst und einen erfolgreichen weltweiten Kampf gegen die Aids-Epidemie geführt hätte, würden der Lewinsky-Skandal und die empörende Flut von Begnadigungen an seinem letzten Abend im Amt lange Schatten auf seine Präsidentschaft werfen. (Gleichzeitig wird das republikanische Amtsenthebungsverfahren als ein unerklärlicher Moment von selbstzerstörerischem Extremismus in Erinnerung bleiben, ein Akt, der die Gingrich-»Revolutionäre« genauso definieren wird, wie das überflüssige Amtsenthebungsverfahren gegen Andrew Johnson ihre »radikalen« republikanischen Vorgänger kennzeichnete.)

Der Lewinsky-Skandal wirkte sich nachhaltig auf die politische Substanz der beiden letzten Jahre von Clintons Amtszeit aus – ein Umstand, der häufig übersehen wird. Als ich den Präsidenten fragte, was er ohne den Skandal hätte leisten können, meinte er, das könne er nicht sagen. Auf mein Drängen räumte er ein, er wäre vielleicht in der Lage gewesen, die Sozialsysteme und Medicare zu reformieren, wenn die Republikaner – und die Medien – ihn 1998 und 1999 nicht auf anderen Schauplätzen in Atem gehalten hätten. Tatsächlich war Clinton zu dem Zeitpunkt, da er 1998 in seiner Rede zur Lage der Nation den Schlachtruf »Sichert zuerst die Sozialsysteme« ertönen ließ, im Begriff, etwas zu tun, was wenigen Präsidenten vor ihm gelungen war: seine zweite Amtszeit mit einer Reihe bedeutender politischer Leistungen abzuschließen. Er hatte den republikanischen Kongress gebändigt. Ihm stand ein riesiger Haushaltsüberschuss zur Verfügung. »Beide Parteien hinkten in den großen Fragen hinter der Entwicklung her«, sagte Bruce Reed, Clintons innenpolitischer Berater. »Jahrelang hatten alle gemeint, es werde nicht ohne große Opfer abgehen, die Probleme von Sozialversicherung und Medicare zu lösen. Doch plötzlich hatten wir das Geld, es hier und jetzt zu machen. Wir hätten die Sozialversicherung durch private Vorsorge ergänzen können – und der Staat hätte freiwillige Beiträge für die unteren und mittleren Einkommensschichten Dollar für Dollar ausgleichen können, wie Gore es in seinem Wahlkampf 2000 vorgeschlagen hat. Wir hätten Medicare auf den neuesten Stand bringen und effizienter machen können. Tatsächlich aber wollte auf beiden Seiten niemand etwas wirklich in Angriff nehmen. Lewinsky stand im Wege. Und viele Demokraten verwendeten diese sozialpolitischen Fragen mit Vergnügen als Waffe gegen die Republikaner ... Infolgedessen ist Bill Clinton möglicherweise der einzige Staatschef in der Geschichte, der seinem Nachfolger einen Haushaltsüberschuss von dieser Größenordnung überließ, damit dieser etwas damit anfange.«

Am Ende war Clintons größtes politisches Versagen möglicherweise seine Unfähigkeit, ein verändertes soziales Netz zu schaffen, das den Anforderungen des Informationszeitalters genügte. Das war ein Versagen mit erheblichen Konsequenzen für das Verhältnis der Generationen: Die Baby Boomer hinterließen ihren Kindern einen kostspieligen demographischen Schlamassel. Neue, geschmeidigere Systeme taten Not – darunter auch eine allgemeine Krankenversicherung –, die auf die Bedürfnisse des Einzelnen zugeschnitten, dezentralisiert, flexibler waren als die knirschenden Pensions- und Gesundheitsfürsorgeprogramme des Industriezeitalters, Systeme, die besser auf das Tempo und die Turbulenzen der neuen Zeit reagierten. Medicare war ein besonders bitteres Beispiel für Clintons Unfähigkeit, nach der Lewinsky-Affäre das Richtige zu tun.

Die Senatoren John Breaux aus Louisiana und Bill Frist aus Tennessee hatten die Grundzüge einer schlüssigen Medicare-Reform ausgearbeitet – ein Entwurf, der in das bekanntermaßen schlecht funktionierende und eine wahre Kostenexplosion verursachende Gesundheitssystem für Senioren Wettbewerb eingeführt und neue Vorteile (etwa bei den rezeptpflichtigen Arzneimitteln) gebracht hätte. Das war in gewisser Weise die neueste Auflage einer alten Debatte – der Schlacht, die erstmals in den achtziger Jahren über die Frage der Tagesstätten geschlagen worden war –, wobei sich der Breaux-Frist-Entwurf weitgehend an die Parameter des Dritten Weges hielt. »Das war die Idee«, sagte einer von Clintons engsten Beratern. »Breaux war einer von uns. Wir wussten, was auf uns zukommen würde. Man hätte noch viel Arbeit in den Breaux-Frist-Plan stecken müssen, aber wir hätten etwas daraus machen können.«

Doch der Breaux-Frist-Vorschlag wurde im Frühjahr 1998 vorgestellt, zu einem Zeitpunkt, als der Präsident es sich nicht leisten konnte, die linken Demokraten im Repräsentantenhaus zu verprellen. Clinton war mit dem Plan nicht ganz einverstanden, aber er besaß weder die nötige Energie noch die politischen Möglichkeiten, ihn in die gewünschte Form zu bringen und dann eine überparteiliche Koalition zu schmieden, um ihn durch die Gesetzesmühle zu peitschen, wie er es mit der Sozialhilfereform und NAFTA getan hatte. Stattdessen sprach er sich einfach dagegen aus und büßte alle Aussichten auf die Reform von Medicare ein. Auch in Bezug auf die Sozialversicherung ließ er keinen weiteren Versuch folgen. So wird Clinton als ein Präsident in Erinnerung bleiben, der sich in diesen Fragen besonders unverantwortlich verhalten hat, der bereit war, mit den Ängsten der Bevölkerung vor dem Verlust der sozialen Sicherheit im Alter zu spielen – was er während der Zahlungsunfähigkeit der Regierung 1995 und der Wahl 1996 unbedenklich und wahrheitswidrig getan hat –, und nicht als ein Präsident, der irgendwelche Anstrengungen unternommen hätte, diese Systeme zu reformieren.

Auch in der Außenpolitik wirkte der Lewinsky-Skandal. Die Cruise-Missiles-Angriffe auf eine Pharmafabrik im Sudan und auf ein Guerillalager in Afghanistan – beide angeblich zum Terrornetz von Osama bin Laden gehörig – fanden am 20. August 1998 statt, drei Tage, nachdem der Präsident vor der Grand Jury im Fall Lewinsky ausgesagt hatte. Am 16. Dezember, dem Tag, an dem das Repräsentantenhaus über die Einleitung des Amtsenthebungsverfahrens befinden sollte, wurde ein weiteres sinnloses Bombardement in Gang gesetzt, diesmal gegen den Irak. Die Luftangriffe im Kosovo und auf Serbien vom Februar begannen genau einen Tag, nachdem Clinton vom Senat freigesprochen worden war. Alle diese Maßnahmen könnten durch die persönlichen Schwierigkeiten des Präsidenten begrenzt oder intensiviert worden sein – auf jeden Fall wurden sie von ihnen beeinflusst. Doch auch wenn es den Lewinsky-Skandal nicht gegeben hätte, ist es unwahrscheinlich, dass Clinton sich zu einem ernsthaften Schlag gegen die Mörderbanden im Ausland entschlossen und amerikanische Bodentruppen entsandt hätte, um Slobodan Milošević, Saddam Hussein oder Osama bin Laden unschädlich zu machen. Zwar waren es ungeheuerliche Schurken, aber die Gefahr erschien zu fern, zu ungewiss. Und das Land war nicht in der Stimmung, sich aus der Ruhe bringen zu lassen. Trotzdem wird die alles verschlingende Monica-Hysterie Clinton daran gehindert haben, die drei Operationen mit der nötigen Sorgfalt vorzubereiten. Und genau das zeigte sich.

Es gab noch andere Lewinsky-bedingte außenpolitische Folgen. Im Frühjahr 1999 änderte der Präsident plötzlich seine Haltung hinsichtlich der Normalisierung der Handelsbeziehungen zu China, ein Abkommen, das seine eigene Handelsbeauftragte Charlene Barshefsky sorgsam ausgehandelt hatte – und zu dessen Ratifizierung der chinesische Ministerpräsident Zhu Rongji eigens anreiste. Zum Teil zeigte der Präsident sich damit bei den protektionistischen Demokraten im Repräsentantenhaus erkenntlich, denen er verdankte, dass er noch Präsident war, weil sie für die Abstimmung über das Amtsenthebungsverfahren Fraktionszwang verhängt hatten – womit das Verfahren in der Öffentlichkeit jede Glaubwürdigkeit einbüßte.

Doch Clinton erhielt auch aus dem Westflügel merkwürdige Ratschläge: Al Gore und andere drängten ihn, das China-Abkommen aufzuschieben, das sie lange Zeit befürwortet hatten. In dieser vorsichtigen Haltung kam Gores Nervosität zum Ausdruck, die sich fast bis zum intellektuellen Nervenzusammenbruch steigerte, je näher sein eigener Augenblick der Wahrheit im

Jahr 2000 rückte. Die letzten beiden Jahre seiner Vizepräsidentschaft verbrachte er damit, von den moderaten Positionen abzurücken, die er bisher immer vertreten hatte – ein plumper und politisch fragwürdiger Versuch, sich dem linken Flügel der Partei anzudienen. Doch Gore war wahrhaft ökumenisch in seiner Feigheit: Er gab auch viel von der linken, weitsichtigen Position preis, die er bisher in Umweltfragen vertreten hatte – was in gewisser Weise noch trauriger war.

»In seinen beiden letzten Jahren im Weißen Haus hat Gore eine genauso schlechte Figur abgegeben wie Clinton in seinen ersten beiden Jahren«, sagte ein Berater, der mit beiden eng zusammenarbeitete. Während der zweiten Amtszeit hatten Gores persönliche Schwierigkeiten mit Clinton empfindlich zugenommen. Natürlich spielten die Auswirkungen des Lewinsky-Skandals auf seinen Präsidentschaftswahlkampf eine wesentliche Rolle (dass Gore Töchter in Lewinskys Alter hatte, verschärfte die Situation noch). Doch weit wichtiger noch war Gores fast pathologisches Bedürfnis zu beweisen, dass er auf eigenen Füßen stehen, dass er aus dem Schatten seines politischen Meisters heraustreten konnte – und vielleicht auch aus dem Schatten seines Vaters. Sein Stolz und sein Unbehagen lähmten den Wahlkampf und verstärkten die Unbeholfenheit, die er von Natur aus mitbrachte. Im Laufe der Zeit war auch Clinton zunehmend von Gore frustriert – frustriert, weil Gore ihn beiseite zu schieben schien, frustriert von der hoffnungslosen Schwerfälligkeit des Vizepräsidenten als Wahlkämpfer. Tatsächlich führte Gore einen der ungeschicktesten Präsidentschaftswahlkämpfe in der Geschichte des Fernsehens. »Ich habe nie begriffen«, sagte ein Mitglied der Bush-Familie, »warum er sich in diesen Debatten nicht einfach an George wandte und ihn fragte: ›Können Sie mir erklären, Gouverneur, was Sie eigentlich gegen Frieden und Wohlstand haben?‹«

(Die Normalisierung der Handelsbeziehungen mit China wurde im Frühjahr 2000 verabschiedet, nachdem sich der Präsident, der zu seiner ursprünglichen Haltung zurückgekehrt war, nachdrücklich dafür eingesetzt hatte; doch die Demütigung Zhu Rongjis, die die Chinesen als einen schwer wiegenden Gesichtsverlust werteten, und die Achtlosigkeit, die in der unbeabsichtigten Bombardierung der chinesischen Botschaft in Belgrad während des Kosovokrieges zum Ausdruck kam, hat in Peking vermutlich die Fraktion gestärkt, nach deren Auffassung den Vereinigten Staaten nicht zu trauen ist.)

Der Wunsch des Präsidenten, die Lewinsky-Affäre vergessen zu machen, seine acht Jahre im Amt mit einem letzten, beeindruckenden Feuerwerk an historischen Leistungen abzuschließen, hat ihn möglicherweise dazu verführt, im letzten Sommer seiner Präsidentschaft allzu ungestüm auf ein israelisch-palästinensisches Friedensabkommen zu drängen. Inzwischen hat er zugegeben, dass er in den letzten Verhandlungsstadien die Verweigerungshaltung des Palästinenserführers Jassir Arafat falsch eingeschätzt und gedacht habe, Arafat werde Ja sagen, wenn er erst den Israelis jedes mögliche Zugeständnis abgetrotzt habe – eine wahrhaft katastrophale Fehlkalkulation, sowohl von Clinton als auch von Ehud Barak, der glaubte, ein Abkommen mit den Palästinensern sei das Einzige, was seinen politischen Niedergang aufhalten könnte.

Auf der einen Seite gab es diejenigen, die meinten, der Misserfolg von Camp David habe auch sein Gutes: Er zeige die grundsätzliche Unnachgiebigkeit der Palästinenser und beende eine gefährliche Periode israelischer Illusionen, die mit dem Handschlag von Jitzchak Rabin und Arafat auf dem Rasen des Weißen Hauses begonnen habe. Doch das scheint eine unangemessen zynische Auffassung zu sein. Camp David beendete auch die glücklichsten sechs Jahre, die Israel als Nation je erlebt hat, eine Zeit des Wohlstands und der Öffnung zur übrigen Welt. Das Scheitern des Friedensschlusses zerstörte einen wertvollen, empfindlichen Status quo. Es ließe sich durchaus vorbringen, das, was Israel und die Palästinenser am meisten gebraucht hätten, sei der *Anschein* eines Friedensprozesses gewesen und nicht der nachdrückliche Versuch, ein solches Abkommen auch tatsächlich abzuschließen. In der Rückschau ist klar, dass Arafat nicht bereit war, ein Abkommen zu akzeptieren – ein palästinensischer »Staat« aus dem Gazastreifen und den Trümmern des Westjordanlandes war kaum als Staat zu bezeichnen. Viel schwerer noch fiel ins Gewicht, dass ein Friedensabkommen die Palästinenser und Arafat persönlich gezwungen hätte, auf die einzige echte nationale Identität zu verzichten, die sie hatten – diese Araber unterschiedlichster Herkunft, deren einzige Gemeinsamkeit war, dass sie seit 1948 auf dem zum jüdischen Staat erklärten Gebiet lebten. Sie wären nicht mehr die staatenlosen Opfer gewesen (und hätten die tragische Realität anerkannt, dass die Araber, die 1948 das Land verlassen haben, keinen rechtmäßigen Anspruch mehr auf ihre Heimat geltend machen können; Clinton hat später gesagt, das »Recht auf Rückkehr« sei der entscheidende Punkt für die Palästinenser gewesen). Außerdem hätte Arafat nach einem Friedensabkommen tatsächlich einen Staat *führen* müssen – eine weit weniger interessante und sehr viel mühsamere Beschäftigung, als in der Welt herumzujetten und sich bei schuldbewussten Arabern und hoffnungslos sentimentalen Europäern Geld und Sympathien abzuholen.

»Arafat fühlt sich wohler und hat immer dann seine stärksten Momente, wenn er die Rolle des Opfers spielen kann. Darauf versteht er sich ausgezeichnet«, sagte Clinton später, ein halbes Jahr, nachdem er aus dem Amt geschieden war. Das war ein bemerkenswertes Eingeständnis für einen Politiker, der in emotionalen Dingen so scharfsinnig war: Das Abkommen von Camp David, das Clinton anstrebte, hätte von Jassir Arafat verlangt, nicht mehr Jassir Arafat zu sein, eine höchst unwahrscheinliche Kapitulation.

Clintons Vorstoß in Camp David hatte unmittelbare und heftige Konsequenzen: das Wiederaufleben der *Intifada*; die blutigsten und brutalsten Bombenattentate und militärischen Vergeltungsaktionen der Israelis des Jahrzehnts, eines Jahrzehnts, das den Antiamerikanismus in der islamischen Welt schürte und der romantischen Verklärung von Radikalen wie Bin Laden Vorschub leistete; den Sturz der Regierung Barak und die Wahl von Ariel Scharon zum Ministerpräsidenten; einen tief reichenden und vielleicht irreparablen Pessimismus auf Seiten der Israelis wie der Palästinenser. Und ein hartnäckiges Schuldgefühl bei Bill

Clinton, ein Schuldgefühl, von dem er sich vielleicht an seinem letzten Abend im Amt zu befreien versuchte, als er die Begnadigung für einen Gentleman namens Marc Rich unterzeichnete.

Bill Clinton schied genau so aus dem Amt, wie er es angetreten hatte: erschöpft fast bis zur Unzurechnungsfähigkeit. Wie sein Entschluss, nach der Wahl von 1992 auf den dringend erforderlichen Urlaub zu verzichten, zu einer Reihe von Entgleisungen und Fehleinschätzungen geführt hatte (dem Patzer mit den »Homosexuellen beim Militär« und der Entscheidung, den demokratischen Führern in der Reform der Wahlkampffinanzierung nachzugeben), so äußerte sich jetzt sein Verlangen, jeden Augenblick im Amt noch zu genießen, in atemloser Hektik. Rastlos ließ er sich von der Air Force One zu emotionsgeladenen Abschiedsveranstaltungen kreuz und quer durchs Land tragen, unterzeichnete eine Vielzahl von Verfügungen (viele den Umweltschutz betreffend, ein letzter Hieb gegen die so ganz anders gesinnte Nachfolge-Administration), einen Vergleich mit dem letzten Whitewater-Staatsanwalt Robert Ray und schließlich die 177 Begnadigungen und Strafmilderungen am letzten Abend im Amt.

All dem haftete eine libidinöse Zügellosigkeit an. Es war ein letztes Sichgehenlassen, eine vollkommene Hemmungslosigkeit. Auch andere Präsidenten haben in letzter Minute Begnadigungen ausgesprochen, zu guter Letzt noch Verfügungen erlassen, sich auf sentimentale Abschiedstouren begeben – doch die unersättliche Maßlosigkeit dieser Inszenierungen und Absolutionen schienen noch einmal Clintons fragwürdigste Eigenschaften vor Augen zu führen. Wobei die Begnadigung von Marc Rich – so unbegreiflich wie aufschlussreich – den absoluten Tiefpunkt darstellte.

Stereotyp wurde Rich in den Zeitungen als »flüchtiger Finanzmakler« bezeichnet. Was nicht ganz zutreffend war: Er war kein schlichter Wirtschaftskrimineller, sondern hatte viele zehn, vielleicht sogar hundert Millionen Dollar an Steuern hinterzogen. Er hatte Amerikas Feinde mit Öl und möglicherweise sogar mit Waffen beliefert. Er war aus dem Land geflohen und hatte auf seine Staatsbürgerschaft verzichtet. Er war eine groteske Gestalt, eine Karikatur – traurigerweise, unabwendbar eine jüdische Karikatur (besonders in seinem Bemühen, sich von seinen Sünden reinzuwaschen, indem er Millionen von Dollar für wohltätige, oft israelische Einrichtungen stiftete). Gleiches galt für seine törichte, geschmacklose Ex-Frau Denise.

Denise Rich und ihre Freundin Beth Dozoretz schienen Besucher aus dem Mittelalter zu sein. Sie waren Höflinge, die den Präsidenten umschwirrten und umschmeichelten, ihn mit Lob und Geld überhäuften. Rich stiftete 450 000 Dollar für die Clinton Library, 100 000 Dollar für Hillary Clintons Senatswahlkampf und eine Million Dollar für die Demokratische Partei. Für das Haus der Clintons in Chappaqua, New York, kaufte sie Möbel im Wert von 7000 Dollar. Dozoretz war unermüdlich bemüht, Geld für die Demokratische Partei aufzutreiben, und versprach, eine Million Dollar für die Clinton Library locker zu machen. Während der beiden letzten Jahre, die Clinton im Amt verbrachte, wurde sie von der Sicherheitsabteilung des Weißen Hauses sage und schreibe 96 Mal überprüft. Auch Ehud Barak spielte eine wichtige Rolle bei der Begnadigung: Er rief den Präsidenten dreimal an und setzte sich für Rich ein (der einen stattlichen Beitrag zu Baraks Wahlkampffinanzierung geleistet hatte). Später räumte Clinton ein, er habe diesen Gesprächen zu viel Gewicht beigemessen, weil er sich für Baraks politisches Schicksal verantwortlich fühlte. Dann gab es da noch Jack Quinn, einen ehemaligen Anwalt des Weißen Hauses, der genau wusste, wie er einen Fall am Hofe Clintons zu präsentieren hatte (gewiss war ihm klar, wie geneigt der Präsident reagieren würde, wenn er ihm den schändlichen Übereifer von Staatsanwälten ausmalte). Doch das emotionale Kernstück der Angelegenheit waren sicherlich die seelenvollen Ergüsse der Damen Rich und Dozoretz.

»Sie wissen, dass mir nichts an Geld liegt«, sagte der Ex-Präsident zu mir, einen Monat, nachdem er aus dem Amt geschieden war. Und das stimmte: Auf seinem zielstrebigen Weg ins Präsidentenamt hatte sich Clinton notorisch uninteressiert an persönlichem Reichtum gezeigt. In seinen Washingtoner Jahren war diese Eigenschaft allerdings nicht so wichtig gewesen, da dem

Präsidenten eine höchst aufwendige Lebensführung zusteht. (Auf eine härtere Probe wird Clintons finanzielle Bescheidenheit in der Zeit nach seiner Präsidentschaft gestellt, denn jetzt muss er genug Geld verdienen, »um eine Senatorin zu finanzieren«, wie er in demselben Interview zugab.)

Doch auch wenn Clintons Gleichgültigkeit gegenüber persönlichem Reichtum erwiesen ist, so war er beileibe kein Vorbild an Rechtschaffenheit. Während seiner gesamten Amtszeit zeigte er sich verführbar durch das Versprechen auf *politisches* Geld – das heißt Spenden für seine Sache –, und jeglichen Verstand büßte er ein, wenn man ihm schmeichelte. Das war schon Clintons große Schwäche, bevor er Präsident wurde: sein Bedürfnis, sich mit Speichelleckern zu umgeben, seine Anfälligkeit für Gauner wie Jim McDougal. Die Verbissenheit der republikanischen Angriffe hat diese Tendenz noch verstärkt. Die Notwendigkeit, Geld aufzubringen – zunächst für seine Wiederwahl, dann für seine Verteidigung und schließlich für seine Bibliothek –, sprengte die Grenzen des guten Geschmacks, wenn nicht gar der Legalität. Ebenso groß war das Bedürfnis, sich mit schmeichlerischen Höflingen zu umgeben. Das war gewissermaßen die Kehrseite seines Mitgefühls: Er hatte nicht nur den Drang, anderen zu gefallen, sondern auch, sich hofieren zu lassen. Tatsächlich könnte das die wirkliche Gegenleistung für die Begnadigung von Marc Rich gewesen sein. Ein Gunstbeweis in Anerkennung treuer Höflingsdienste.

Diese letzten Verirrungen waren fast so etwas wie eine literarische Anspielung: die unverhüllte Heftigkeit seines Bedürfnisses, in diesen letzten Tagen noch einmal alle Privilegien des Amtes zu genießen, der vollkommene Verlust jeder politischen Perspektive, das war eine Art Lewinsky-Revival. Beide Skandale schienen die schlimmsten Vermutungen über seinen Charakter zu bestätigen. Auf eine merkwürdige Weise verschwammen Denise Rich, Beth Dozoretz und Monica Lewinsky zu einer Person – verzweifelt in ihrem Bestreben zu gefallen, verzweifelt um Aufmerksamkeit bemüht und leicht auszunutzen. Clintons Eifer, sie alle auszunutzen (auf verschiedene Art natürlich), war bedenkenlos und manipulativ, seine Bereitschaft, sich im Gegenzug ausnutzen zu lassen und die voraussehbare Enthüllung dieser Vorgänge hinzunehmen, geradezu unheimlich. In dem wohl bemerkenswertesten Augenblick seiner Vernehmung durch Starr erklärte Clinton, er sei davon ausgegangen, dass Monica Lewinsky nicht in der Lage sein würde, die Affäre für sich zu behalten. Also, *warum* um alles in der Welt hat er sich dann überhaupt darauf eingelassen? Selbst dem wohlwollendsten Beobachter fällt dazu nichts mehr ein.

Man kann sich durchaus vorstellen, dass auch andere Staatschefs – unter ihnen viele, die wie Franklin Roosevelt und John F. Kennedy als bedeutend und verantwortungsvoll in die Geschichte eingegangen sind – ebenso egoistisch, bedürftig und bis zur Selbstzerstörung sonderbar waren wie Bill Clinton. Der Wille zur Macht setzt einen gewissen Fanatismus voraus, zumal in einer Demokratie. Doch bis zu Clintons Amtszeit wurde die schmutzige Wäsche der Präsidenten nicht in der Öffentlichkeit gewaschen.

Von Anfang an war dieser Präsident von unbehaglicher Vertrautheit. Man wusste zu viel über ihn, und Clinton schien das nicht im Mindesten zu stören – im Gegenteil, er spielte damit. Er gab zu, seine Ehe sei »nicht vollkommen«. Er sagte, er habe »nicht inhaliert«. Auf MTV beantwortete er sogar eine Frage, was für Unterwäsche er trage. In all diesen Fällen hätte er sagen können »Das geht Sie nichts an«. Doch Clinton hatte ein hoch entwickeltes Verständnis für die Macht scheinbarer Intimität: Ihm war klar, dass der Präsident von nun an genauso in den Küchen und Wohnzimmern der Nation leben würde wie im Weißen Haus. Er machte die Bürgerversammlung zu einem genauso selbstverständlichen Bestandteil des Wahlkampfs wie die Fernsehdebatte (tatsächlich fasste er Bürgerversammlung und Kandidatendebatte zusammen und machte sie zu einem alle vier Jahre wiederkehrenden Ritual). Er war interaktiv. Keine Frage, auf die er nicht antwortete.

Doch etwas ging in diesem Prozess verloren, schon lange vor Lewinsky. Es fragt sich, ob das Gefühl der Enttäuschung, das Clintons Präsidentschaft hervorrief, ohne Sex und Begnadigungen nicht ebenso stark, wenn auch weniger auf spezielle Sachverhalte fokussiert gewesen wäre. Seine außerordentliche Begabung weckte höhere Ansprüche und Erwartungen, als in einem so friedlichen Augenblick der Geschichte verlangt wurden. Er hatte das Pech, in einer Zeit zu regieren, in der Größe nicht gefragt war. Irgendwie hatte man immer den Verdacht, Clinton sei ein bisschen gelangweilt, er brauche den Kick einer Krise – und dass er, wenn die Krise ausbliebe, eben selbst für eine sorgte. Möglicherweise bedauert Clinton, dass er nie auf die Probe gestellt worden ist, und man fragt sich, wie er wohl in einem Notfall von nationaler Bedeutung reagiert hätte. Zweifellos hätte er die Chance begrüßt, etwas wirklich Wichtiges tun zu können, etwa nach dem 11. September den »Krieg« gegen den Terrorismus auszurufen und die Nation aufzurütteln. Zweifellos hatte er große Führungsqualitäten. Doch vielleicht hatte Clinton schon vor Lewinsky einen Großteil seiner moralischen Autorität verspielt, weil er uns allzu sehr entgegenkam – weil er versuchte, jede Laune der Öffentlichkeit demoskopisch zu erfassen, weil er zu große Anstrengungen unternahm, uns zu gefallen. Durchaus möglich, dass die Clinton-Ära von Historikern als der Augenblick festgehalten wird, in dem sich die Distanz zwischen dem Präsidenten und der Öffentlichkeit auf immer verflüchtigte.

»Ich weiß nicht, ob das so schlecht ist«, erklärte mir Clinton am Ende einer unserer Unterhaltungen. »Diese Aufgabe muss entmystifiziert werden. Sie ist ein *Job* … Es spricht eine Menge dafür, jeden Morgen auf der Matte zu stehen und den Stein den Hügel hinaufzurollen … Wenn Sie bereit sind, sich auch mit kleinen Erfolgen zufrieden zu geben, können Sie eine Menge positiver Dinge bewirken … Wenn Sie Ihr Land lieben und etwas haben, was Sie tun möchten, wenn Sie ein gutes Team zusammenstellen, wenn Sie unermüdlich sind und sich nicht schonen, stellen sich auch die Ergebnisse ein.«

Das war, wie mir schien, ein trauriges und defensives Fazit.

*

Er bleibt der überzeugendste Politiker seiner Generation, obwohl das nicht viel heißen will. Denken Sie an die anderen: die ersten Baby-Boomer-Vizepräsidenten Dan Quayle und Al Gore (Letzterer ein seriöser Mann, der aber im Rampenlicht blass wirkte); die Sprecher des Repräsentantenhauses Newt Gingrich und Dennis Hastert (Ex-Trainer eines Highschool-Ringerteams); die Mehrheitsführer im Senat Trent Lott (ein ehemaliger Cheerleader) und Tom Daschle (ein zäher, gerissener Pragmatiker ohne Visionen und Ausstrahlung). Schließlich Clintons Nachfolger George W. Bush – noch ein ehemaliger Cheerleader und ein Mann, dessen öffentliches Auftreten vor dem 11. September bestenfalls unsicher war und sich auch danach nur vorübergehend besserte.

In England bestritt Tony Blair (ein ehemaliger Veranstalter von Rockkonzerten) eine erfolgreiche politische Karriere nach Clintons Vorbild, allerdings ohne dessen Skandale. Zweimal wurde er mit überwältigenden Mehrheiten zum Premierminister gewählt und war trotzdem in der Öffentlichkeit nicht sehr beliebt. Sein Wahlkampf für die zweite Amtszeit, im Frühjahr nach Clintons Ausscheiden, vollzog sich in einem Klima allgemeiner Apathie, besonders was die jüngeren Wahlberechtigten anging – zuletzt waren 1918 so wenig Briten zur Wahl gegangen.

Wenige dieser Männer hatten Nennenswertes in ihrem Leben geleistet, bevor sie in die Politik gingen. Es gab eine kollektive Unreife, Schwäche und Kleinheit – der Zielsetzung, des Geistes, der Inspiration –, die kein Zufall sein können. Die Cheerleader und die anderen Dilettanten, die Ende des zwanzigsten Jahrhunderts die Macht übernahmen, wirkten wie Poseure, Kinder, die Erwachsene spielten, besonders wenn man sie mit der Generation verglich, die ihnen vorangegangen war. Der Übergang von Bob Michel zu Newt Gingrich, vom zurückhaltenden Teilnehmer am Zweiten Weltkrieg zum falschen Revolutionär, der versuchte, die Demokratie in einen Krieg zu verwandeln – ein Übergang von Kompetenz zu Präpotenz –, steht für einen stummen Vorwurf an diese zügellose, wichtigtuerische Generation.

Warum wirkten die Politiker der Baby-Boomer-Generation so unzulänglich? Ich nehme an, dass dafür mindestens drei, miteinander zusammenhängende Faktoren verantwortlich waren. Der erste und offenkundigste war, dass sie nie auf die Probe gestellt worden waren – zumindest bis zum 11. September 2001 nicht. Es fehlte ihnen an der Tiefe, Weitsicht und Weisheit, die die Erfahrung schwerer Zeiten mit sich bringt. Nur wenige Angehörige dieser Generation hatten den allgegenwärtigen Tod, die verzweifelte Ungewissheit und die selbstlosen Opfer erlebt, die in solchen Zeiten den Alltag ausmachen (das ist einer der Gründe, warum Vietnamveteranen wie John McCain so viel überzeugender wirken als andere Politiker ihrer Generation). Einmal, kurz nachdem Clinton Präsident geworden war, fragte ich Lloyd Bentsen – einen Airforce-Piloten, der im Zweiten Weltkrieg die Höchstzahl der erlaubten Einsätze geflogen hatte und abgeschossen worden war – nach dem Unterschied zwischen dem Weißen Haus unter John F. Kennedy und dem unter Clinton, mit anderen Worten, nach dem Unterschied zwischen seiner und meiner Generation. Sehr zurückhaltend und etwas traurig schüttelte der Finanzminister den Kopf und sagte: »Ich vermute, wir mussten nicht so viel beweisen.«

Überfluss – die weich gepolsterte, friedliche Sicherheit am Ausgang des zwanzigsten Jahrhunderts – trug ebenfalls zur vorherrschenden Unreife bei. Politische Größe ist selten ein Werk des Einzelnen. Sie erwächst aus den Schwierigkeiten der Welt. Ein Staatschef ohne politische Krisen wird gewöhnlich an den Rand der Geschichte verbannt. (Eine der seltenen Ausnahme von dieser Regel ist Theodore Roosevelt, der die amerikanische Präsidentschaft in Friedenszeiten kraft seiner Persönlichkeit neu erfand.) In solchen Momenten verlangt die Öffentlichkeit wenig von ihren Politikern – die Menschen möchten in Ruhe gelassen werden. Manchmal hat diese Apathie langfristige Konsequenzen für eine Gesellschaft. Schon Machiavelli – und nicht nur er – hatte sich darüber Sorgen gemacht und die Frage aufgeworfen, wie Regierungen in ruhigen Zeiten ihre Strenge – ihre moralische Autorität – bewahren könnten. *Ozio* – Trägheit – sei der größte Feind einer Republik, schrieb er zu Beginn des sechzehnten Jahrhunderts.

Daher war eine der wichtigen, aber weniger auffälligen Aufgaben, denen sich George W. Bush gegenübersah, die Notwendigkeit, ein neues und dauerhaftes Klima öffentlicher Wachsamkeit – und ein geschärftes staatsbürgerliches Bewusstsein – zu schaffen, um den Anforderungen eines Konflikts gerecht zu werden, der seinem Wesen nach verschwommen und sporadisch sein wird und durchaus zu einer permanenten Begleiterscheinung der Zivilgesellschaft werden könnte. Bush musste den Begriff der *Führungsrolle* aus den Fängen der professionellen Image-Experten befreien, keine geringe Aufgabe für einen Mann, der seine politischen Erfolge in so hohem Maße den Fähigkeiten anderer zu verdanken hatte.

Marketing war das schleichende Gift, das entscheidend zum Schwund des öffentlichen Lebens beitrug. Die allgegenwärtigen Demoskopen und Werbefachleute, die das politische Leben am Ausgang des zwanzigsten Jahrhunderts beherrschten, waren bedingungslose Pragmatiker. Sie fragten die Menschen, was sie haben wollten. Die Antworten waren unschwer vorhersehbar: bessere Schulen, besseres Gesundheitssystem, sicherere Straßen – und weniger Steuern. Und so wurden auch die Politiker bedingungslose Pragmatiker – Mitläufer statt Führer, sklavische, ängstliche Mitläufer, verzweifelt bemüht, jeder Laune und Eingebung der öffentlichen Meinung zu folgen, die ihre Demoskopen und Medienberater ausmachten. Meist gerannen ihre Botschaften zu Standpunkten irgendwo in den sichersten, konservativsten Bereichen der politischen Mitte, ohne die brillanten, exzentrischen und unvorsehbaren Einfälle, die die Erkennungszeichen einer echten politischen Führungsnatur sind.

Bis zum Präsidentschaftswahlkampf 2000 war diese Methode so perfektioniert worden, dass die konkurrierenden politischen »Produkte« austauschbar erschienen. George W. Bush und Al Gore versprachen übereinstimmend Gesundheitspläne zum Bezug rezeptpflichtiger Medikamente für die Alten und Bildungspläne für die Jungen, und die Unterschiede zwischen ihren Plänen waren nur noch für hoch spezialisierte Experten erkennbar. Breiige Oxymora hatten Konjunktur. George W. Bush versprach »mitfühlenden Konservativismus«, Al Gore »pragmatischen Idealismus«. Keiner versprach etwas, was auch nur entfernt an politische Führung erinnerte, keiner versuchte, die Menschen aufzurütteln oder zu begeistern, und diese reagierten mit einer entsprechend lustlosen Wahrnehmung ihrer staatsbürgerlichen Rolle. »Die Menschen interessieren sich nicht für mitreißende Ideen«, erläuterte mir der republikanische Meinungsforscher Frank Luntz auf dem Höhepunkt des Wahlkampfs. »Sie wollen nicht für große Taten begeistert werden. Ihr Interesse gilt dem eigenen Leben, dem engeren Umfeld. Zwei große politische Kreuzzüge haben sie erlebt – 1992 und 1994 –, und beide stellten sich als große Enttäuschung heraus. Nach Clinton und Gingrich hat sich Charisma-Verdrossenheit breit gemacht.«

Es gehört sicherlich zu den großen Ironien der Geschichte, dass das Persönlichkeitsmerkmal, das im Wahlkampf 2000 am wenigsten zur Geltung kam – die Fähigkeit, Menschen zu motivieren und zu führen –, plötzlich einem Präsidenten abverlangt wurde, der zwar die besten Absichten hatte, aber auf diese Rolle absolut nicht vorbereitet war. Echte Führung kann einem Politiker durchaus Angst machen. So etwas kann man nicht im Vorfeld einmal ausprobieren. Es wird unvermittelt von ihm verlangt – auf der politischen Bühne, wie Theodore Roosevelt sagte – und kommt häufig im falschen Moment. Schandtaten wie die Angriffe auf das World Trade Center und das Pentagon können ein Volk aufrütteln und zusammenschließen, aber nur tatsächliche Führung kann die notwendige Entschlossenheit aufrechterhalten. Gewöhnlich schlagen die unbequemen Entscheidungen, die ein gewissenhafter Staatschef treffen muss, in Umfragen negativ zu Buche (man denke an die ersten Reaktionen der Öffentlichkeit auf den Golfkrieg, die Intervention in Bosnien, den Überbrückungskredit für Mexiko). Echte politische Führung verlangt einen Vertrauensvorschuss, fordert von den Menschen, über sich hinauszuwachsen, über Dinge nachzudenken, an die sie bisher nicht gedacht haben, und manchmal sogar, sich selbst für das Gemeinwohl zu opfern. Das ist eine geheimnisvolle, atavistische Kraft – eine emotionale Bindung –, die von Demagogen leicht missbraucht werden kann. Doch vermutlich gibt es eine machtvolle, verborgene Sehnsucht nach einem Präsidenten, der mehr weiß als die Öffentlichkeit, dem klar ist, was zu tun ist, der sich nicht scheut, unbequeme Wahrheiten auszusprechen, und der die Menschen – sogar die selbstzufriedenen, zynischen Bewohner des erfolgreichsten Landes in der Geschichte der Menschheit – davon überzeugt, dass aus dem Bewusstsein, einem Ganzen anzugehören, das größer ist als man selbst, spirituelle Befriedigung erwachsen kann. Vor den Septemberanschlägen hatte die amerikanische Nation alle Ausdrucksformen des Patriotismus vergessen, von den allerbequemsten einmal abgesehen. Nach den Anschlägen war die öffentliche Hilfsbereitschaft überwältigend, aber sie war auch ein Reflex von möglicherweise kurzer Dauer. Das Land zu einem dauerhafteren, nüchternen Patriotismus hinzuführen, wird die große Aufgabe für den neuen Präsidenten sein.

Mitten im Überfluss und der Lethargie des ausgehenden zwanzigsten Jahrhunderts stolperte ich in einem Gespräch mit Mark Penn über eine überraschende Tatsache. Ich fragte, welchen Schaden Clintons Ruf genommen habe, als der »Skandal« um die Wahlkampffinanzierung ans Licht gekommen sei, die Vermietung des Lincoln Bedroom an wichtige Geldgeber und die Partys, die im Weißen Haus für sie gegeben wurden. »So gut wie keinen«, sagte Penn und lachte spöttisch. »Diese Geschichten hatten nur einen Bekanntheitsgrad von acht Prozent. Um Ihnen eine Vergleichszahl zu nennen, der Versuch, eine Raumsonde auf den Mars zu bringen, hatte einen Bekanntheitsgrad von 93 Prozent.«

Im Lichte der schrecklichen Ereignisse – und der neuen, weniger sicheren Realität –, von denen die Nation zu Beginn des 21. Jahrhunderts heimgesucht wurde, mag das belanglos erscheinen, doch es sagt uns eine Menge über das latente Bedürfnis der Menschen nach Gemeinsamkeit und Sinn, selbst in Friedenszeiten. Wie John F. Kennedy in den sechziger Jahren herausfand, kann der Versuch, das Universum zu erkunden – oder jeder andere Versuch, der der Mühe wert erscheint –, ein gewisses Maß an nationaler Leidenschaft mobilisieren. Die Öffentlichkeit geht von der stillschweigenden Annahme aus, die Regierung verfüge über die besten Voraussetzungen, um Großes zu tun (so war es kein Zufall, dass George W. Bush und andere Mitglieder seiner Administration in den Tagen nach den Terrorangriffen plötzlich von »eurer« Bundesregierung sprachen, eine Formulierung, die viele Konservative noch kurz zuvor entsetzt hätte). Und schließlich ist das Gefühl nationaler Identität und Sinngebung, das aus gemeinsamen Zielen erwächst, gesellschaftlich von großem Wert. Die Menschen lassen sich von Ideen begeistern. Kinder erfahren von der Möglichkeit des Heroismus. In den Familien wird über diese Dinge gesprochen. Auf dem öffentlichen Marktplatz ist etwas anderes zu hören als Phrasendrescherei.

Bill Clinton hat das sicherlich – im Großen wie im Kleinen – besser als jeder andere Politiker seiner Generation verstanden. Zweifellos wird er sich den Rest seiner Tage fragen, wie er wohl die internationale Krise bewältigt hätte, in die sein Nachfolger hineingeworfen wurde. Der Umstand, dass er häufig John F. Kennedys mahnende Anrede »Meine amerikanischen Mitbürger« benutzte, ließ erkennen, dass er ehrgeizigere Ziele hatte, als nur auf dem Präsidentenstuhl zu sitzen. 1992 hatte er seine stärksten Augenblicke als Kandidat – in denen er auch den größten Beifall bekam – nicht, wenn er Versprechen machte oder den politischen Gegner kritisierte, sondern wenn er eine höhere Aufgabe für junge Menschen, eine neue Form des Zivildienstes, des Dienstes an der Gemeinschaft vorschlug. Diese Botschaft war hochemotional: Sie umriss die Möglichkeit, dass die kommenden Generationen Erfahrungen machen könnten, die ihren Eltern, den Baby Boomern, versagt geblieben waren – die Chance, etwas wirklich Wichtiges für ihr Land zu tun, ihren Altruismus in den ärmsten Wohnvierteln dieses Landes unter Beweis zu stellen. In gewissem Sinne bot sich hier die moralische Entsprechung zum Krieg. Clinton zog daraus auch einen wichtigen politischen Vorteil. Die Frage des nationalen Zivildienstes trug dazu bei, den relativ unbekannten Gouverneur von Arkansas von seinen Gegnern zu unterscheiden. Seine Zuhörer reagierten begeistert auf den Plan, besonders die jungen (obwohl junge Zuhörer auf politischen Veranstaltungen Ende des zwanzigsten Jahrhunderts eher selten geworden waren –

die Politik hatte sich zusehends zum Tummelplatz der Alten entwickelt). Das erinnerte die Menschen an Kennedy und ließ Clinton größer erscheinen – groß genug jedenfalls, um den amtierenden Präsidenten der Vereinigten Staaten zu verdrängen.

Doch als das Programm in die Tat umgesetzt wurde, geschah etwas Merkwürdiges. AmeriCorps erwies sich als eine gute Sache, eine Einrichtung, die wieder abzuschaffen sich Clintons Nachfolger im Amt, George W. Bush, wohlweislich hütete. Doch es fehlte AmeriCorps an Dramatik und Bedeutung – dem zentralen Interesse –, ganz anders, als Clinton im Wahlkampf versprochen hatte (zum Teil, weil die gesetzlichen Voraussetzungen verwässert wurden und weil die Einsatzmöglichkeiten der Zivildienstleistenden auf Druck der Gewerkschaften des öffentlichen Dienstes stark eingeschränkt wurden). Der Präsident schien AmeriCorps nach seinem Amtsantritt aus den Augen zu verlieren. Es gab zu viel anderes zu tun. Da war sein ehrgeiziger Plan zum Abbau des Haushaltsdefizits, der durch einen widerstrebenden Kongress gepeitscht werden musste. Da war die Gesundheitsreform. Da war Bosnien, die Sozialhilfereform, da waren die Republikaner, die Medien. Da gab es keine Zeit, lange über Fragen wie die globale Erwärmung, die Aids-Epidemie oder die wachsende terroristische Bedrohung nachzudenken, keine Zeit, darüber nachzudenken, wie man die Öffentlichkeit am besten über diese Fragen informierte – oder sie gar für sie begeisterte –, keine Zeit, Handlungskonzepte für die Lösung dieser Probleme zu entwickeln. Stattdessen wurde in Kyoto ein mangelhaftes und nicht durchsetzbares Klimaschutzprotokoll ausgehandelt (und von Clintons Nachfolger prompt für ungültig erklärt). Grollend bewilligte der Kongress die Mittel, um medizinische Ausrüstung nach Afrika zu liefern. Und Lenkflugkörper wurden losgeschickt – aus großer Entfernung in Gegenden, wo man Terroristen vermutete. Das waren Gesten, keine Aktionen. Das Gefühl, dass es in Clintons Präsidentschaft mehr um Gesten – um »PR« – ging als um wirkliche politische Führung, ist wohl entscheidend für die Enttäuschung, die seine Anhänger empfinden. Das ist verständlich. Durch seine Intelligenz und seine bemerkenswerten politischen

Fähigkeiten, durch seine detaillierte Kenntnis fast aller Regierungsbereiche, durch sein Erscheinungsbild in der Öffentlichkeit – durch alle diese Eigenschaften schien Clinton Größeres zu versprechen, als er leisten konnte: im Grunde eine Renaissance des Politischen, eine Rückkehr zu der Zeit, als die öffentlichen Angelegenheiten eine zentrale Bedeutung für das Leben der Republik zu haben schienen, die Regierung als moralische Kraft betrachtet wurde, als man glaubte, Politiker seien klug und nicht korrupt. Wenn Ronald Reagan den Pessimismus der Vietnam-Ära in die Schranken gewiesen hatte, so hofften die Linken nun, Bill Clinton werde den Zynismus in die Schranken weisen.

Am Ende trug der Zynismus den Sieg davon – mit freundlicher Unterstützung durch Clinton selbst. Doch trotz der gescheiterten Hoffnungen, der Skandale und der Bitternis wurde viel und wichtige Arbeit geleistet. Bill Clinton kann auf eine ernsthafte, politisch substanzielle Präsidentschaft zurückblicken. Seine innenpolitischen Leistungen waren nicht unbeträchtlich und wurden gegen große Widerstände durchgesetzt. Er hat die Demokratische Partei aus der Bedeutungslosigkeit herausgeführt und ein neues Verständnis von Regierung entwickelt, das selbst in einer Zeit allgemeiner Apathie und Skepsis staatlichem Handeln im öffentlichen Sektor wieder Glaubwürdigkeit verliehen hat. Darüber hinaus hat er seinem Volk den größten Dienst erwiesen, zu dem ein Politiker fähig ist: Er hat sich ein klares Bild von der Welt gemacht und umsichtig auf die Herausforderungen reagiert, denen er sich gegenüber sah. Er hat den Amerikanern einen komplizierten wirtschaftlichen Wandlungsprozess erklärt und sie an die Schwelle einer neuen Zeit geführt.

Aber er hatte gehofft, so viel mehr leisten zu können – und nun hat ihm das Schicksal einen letzten Streich gespielt. Das Erkennungszeichen seiner Präsidentschaft wird möglicherweise die selbstgefällige, seichte Friedlichkeit dieser Epoche sein. Vieles spricht dafür, dass er in der Erinnerung als der Präsident fortleben wird, der im Amt war, bevor die Geschichte wieder in stürmischeres Fahrwasser geriet, bevor das Leben wieder ernst und gefährlich wurde.

Danksagung

Nun ist es an der Zeit, mit dem gebührenden Dank hervorragender Redakteure und Herausgeber zu gedenken. Da sind zunächst einmal Peter Gethers und Bill Thomas von Doubleday, dann David Remnick, Dorothy Wickenden, Jeff Frank und John Bennet vom *New Yorker* (Wickenden, die unnachsichtigste Redakteurin auf Gottes weiter Erde, war auch bei *Newsweek* – zusammen mit Mark Whitaker und Jon Meacham) und Paul Solman, der mir als Erster sagte, dass ich vielleicht eine Zukunft im Journalismus haben könnte, damals bei *The Real Paper*. Vor allem aber möchte ich den beiden Redakteuren danken, die mich mit dem politischen Journalismus vertraut gemacht haben – Ed Kosner, der mit anbot, eine politische Kolumne für die politische Zeitschrift *New York* zu schreiben, und dem verstorbenen Maynard Parker, dem Herausgeber von *Newsweek*. Beide Männer ermutigten mich, Risiken einzugehen, mir den Spaß an der Sache nicht verderben zu lassen und kein Blatt vor den Mund zu nehmen. Beide duldeten meine Ausflüge in die esoterischen Gefilde der Sozialpolitik und mein gelegentliches Bedürfnis, über obskure Programme zu schreiben, die sich in der Wirklichkeit bewährten (etwa die chilenische Reform der Sozialversicherung und die St. Elizabeth's School in der South Side von Chicago). Kosner hatte – und hat als Chefredakteur der *New York Daily News* auch weiterhin – von allen Journalisten, die ich kenne, die klarste Vorstellung davon, wie man eine Geschichte anzupacken hat. Doch Parkers Bereitschaft, in letzter Minute eine ganze Zeitschrift umzustoßen, oder sein unnachgiebiges Beharren, ich müsse eine durchaus akzeptable Kolumne wegwerfen, um näher am aktuellen Nachrichtengeschehen zu sein, waren nicht weniger lehrreich. Beide Männer legten in ihrem Beruf eine Frechheit an den Tag, die uns gelegentlich in Schwierigkeiten brachte. Maynard werde ich immer dafür dankbar sein, dass er das Geheimnis von *Primary Colors* (Mit aller Macht) gewahrt hat, und mir werde ich immer Vorwürfe machen, dass ich es so lange gehütet habe – ich wusste nicht, wie viel Ungemach ich uns beiden damit einbrockte.

Meinen Quellen aus der Clinton- und der beiden Bush-Administrationen werde ich nicht danken. Ihr wisst schon, wen ich meine. Allerdings möchte ich sowohl dem Präsidenten wie der Senatorin Clinton für die Zusammenarbeit – und einen wunderschönen Ausflug – danken. Kathy Robins, Agentin und Kumpel, war immer zur Stelle, mit konstruktiver Kritik und Aufmunterung. Dank auch meinen Söhnen Chris und Terry Klein für den Rat und die Ermutigung, die ich über die Jahre von ihnen bekam. Und natürlich Victoria – wenn schon die Rede ist von Frechheit, Klugheit und Lebenslust: Sie ist das Naturtalent in meinem Leben.

Namenregister